BIBLIOTHÈQUE

DE L'ÉCOLE

DES HAUTES ÉTUDES

PUBLIÉE SOUS LES AUSPICES

DU MINISTÈRE DE L'INSTRUCTION PUBLIQUE

SCIENCES PHILOLOGIQUES ET HISTORIQUES

TREIZIÈME FASCICULE

I. La Procédure de la *Lex salica*,
II. Études sur le droit frank (la *fidéjussion* dans l'empire frank ; — les *sacebarons*, — la *glosse malbergique*, etc.), ouvrage de R. SOHM, professeur à l'Université de Strasbourg, traduit par MARCEL THÉVENIN, répétiteur à l'École des Hautes Études.

PARIS
LIBRAIRIE A. FRANCK
F. VIEWEG, PROPRIÉTAIRE
RUE RICHELIEU, 67

1873

ÉTUDES

SUR

LES INSTITUTIONS GERMANIQUES

LA PROCÉDURE DE LA LEX SALICA

La *fidejussio* dans le droit frank. — Les *Sacebarons*.
— La *Glosse malbergique*.— *Barbarus*, etc. —
Tacit. *Germ*. c. 13.

Par R. SOHM
Professeur à l'Université de Strasbourg,

TRADUIT ET ANNOTÉ PAR MARCEL THÉVENIN
Répétiteur à l'École des Hautes Études.

PARIS
LIBRAIRIE A. FRANCK
F. VIEWEG, PROPRIÉTAIRE
RUE RICHELIEU, 67
—
1873

AVANT-PROPOS DU TRADUCTEUR.

Ce volume ouvre une série de travaux que se propose de publier le traducteur sur les institutions et les recueils de lois germaniques. Il devait suivre de très-près un remarquable travail sur les sources de l'histoire mérovingienne [1], se réservant ainsi, s'il en était encore besoin, d'appuyer, du moins en ce qui concerne les institutions franques, une idée juste de M. Monod : « C'est dans les lois et les formules juridiques des premiers temps du moyen âge que nous apprenons le mieux à connaître l'esprit et les mœurs des barbares [2]. »

Les lenteurs de l'impression ont d'ailleurs été mises à profit ; on a augmenté le texte original de notes, rectifié les légères et rares inexactitudes échappées à l'auteur, indiqué enfin ceux des travaux, se rapportant à la matière, parus postérieurement au livre de M. Sohm.

Sans doute ce travail eût été plus scientifique et aussi plus complet s'il eût, en manière d'introduction, présenté au lecteur français un aperçu des vicissitudes de la législation franque salique, formation du premier texte, additions, remaniements, révisions, etc. de la *Lex Salica*, en un mot l'histoire *externe* du droit frank. Cet aperçu aurait été suivi de l'indication des principaux manuscrits de la loi, des diverses éditions qui en ont été données, enfin de l'abondante littérature à laquelle elle a donné lieu.

Or, ce travail préliminaire ne peut, à notre avis, être réellement utile que s'il est accompagné d'un travail analogue

[1] *Etudes critiques sur les sources de l'histoire mérovingienne,* par Gabriel Monod, directeur adjoint à l'École des Hautes Études et par les membres de la conférence d'histoire (*Bibl. de l'E. des H. Et.* 8e fasc. Paris. Vieweg 1872). Sur ce travail voyez *Revue critique* n° 20. 1873 et *Göt. gel. Anz.* 1872 Stück 23.

[2] *Ouvr. cit.* p. 13.

sur chacune des autres législations barbares. On sait, en effet, qu'à de très-rares exceptions près, les mêmes procédés furent appliqués à la fixation des institutions dans les recueils de lois des différents peuples de race germanique, et que ces recueils, soit dès l'origine, soit seulement plus tard, se sont fait des emprunts réciproques, bien qu'il ne soit pas toujours aisé de marquer exactement la délimitation de ces emprunts. Il nous paraît dès lors très-difficile, pour ne pas dire impossible, de connaître l'histoire d'une source juridique donnée, de la *Lex Salica* par exemple, sans avoir au moins la notion préalable de l'histoire des autres lois barbares.

Dans un ouvrage que le traducteur espère pouvoir bientôt présenter au public, il exposera cette histoire externe des législations germaniques ; il y indiquera également les étapes si intéressantes à suivre qui marquent, en Allemagne, le développement de la science de l'histoire du droit germanique depuis la grande expérience tentée, il y a quarante ans, par Eichhorn sur l'ensemble des lois barbares jusqu'aux monographies et études de détail de l'école historique contemporaine.

Parmi ces recherches patientes qui témoignent hautement de cette continuité d'efforts et de cette discipline qu'on sait être les conditions indispensables à l'établissement et au progrès de toute science, il faut citer en première ligne celles de M. Sohm. La *procédure de la Lex Salica* n'est pas le premier ouvrage de l'éminent professeur [1]. Il s'y était en quelque sorte préparé par un travail purement critique sur le texte de la *Lex Ribuaria*. Sauf la première, les études qui terminent le présent volume (sur les *Sacebarones*, sur la glosse malbergique, sur le *Barbarus*, etc.) sont extraites du premier volume du dernier ouvrage de l'auteur [2] et ont été réunies à la *procédure de la Lex Salica*.

La tâche du traducteur, pour être modeste, n'a pas été exempte de difficultés. La terminologie spéciale à l'historien du droit existe à peine chez nous ; les germanistes comprendront aisément, en outre, que si la pensée contenue dans une disposition juridique *germanique* peut rencontrer dans l'*allemand* mo-

[1] Voy. *Revue critique* 1872, n° 7. Paris, Vieweg.
[2] *Die altdeutsche Reichs-und Gerichtsverfassung*. vol. 1. Weimar, Böhlau, 1871.

derne une forme et, pour ainsi dire, un vêtement qui lui conviennent, elle ne saurait espérer de retrouver toujours dans une langue romane les mêmes facilités à s'exprimer exactement.

Je remercie M. Sohm de la bienveillance avec laquelle, après avoir autorisé la traduction de son ouvrage, il a revu le texte traduit et rectifié quelques erreurs de détail ; il a bien voulu témoigner sa satisfaction au traducteur, dont toute l'ambition est de contribuer, par ce travail, à faire connaître l'esprit du droit germanique dont les manifestations, fixées dans les *lois barbares,* ont contribué pour une si large part à la formation de nos institutions nationales pendant la première moitié du moyen âge.

MARCEL THÉVENIN.

PRÉFACE DE L'AUTEUR.

Les investigations dont les sources de l'ancien droit germanique ont été l'objet dans ces derniers temps ont amené des résultats considérables ; l'historien qui se propose d'étudier la procédure germanique dans ses formes primitives, peut désormais donner à ses travaux une base bien autrement étendue que celle dont purent disposer, en leur temps, Rogge et Maurer [1] à qui, d'ailleurs, revient l'honneur de nous avoir frayé la route.

Aujourd'hui, nous pouvons nous engager au cœur du sujet, en pénétrer l'esprit, car il nous est devenu facile de classer par couches et par catégories les divers témoignages empruntés aux sources, que l'ancienne école combinait ; nos regards embrassent un organisme vivant et complet là où l'on n'apercevait et où l'on ne nous présentait que des traits isolés d'une législation.

Siegel s'est déjà, dans un remarquable ouvrage qui a été le point de départ de ce travail [2], proposé de distinguer de la procédure franco-mérovingienne une procédure plus ancienne, celle « des âges païens. » Il ne semble pas que le but de ses efforts ait été atteint, ni que la méthode suivant laquelle ils ont été conduits ait été bien rigoureuse. C'est à la révolution qui s'opéra dans la constitution politique des Franks postérieurement à la conquête, bien plus qu'à la conversion de ce peuple au christianisme, qu'il faut attribuer les modifications profondes que subit l'ancienne procédure. C'est donc la procédure antérieure à la fondation des empires germaniques, et non pas celle des « âges païens » qu'il convient de distinguer de la procédure de la période

[1] Rogge, *Ueber das Gerichtswesen der Germanen.* Halle 1820. — Maurer, *Geschichte des altgermanischen und namentlich altbairischen Gerichtsverfahrens.* Heidelberg 1824.

[2] Siegel, *Geschichte des deutschen Gerichtsverfahrens*, vol. I. Gieszen 1857.

postérieure. Mais voici qui est plus grave : Siegel, dans son exposition de la procédure *païenne*, introduit un certain nombre de sources qui appartiennent toutes, ou peu s'en faut, à la période chrétienne. Il s'ensuit que cet historien abandonne les seules bases qu'une saine critique puisse accepter, pour aller, avec une discrétion dont il est d'ailleurs le seul juge, demander aux sources d'une époque postérieure et absolument différente la connaissance d'un état de choses antérieur.

Pour nous, nous indiquerons tout d'abord les devoirs que nous impose la nature des témoignages dont nous disposons ; nous nous efforcerons ensuite de rester fidèle aux sources, tant qu'elles conduiront à des résultats certains ; aussi bien, les découvertes à longue portée qui ont été faites dans le domaine de l'histoire *externe* des sources ont ouvert aux historiens de larges et splendides horizons.

Le présent travail se propose simplement de résoudre une partie du problème complexe que présente l'ancienne procédure germanique envisagée dans son développement historique. L'exposition de la « procédure de la Lex Salica » part d'une idée féconde dont l'histoire du droit allemand est redevable à Waitz [1] : la rédaction de la Lex Salica, par son âge et par les dispositions qu'elle contient, se place entre le temps où écrivait Tacitus et l'époque de la fondation des empires germaniques sur le sol romain. Une connaissance plus intime des détails de cette procédure ajoute ou donne une force nouvelle aux arguments dont s'est servi l'illustre historien pour appuyer son opinion. La *Lex Salica* offre l'image d'une procédure dont on ne découvre plus qu'à grandpeine de rares débris dans les lois barbares en dehors du groupe frank et à laquelle, même dans ce groupe, on doit attribuer une antiquité d'autant plus haute qu'on la voit plus complétement s'effacer en présence des âges nouveaux. La procédure salique, dans ses parties essentielles, était déjà hors d'usage un demi-siècle après que la *Lex* eut été rédigée ; ce ne fut point une législation aux procédés hardiment novateurs qui lui donna le dernier coup, ce furent simplement la force des choses et le développement normal de l'empire germanique. La procédure de la *Lex Salica* n'annonce point une évolution nouvelle, elle clôt une évolution terminée. Dernière manifestation juridique des temps préhistoriques au sein desquels elle nous ramène, elle contient, sur l'état du droit de ces âges reculés, des

[1] Waitz, *Das alte Recht der salischen Franken*. Kiel 1846.

indications qui, transmises dans une langue souvent obscure, mais dont la richesse ne saurait être niée, offrent un puissant intérêt.

C'est en se plaçant à ce point de vue que la procédure de la *Lex Salica* a été soumise à une étude spéciale. Tandis que, jusqu'ici, les travaux auxquels a donné lieu l'ancienne procédure germanique combinaient les dispositions de la *Lex* avec celles des autres lois barbares, on trouvera dans ce travail, mise en lumière, l'opposition qui résulte de la procédure salique, — c'est-à-dire de la procédure franke et même germanique la plus ancienne qui nous soit parvenue, — rapprochée des formes procédurales des autres monuments juridiques. Ce travail se propose en second lieu d'esquisser l'évolution qui a conduit de la procédure de la *Lex Salica* à celle de la période de l'empire frank.

Quant aux variations auxquelles ce thème peut, en quelque sorte, donner lieu, elles se groupent étroitement autour du but principal que s'est proposé cet essai sur l'ancien droit germanique.

L'auteur a cru pouvoir, dans son étude sur la vindication mobilière, rapprocher de la *Lex Salica* la loi du peuple frank-ripuaire. La vindication mobilière n'a, tant qu'a duré le développement normal et libre du droit allemand, relativement subi que de légères modifications. Fort avant dans l'histoire, et jusque dans les coutumiers du moyen âge, on retrouve les principaux traits qui distinguent déjà dans les lois barbares cette vindication; c'est donc qu'à plus forte raison les nuances qui distinguent en cette matière l'une des deux lois de l'autre sont peu sensibles. Ainsi, l'introduction de la *Lex Ribuaria* dans cette étude n'a modifié en rien la tâche que s'est imposée l'auteur; elle lui a permis seulement de l'accomplir dans toute son étendue.

D'un autre côté, il a dû se restreindre dans le choix des matières qui s'offraient à lui.

Si, en effet, la *Lex Salica* s'est plu à développer les formes diverses qu'affecte la coercition procédurale, elle a laissé la procédure de preuves à l'état rudimentaire. Ce n'est que dans la procédure de délit et dans la vindication mobilière contradictoire que nous trouvons à proprement parler une procédure de preuves, c'est-à-dire une procédure qui se propose d'établir les bases matérielles du litige. C'est d'ailleurs une lacune que l'évolution juridique postérieure cherchera à combler; tandis que les formes de la coercition procédurale se simplifient de plus en plus, au sein de la procédure de preuves existent des germes juridiques appelés à se développer. Le système de preuves organisé par la *Lex Salica,* tout en différant notablement de ce qu'il sera plus tard [1], ne peut cependant être convenablement présenté que rapproché du système de la période postérieure ; bien qu'il existe déjà à l'état embryonnaire dans la *Lex Salica*, on ne peut en avoir la clef qu'en voyant fonctionner l'organisme juridique auquel cette loi a donné naissance. Par son système de preuves, la *Lex Salica* se place donc au commencement de l'âge nouveau.

En résumé, le présent travail se borne essentiellement à exposer la coercition procédurale, d'après la *Lex Salica.* Le titre qu'il porte : « Procédure de la *Lex Salica* », se justifie par cette considération que, de la position que nous avons choisie, on ne découvre pas seulement les lignes générales de l'ancienne procédure salique ; elle se déroule entièrement sous les yeux, et ce qui la distingue, c'est qu'elle est surtout une procédure de coercition et non pas une procédure de preuves.

L'étude des formes procédurales de cette *Lex* nous fournira d'ailleurs l'occasion d'examiner, dans leurs parties les plus intéressantes, les institutions de ces âges reculés. L'étroite relation qui existe entre la procédure et le droit privé s'affirmera plus tard dans le domaine de la preuve ; c'est dans celui de la coercition procédurale, qu'à l'époque de la *Lex Salica,* cette relation se manifeste. La procédure y est intimement liée au fond du droit. La variété juridique des prétentions élevées trouve dans le système de la coercition procédurale une expression nouvelle plus élevée. C'est d'ailleurs une idée que ce travail se réserve de développer comme il convient ; qu'il suffise ici d'avoir marqué le but, qui, s'il n'a pas été atteint, a du moins donné du cœur à l'ouvrage en le faisant aimer.

RUDOLPH SOHM.

[1] Comp. *Zeitschrift für Rechtsgeschichte*, V, p. 403.

TABLE DES MATIÈRES.

CHAPITRE I.

LE DROIT DE LA *LEX SALICA*.

CHAPITRE II.

PÉRIODE DE TRANSITION AU DROIT POSTÉRIEUR.

APPENDICES.

ADDITIONS ET RECTIFICATIONS.

Page 5, ligne 12, au lieu de *du litige*, lisez : *de cet acte.*

P. 5, l. 29, au lieu de *et point du tout à la marche du procès*, lisez : *et ne détermine point les actes* EXTERNES *dont l'ensemble constitue l'évolution du procès.*

P. 6, l. 10, au lieu de *il est*, etc., lisez : *Tout d'abord il faut savoir que le mode de procédure à employer variait avec la nature de la prétention qu'on voulait faire valoir.*

P. 8, l. 7, au lieu de *pour laquelle*, etc., lisez : *qui* se *propose d'atteindre à la fois et l'amende encourue et l'objet lui-même de la prétention* (capitale).

P. 15, l. 7, au lieu de *comme la* solutio, lisez : *comme l'*in solutum datio.

P. 35, n. 1. A la liste des ouvrages cités ajoutez encore l'ouvrage de M. Heusler, *Die Gewere*, Weimar 1872.

P. 36, n. 2, l. 1, au lieu de *note* 6, lisez : *et suiv.*

P. 46, l. 29, au lieu de *Brackenöft*, lisez : *Brackenhöft.*

P. 75. l. 20, au lieu de : *l'amende*, in ipsa hora quando intertiatur; *il doit*, etc., lisez : *l'amende*; in ipsa hora quando intertiatur, *il doit*, etc.

P. 78, l. 19, au lieu de *en sa qualité*, etc., lisez : *comme la* lex « *établie par les sages pour le peuple* » *est la loi*, etc.

P. 91, l. 1, comp. p. 92 note 3 et p. 93 l. 17, comp., p. 83 note 1.

P. 105, n. 1, au lieu de *pour le droit wisigothique*, lisez : *dans un pays auparavant soumis aux Wisigoths.*

P. 126, n. 2, l. 1, au lieu de *Sal.* 502, lisez : *Sal.* 50, 2.

P. 155, l. 10, *D*, corr. : *De.*

P. 156, l. 11, au lieu de *compositionem facere est*, lisez : *compositionem facere*, comme, etc.

P. 170, l. 15, au lieu de « charsenna, » lisez : « charoenna ».

P. 171, l. 15, lisez : « brouteuse ».

P. 184, l. 16, au lieu de (*princes*), lisez : (*comites*).

CHAPITRE PREMIER.

LE DROIT DE LA *LEX SALICA.*

§ 1er.

DES MOYENS DE COERCITION DE LA PROCÉDURE.

Les moyens de coercition, dans l'application, sont de deux sortes selon que, pour arriver à réaliser son droit, la partie intéressée se charge de les employer elle-même, ou qu'ils résultent de la simple évolution du procès. Dans ce dernier cas, la vertu qui leur est propre a sa source dans l'organisme juridique qui les a créés à dessein, tandis que dans le premier ils constituent un fait, un accident. La connaissance du droit étudié dans son développement *historique* nous permet aujourd'hui d'observer comment s'exerce subjectivement cette coercition et de rechercher en conséquence si elle naît de l'activité individuelle *(selbsthülfe)* ou de l'essence même de la procédure. De nos jours, comme l'on sait, l'*autorité* seule dispose de la puissance procédurale; telle est du moins l'idée qui se dégage de l'état actuel du droit. L'ancienne procédure germanique peut nous montrer cependant que cette puissance ne dérive pas nécessairement, et d'après les lois de la raison, de la puissance judiciaire.

Siegel, dans son exposition de l'ancienne procédure germanique [1] a pris pour point de départ notre conception moderne; il range en dehors du domaine de la procédure le droit de vengeance qui est en effet la vraie manifestation de l'activité individuelle; mais il range aussi en dehors de ce même domaine tous

[1] *Geschichte des deutschen Gerichtsverfahrens.* 1er vol. Gieszen 1857. P. 7-48.

les cas en général dans lesquels l'individu se charge lui-même, par la coercition extrajudiciaire, de rétablir son droit lésé; en sorte que pour lui ces cas sont des manifestations *permises* de l'activité individuelle. En ces temps reculés comme de nos jours, dit-il, le fait d'agir de concert avec le tribunal constitue *proprement* la procédure.

Cette manière de voir ne peut se concilier avec le principe du droit germanique d'après lequel l'*individu,* qu'il s'agisse d'ailleurs de la procédure judiciaire ou extrajudiciaire, est investi d'un pouvoir PROCÉDURAL particulier, celui qui naît de l'accomplissement de l'*acte formel*. En procédure, cet acte constitue donc un *deuxième* moyen de coercition à côté de celui qui émane de la puissance judiciaire.

Par acte formel de la procédure germanique il faut entendre l'*invitation avec effet coercitif,* faite *par la partie intéressée,* entourée de certaines *formalités* concluant à l'accomplissement d'un acte qui servira médiatement ou immédiatement à poursuivre un droit.

La partie qui accomplit l'acte formel est toujours celle qui poursuit la réparation d'un droit lésé. L'adversaire n'est jamais en position d'exercer une coercition au moyen d'un acte formel.

L'*acte formel, dans les formalités* qui l'entourent, suppose toujours l'emploi de certaines paroles solennelles auxquelles s'adapte une mimique symbolique. Pour l'acte formel extrajudiciaire trois témoins sont nécessaires.

L'*effet coercitif* de l'acte formel gît dans l'*amende* qui frappe l'invité récalcitrant. Le montant de cette amende varie; il peut être de 3, 15, 30 sol.; il peut être aussi de 200 sol., c'est-à-dire atteindre le montant du wergeld d'un homme libre.

Sa *forme* seule donne à l'acte formel sa puissance. Celui qui est invité dans les formes à comparaître devant le tribunal *(mannire)* doit s'y rendre, que l'action soit fondée ou non, et cela sous peine de 15 sol. d'amende (voir § 16). Ce même principe est applicable au cas où, par acte formel une prestation civile est exigée, par exemple le paiement d'une dette (voir § 5). Le *défendeur* peut il est vrai *attaquer* l'acte formel en fondant son opposition sur l'existence d'un rapport juridique; quant au *demandeur,* il n'a pas besoin de s'appuyer sur un rapport de cette nature pour assurer, de sa part, à l'acte formel son efficacité.

La rigueur avec laquelle le défendeur est traité trouve son contre-poids dans l'acte formel lui-même. Celui qui fait usage d'un acte de cette nature s'expose de son côté à une amende qui est habituellement la même que celle dont l'adversaire peut être frappé. Les actes formels ressemblent aux armes à deux tranchants qui peuvent également blesser deux lutteurs. Le cours de cette exposition fournira de nombreuses applications à ce principe. Qu'il nous suffise de dire ici que la commission d'une faute de forme [1], l'exercice d'un pouvoir qui ne peut se justifier [2] et surtout l'emploi à tort [3] de l'acte formel retournent l'efficacité de l'acte contre celui qui l'a commis.

Un exemple emprunté aux plus anciens textes peut ici trouver sa place car il met aussi nettement que possible en lumière l'énergie et la rigueur du principe posé.

La *lex Ribuaria* présente deux systèmes parallèles d'amendes. L'un, 18, 36, 50 sol., est indiqué dans la première partie de la loi (tit. 1-31); l'autre, 15, 30, 45, 60 sol., dans les titres postérieurs. On sait que le deuxième système correspond au système de compositions de la loi salique; nous croyons qu'il est facile de démontrer que l'ancien droit ripuaire s'est conservé dans le premier [4]. L'un des meilleurs arguments pour soutenir cette opinion est fourni par le fait de la disparition *lente et progressive* de ce système devant le système salique. C'est ce qu'indique l'espèce suivante intéressante pour nous.

La voie d'exécution par laquelle la partie réalisait sa prétention était habituellement la saisie dans laquelle un rôle considérable lui était attribué. De deux choses l'une : ou bien elle opérait elle-même cette saisie, laissons ce cas de côté, ou bien elle allait trouver le comte et l'invitait par acte formel à l'opérer. D'après Rib. 32, 3, la partie intéressée comparaissait au tribunal, devant le comte, et jurait avec sept hommes libres que les conditions exigées par la loi ripuaire pour procéder à la saisie avaient été remplies, *quod eum* (le défendeur) *ad strudem legitimam amallatum habet* [5]. Le comte devait donner suite à cette

[1] Par exemple Sal. 74 (voir § 5 de ce livre), 96, 2 (voir § 16).

[2] Sal. 37. Comparez Rib. 47, 3 (voir § 11, 12). On peut fixer ici avec précision le point où l'acte procédural confine à l'acte arbitraire, et par suite faire ressortir les différences qui séparent la *procédure* extrajudiciaire de la libre manifestation de l'activité individuelle (*selbsthülfe*).

[3] Sal. 74 (comp. § 5), 51, 1 (comp. § 24).

[4] Sohm, *Ueber die Enstehung der Lex Ribuaria*, dans la *Zeitschrift für Rechtsgeschichte*, V, 394 et suiv.

[5] La *mannitio* devait avoir été faite sept fois en vain. — Dans ce passage c'est bien de la saisie qu'il s'agit, c'est-à-dire de la satisfaction d'un droit. C'est ce qu'admettent avec raison Maurer, *Geschichte des altgermanischen Gerichtsverfahrens*, § 44; Wilda, *Das Pfändungsrecht*, *Zeitschrift für*

invitation et procéder à la saisie. Il n'était pas question de rechercher si l'exécution était juste. Le droit salique prescrivait la peine de mort contre le comte qui n'obtempérait pas à l'invitation de la partie; le droit ripuaire le frappait probablement d'une amende de 50 sol. [1]. C'était la vertu propre à l'acte formel qui contraignait le comte à exécuter, quand il y était invité; c'était encore par la vertu propre à cet acte que celui contre lequel la saisie avait été demandée encourait une amende s'il était contumax. Il devait, d'après Rib. 32, 2, payer : 1° 15 sol. à chacun des sept rachimbourgs qui avaient, de concert avec la partie, affirmé par serment devant le tribunal la légalité de la saisie ; 2° 45 sol. au demandeur lui-même. A ces 15 sol. que reçoivent les rachimbourgs dans le cas d'un serment loyal correspondent les 15 sol. qu'ils doivent payer s'ils prêtent un faux serment (Rib. 50, 2 ; 66, 1 ; 68, 3).

Nous trouvons indiquée aussi pour le demandeur la peine pécuniaire à laquelle il s'expose dans le cas où il fait un usage illégal de l'acte formel. Toutefois notre principe paraît être ici en défaut. On lit :

Rib. 51, 1 : Si quis judicem fiscalem ad res alienas *injuste* tollendas — invitare praesumpserit, *50 solidis multetur.*

Tandis que l'amende salique de 45 sol. frappe le défendeur, l'amende de 50 sol. particulière au système de compositions ripuaire atteint le demandeur lorsqu'il introduit illégalement l'acte formel. Ce n'est que plus tard que cette confusion disparaît dans l'effet et le contre-effet de l'acte. Nous voyons dans le titre plus récent :

Rib. 84 : Si quis grafionem ad res alienas injuste tollendas invitaverit, *45 solidos componat,* et similem restituat.

On saisit ici sur le fait l'acceptation définitive du système salique et la logique qui s'impose au principe dominant en matière d'actes formels.

§ 2.

DES DIFFÉRENTES ESPÈCES DE PROCÉDURE.

Les deux moyens de coercition de l'ancienne procédure salique, puissance judiciaire et acte formel, mettent en mouvement,

deutsch. Recht, I, 183; Waitz, *Verfassungsgeschichte*, II, 591, note 2. Voir, au contraire, Siegel, 73, 74.

[1] Comp. Rib. 51, 2, à Sal. 50, 3; 51, 2.

en se pénétrant l'un l'autre, la procédure dont le but est la réparation d'un droit qu'on prétend avoir été lésé. Il y a tout d'abord deux modes de procéder qui à divers points de vue présentent des différences considérables; nous opposerons le mode *judiciaire* au mode *extrajudiciaire* (du moins dans ses parties essentielles), le mode *contradictoire* par sa nature à l'*unilatéral*, le mode *qui tend à un acte procédural* à celui qui *vise tout d'abord à l'exécution*. Il suit de cette distinction que l'aspect du procès est tout autre, autres aussi la position faite à l'adversaire, ainsi que le but de la coercition. Dans tous les cas la partie intéressée doit accomplir il est vrai un acte formel au début du procès; mais la nature du litige indiquera la direction ultérieure de la procédure. — Le premier mode débute par le *testare* c'est-à-dire par l'invitation formelle faite à l'adversaire à satisfaire à une obligation de *droit privé*, par exemple à payer une dette, à rendre une chose prêtée, etc. [1].

Le second mode est la *mannitio* qui permet de mettre la procédure en mouvement. Le demandeur se rend avec ses témoins à la maison de l'adversaire et lui dit : « dans quatorze nuits tu as à *comparaître au tribunal* pour répondre sur telle affaire. »

On voit aisément quelle est la variété des prestations prétendues. Le premier moyen conduit immédiatement *à une satisfaction de droit privé, à une prestation matérielle;* le second *introduit la procédure judiciaire* et vise une prestation purement procédurale. S'il est vrai de dire que, dans le cours du procès, au *testare* succède une *mannitio,* et à l'invitation extrajudiciaire de payer un acte judiciaire, il n'est pas moins vrai que, dans les cas où le procès *débute* par le *testare,* le *mannire* qui suit aide à l'exécution et point du tout à la marche du procès. Ce n'est pas une procédure contradictoire qui succède au *testare;* ce n'est donc pas non plus un jugement, c'est simplement une mesure d'*exécution* prise non par les rachimbourgs les *juges,* mais par l'*autorité judiciaire.* La procédure qui commence par la *mannitio,* qui conduit immédiatement à la pro-

[1] *Testare* n'a pas ce sens seulement dans la *Lex Salica*, mais encore partout ailleurs (voir Alam, lib II, 97) : Si quis aliquem — mallare voluerit post testes tractos et emendationem datam — ille *testatur* cum 40 sol. componat. Ici *testatur* est pour *testator* et signifie celui qui après satisfaction, « réclame encore une fois le paiement. » On a confondu *testare* avec *mannire* (par ex. Maurer 53), ou bien on y a vu une autre manière d'inviter à comparaître au tribunal (Waitz, *Sal. Recht*, 155). Siegel, p. 70 et suiv., sait en quoi consiste le *testare*, bien qu'il ne semble pas savoir à quoi il sert.

cédure contradictoire, qui passe ensuite à un jugement pour aboutir à la conduite de la preuve, *telle est la procédure judiciaire* dans le sens exact du mot. En nommant l'autre, procédure d'*exécution* nous avons, en substance, bien qu'inexactement dans la forme, marqué la juste distinction de ces deux sortes de procédure. Par cette dénomination nous n'entendons pas attribuer au premier mode de procéder une qualité qui ferait absolument défaut au second; nous voulons seulement mettre en relief l'élément positif qui caractérise chacun d'eux.

Il est de la plus haute importance de savoir quel mode on emploiera, étant donnée la prétention qu'on veut faire valoir. Notre procédure actuelle a une forme aux contours peu arrêtés s'adaptant à toute espèce de litige. C'est le propre de la procédure germanique d'exprimer la nature privée d'une prétention même dans la forme employée pour la faire valoir. C'est pour cela que le droit privé, outre les dispositions réglant les intérêts matériels, contient encore des dispositions du domaine de la procédure. Les prétentions se distinguent entre elles suivant que, dans le cours du procès, elles donnent naissance à un droit à une satisfaction, ou seulement à un droit à des prestations purement procédurales.

Nous verrons plus loin que, de ces deux formes dans lesquelles on poursuit son droit, la plus complète, c'est-à-dire la forme judiciaire, contradictoire, et s'annonçant par le *mannire,* ne s'est développée que pour le cas d'une action née d'un délit. La connaissance de cette action était de droit public et réservée déjà, d'après le témoignage de Tacite [1], à la commune assemblée érigée en tribunal. La procédure de *testare* se borne dans ses diverses formes à poursuivre un droit matériel, ce qui prouve à n'en pas douter que, dès les temps les plus reculés, on avait conscience des différentes espèces d'action [2].

D'un côté l'individu agit seul, de l'autre il concourt avec la commune et l'autorité judiciaire. Avec la procédure d'exécution nous avons affaire à une évolution dont le but est rapidement

[1] Germ. c. 12 : Licet *apud concilium adcusare* quoque et discrimen capitis intendere. Distinctio poenarum ex delicto.—Sed et levioribus delictis pro modo poena. Equorum pecorumque numero convicti multantur. Pars multae regi vel civitati exsolvitur.

[2] Siegel est d'une opinion différente, 58 : « Dans ces temps reculés, la distinction d'une procédure *particulière* aux procès *civils* et d'une procédure *particulière* aux procès *criminels*, telle qu'elle existe de nos jours dans les procédures *civile* et *criminelle,* est inconnue par la raison toute simple qu'on ne savait pas encore distinguer les différents *objets* de la procédure. » Au contraire (Maurer?) dans la *Krit. Ueberschau,* VI, 210, sur le droit *norwégien.* (Comp. aussi Waitz, *Sal. R.*, p. 164.)

atteint mais qui ne suffit point aux exigences d'un droit adulte; avec la procédure judiciaire, nous avons affaire à une procédure d'une nature relativement délicate et riche en ressources juridiques dont la législation protégera plus tard le développement. Il est facile de prévoir que le second mode de procéder l'emportera sur le premier, car il contient en germe les éléments reconnaissables encore de notre procédure actuelle.

La manière de procéder dans le cas de vindication de meubles apporte une modification en même temps qu'une confirmation aux principes posés. La procédure de vindication ne se ramène en effet ni à l'une ni à l'autre des deux espèces de procédure saliques, quoique elle ait emprunté des traits à chacune des deux. La vindication peut conduire à une procédure d'exécution ou à une procédure judiciaire. Les mêmes oppositions que nous offre partout la loi salique se présentent ici. Comme elle ne reproduit aucun des deux modes dans toute sa pureté la vindication mobilière a sa place marquée *entre* la procédure judiciaire et la procédure d'exécution. Le double aspect de ses formes manifeste sa double nature.

Cette position spéciale dans l'économie de la procédure germanique suffit à rappeler le principe suivant : la vindication mobilière germanique fait valoir, au moyen d'une seule procédure, à la fois la prétention à la *chose* et le droit à l'*amende* dont le vol est frappé.

I. — PROCÉDURE D'EXÉCUTION.

§ 3.

INTRODUCTION.

Voici dans son ensemble la marche de la procédure d'exécution. Le demandeur (c'est le terme que nous emploierons dorénavant pour abréger) affirme tout d'abord la *créance* sur laquelle il prétend asseoir son droit. Il n'est pas d'ailleurs question pour lui d'articuler un *fait générateur* de ce droit. Celui qui prétend à 30 sol., créance née par exemple d'une *fides facta* (voir § 5), débute par le *testare* (comp. § 2) : « Paie-moi 30 sol. » En face de cette prétention il n'est possible ni d'avouer ni de nier la dette. *A moins de consentir* à payer on ne peut que *refuser :* « Je ne veux pas payer les 30 sol. ; » (ou bien *promettre :* « Oui, je te payerai 30 sol. »). Celui qui ne veut pas payer est frappé, par la vertu seule de l'acte formel employé, de l'amende de 15 (dans d'autres cas de 30) sol. De même que la litiscontestation est la condition préalable pour que le jugement ait lieu, de même la prétention articulée suivie du refus rend l'exécution forcée possible, c'est-à-dire donne à l'exécution sa base nécessaire. Quant à cette dernière, pour laquelle l'amende encourue est avant tout l'objet de la prétention, elle ne peut se passer d'un acte judiciaire. Il faut, suivant les cas, ainsi que nous le verrons, ou bien inviter le comte à réaliser lui-même la prétention (voir § 4), ou bien demander au thunginus son *nexti canthichio*, c'est-à-dire de *déclarer son ban* (voir §§ 5, 6). C'est ce ban qui permet à la partie d'exécuter elle-même la saisie extrajudiciaire. L'invitation faite au comte et probablement aussi l'invitation faite au thunginus se font par acte formel. L'autorité judiciaire *doit* mettre son pouvoir en mouvement dès que les mots solennels ont été prononcés. Ici, de même qu'en dehors du tribunal, il n'y a besoin d'aucune preuve, d'aucun apport de faits relevants. Le *testare* extrajudiciaire par-devant témoins et le refus *constaté* de l'adversaire suffisent. Point de preuve (dans le vrai sens du mot) à fournir ; il importe peu que le défendeur avoue ou nie son refus ; il n'est pas davantage question d'un jugement qui mettrait la preuve de ce refus à la charge du demandeur. Le serment des témoins est véritablement ici la forme sous laquelle l'invitation faite au comte ou au thunginus *doit* être suivie d'effet, le moyen *d'exercer un droit* procédural et non *d'accomplir un devoir* de même nature. Tantôt avant tantôt après le moment où nous sommes arrivés dans l'évolution de la procédure d'exécution a lieu un *triple testare* et *solem collocare;* trois fois l'adversaire est encore invité à s'exécuter volontairement ; trois fois encore on attend jusqu'au coucher du soleil le résultat de sa détermination. Ce *testare* d'une nature spéciale se distingue du *testare* qui introduit l'affaire, comme on le voit, par la formalité du *solem collocare* et par l'amende assez faible qui vient s'y adjoindre (3 sol.). De même que plus haut il importait d'*établir* le refus avant de pouvoir procéder à l'exécution, de même il faut passer ici par toutes les formalités indiquées. Le triple délai qu'elles assurent correspond au triple *offerre in mallo* qu'il faut faire contre un insolvable avant de procéder contre sa personne, en exécution de la peine.

Enfin la procédure se termine nécessairement par la contrainte par corps exercée soit par l'individu soit par le comte.

Cet aperçu donné à grands traits suffit à faire reconnaître le caractère unilatéral et formel de cette procédure : point d'articulation de faits, point de jugement, point de preuve ; le *droit prétendu* est immédiatement poursuivi ; le demandeur a introduit l'acte formel, c'est assez pour le faire vaincre au procès, une fois la prétention élevée. Même dans sa période *judiciaire* la procédure ne perd pas ce caractère unilatéral. Le défendeur est, il est vrai, par la *mannitio,* invité à comparaître au tribunal ; s'il ne comparaît pas, la procédure n'en suit pas moins son *cours régulier sans sa coopération*, comme le prouve la *lex salica* qui dans les trois cas (voir §§ 4, 5, 6) suppose le défendeur absent du tribunal. Ce n'est pas pour prendre part à la procédure mais c'est pour l'attaquer que la *mannitio* sera utile au défendeur. Sur cette partie du rôle du défendeur il est du reste des points douteux que nous toucherons plus loin (voir § 7). Ce qui est certain c'est que le rôle actif du défendeur ne peut lui servir qu'à former opposition à la procédure et non à coopérer à son évolution ; les rapports concrets qui déterminent ce rôle ne servent que par leurs côtés négatifs, et les formalités nécessaires de la procédure en négligent complétement le côté positif.

Les paragraphes 4-6 indiqueront les cas particuliers dans lesquels il y a lieu, suivant la *lex salica,* d'employer la procédure d'exécution.

§ 4.

PROCÉDURE CONTRE L'*homo migrans*. — SAL. 45.

Le droit de s'établir sur un territoire étranger dépendait, d'après la loi salique, de l'adhésion unanime de tous les membres du territoire [1]. Un étranger s'était-il établi dans une circonscription communale au mépris de la volonté d'un seul membre

[1] Comp. Waitz, *Sal. R.*, 124 et suiv. Voir Maurer, *Einleitung zur Geschichte der Mark-Hof-und Stadtverfassung*, 141 et suiv. V. Maurer, *Geschichte der Markverfassung*, 112 et suiv. ; Thudichum, *Gau-und Markverf.*, 221 et suiv. — Le *migrare*, l'établissement tel que le désigne Sal. 45 se rapporte à des terres jusque-là incultes et sans maître et signifie l'action de défricher, comme le prouve la fin de Sal. 45, 1 : Quod *laboravit* demittat. Dans Sal. 14, 4, il est question d'un *homo* qui *migrare* voluerit et de rege habuerit praeceptum. Roth, *Beneficialwesen*, 69 et suiv., mentionne un cas semblable à la *migratio* emprunté à la période postérieure. C'est l'*apprisio, proprisio* de terres *sans maître* avec l'assentiment du roi. Comp. aussi Bréquigny, *Dipl.*, n° 341 (a. 661) : Childéric II donne à un monastère quicquid ipse domnus O. *ex permissu nostro* in Vosago *laboravit*.

de la commune, ce membre avait le droit de chasser cet étranger. Ce n'était point par acte de police que cette expulsion avait lieu mais par acte d'autorité privée et dans les formes de la procédure d'exécution. Ce qui est à nos yeux de droit public constituait à cette époque, en cette matière, un droit privé lésé.

La procédure débute par le premier *testare* qui sert à constater formellement le refus de l'étranger de quitter le pays :

> Si vero contra dicto unius vel duorum in villa ipsa adsedere praesumpserit, *tunc ei testare debet, et si noluerit exire* — [1].

L'étranger qui n'obéit pas à l'injonction contenue dans l'acte formel est frappé d'une amende de 30 sol. *Et quia legem noluit audire*, dit la fin du texte, quod ibi laboravit. demittat et insuper malb. uuidrisittolo — sol. 30 culp. jud. : « Comme il n'a pas obéi » et qu'il s'est exposé à l'exécution, il est frappé de cette amende de 30 sol. La glosse malbergique semble aussi indiquer que cette amende est le châtiment de la désobéissance [2]. D'après Siegel, p. 70 et suiv., ces 30 sol. signifient autre chose : ils se rapportent dans sa pensée aux actes subséquents de la procédure c'est-à-dire la triple *testatio* (3 × 5 sol.) et la *mannitio ad mallum* inutile (15 sol.). On verra par la suite les arguments que nous opposons à cette opinion.

« Si l'étranger ne veut pas partir, » l'exécution commence. Tout d'abord, et avant la procédure judiciaire, nous voyons un triple *testare*. Ce passage est intéressant parce qu'il contient les paroles solennelles dont on doit se servir. Le demandeur, avec des témoins, se rend à la maison de l'étranger et lui fait son invitation dans les formes : « Homme, je te dis ceci, que tu peux rester ici la nuit prochaine, comme l'ordonne la loi salique ; je te dis encore d'avoir à quitter ce territoire (de la commune) dans le délai de dix nuits [3]. » De même, nous trouvons dans Sal. 52 (voir § 6) l'injonction : « Tu peux encore garder la chose pendant cette nuit ; » ce que nous sommes en droit de

[1] La *Lex Salica emendata* a omis ce premier *testare*. Évidemment sa signification n'était plus comprise ; le rédacteur voyait indiquée dans les mots : tunc ei testare debet, et si noluerit exire — ei debet testare une répétition inutile du même acte. Nous allons voir qu'il n'en est rien.

[2] Comp. Grimm, *Préface à la Lex Salica*, édit. Merkel, p. LV, LVI.

[3] Et si noluerit inde exire, ille qui ei testat *cum testibus* sic ei debet testare : « Homo, in hoc tibi testo ut in hac nocte proxima in hoc quod lex salica habet *sedeas*, et testo tibi ut in decem noctes de villa ista *egredere debeas*. »

compléter ainsi : « mais tu as à la rendre dans le délai de sept nuits. » C'est à notre avis dans les mots suivants que la volonté s'exprime formellement : tu as un *délai* de dix (ou de sept) nuits ; tu n'as pas à me satisfaire immédiatement mais seulement après un délai de tant de nuits [1]. Si cette *testatio* demeure sans résultat, il en est fait une seconde puis une troisième ; en tout trente nuits s'écoulent. A chaque *testare* s'adjoignent un *solem collocare* et une amende de 3 sol. C'est ce qu'indiquent par induction les espèces analogues traitées dans Sal. 50, 1, 52 (voir §§ 5. 6) [2].

La triple *testatio* est suivie de la *mannitio ad mallum*. L'étranger est sommé de comparaître au tribunal. Le but de cette comparution se détermine ainsi : le demandeur doit produire au tribunal les témoins qui étaient présents lors des sommations extrajudiciaires :

> Si nec tunc (après la troisième testatio) voluerit exire, tunc manniat eum ad mallum et testes suos super singula placita [3] qui fuerunt ibi praestos habere debet.

La déposition de ces témoins est nécessaire pour pouvoir, en se basant sur elle, inviter le comte à *procéder à l'exécution* :

> Si iste cui testatum est, noluerit venire (sous-ent. : ad mallum) et eum aliqua sunnis non tenuerit, et ista quae superius diximus *secundum legem est testatus,* tunc ipse qui testavit super furtuna sua ponat et *roget grafionem* [4] *ut accedat ad locum ut eum inde expellat.*

[1] C'est avec raison que Waitz, *Sal. Recht*, 161 note 3, rejette l'explication de Pardessus, *Loi salique*, 396, note 593 d'après laquelle l'invité doit tenir la chose prête pour la rendre. Suivant Waitz, « c'est là une formule particulière qui laisse subsister le fait injuste pendant une nuit encore (c'est-à-dire un jour), qui en quelque sorte limite son existence. »

[2] Siegel, 70, est obligé, pour rester fidèle à sa théorie qui voit dans les 30 sol. dont il est question ci-dessus l'amende de 15 sol. pour la *mannitio* sans résultat, d'admettre ici pour chaque *testare* une amende de 5 sol. Or cette supposition ne se peut justifier.

[3] Déjà les mots précédents désignent le *testare* sous la forme *placitum*, « *Verwillkürung* » (unilatérale tout aussi bien que bilatérale) : Decem noctes ad placitum suum addat.

[4] Il est impossible d'admettre l'opinion si souvent émise dans ces derniers temps (Thudichum, *Gau-und Markverf.*, 37, 38, note 7; voir Maurer, *Einl.*, 139) d'après laquelle il ne faudrait voir, ici comme dans Sal. 50, 2, dans le *comte* procédant à l'exécution que le *magistrat communal* (Dorfvorsteher, Dorfgraf). La *Lex Ribuaria* (32, 3. 51; comp. 84) le désigne expressément sous le nom de *juge royal,* de *judex fiscalis*, c'est-à-dire le comte du pagus. D'après Sal. 50, 2 le comte qui exécute perçoit le *fredum*. Nous savons par Rib. 89 que le droit de percevoir cette sorte

Le comte est obligé, sous peine de mort, d'obtempérer à cette invitation [1].

§ 5.

PROCÉDURE *ex fide facta.* — SAL. 50, 1.

La *fides facta* de droit privé [2] est la promesse formelle, unilatérale de *payer* à jour fixé. Sa forme consiste en ce que la volonté de contracter se manifeste d'une manière spéciale. De même que la stipulation romaine est parfaite dès que les paroles légales ont été prononcées, de même la *fides facta* germanique est parfaite aussitôt que la *festuca* a été donnée et reçue [3]. La constitution d'un terme de paiement est essentielle à la *fides facta* comme au *constitutum* romain (dans sa forme primitive) [4].

L'obligation acquiert par là ce qui fait en grande partie sa force : le *dies* profite au créancier et non pas au débiteur ; les peines moratoires qui frappent le débiteur aussitôt que le délai

d'amende appartient au *judex fiscalis.* (Comp. Waitz, *Verf. Gesch.*, II, 535 et suiv.; *Sal. R.*, 136, note 3.)

[1] Sal. 50, 3. — Nous traiterons plus loin de cette invitation à l'occasion de la procédure judiciaire, § 24.

[2] C'est la seule qui naturellement fasse partie des *causae.* Nous rencontrerons la *fides facta* judiciaire dans le *cours* de la procédure, § 24.

[3] Comp. Siegel, 223, I (voir d'autres exemples dans l'appendice). Dans les exemples des notes suivantes la *festuca* est toujours appelée *wadium.* Comp. Vaissette, *Hist. du Languedoc* (nouv. édit., Toulouse, 1841), III, Preuves, n° 64 : per *guadium* suum, id est per *festucum de vile.* — D'après von Michelsen, *Festuca notata,* 19, Zöpfl, *Ewa,* 28, l'élément judiciaire entre aussi pour sa part dans la constitution de la *fides facta.* Von Meibom, *Das deutsche Pfandrecht* (1867), 194. 195, voit aussi dans la *fides facta* de Sal. 50, 1 une promesse judiciaire. Or Sal. 50, 1 traite de la *fides facta* pure et simple, tandis que Sal. 50, 2, traite *au contraire* de la promesse d'exécuter le jugement qui est de l'essence de la *fides facta judiciaire* : Si quis ad *placitum* legitime fidem factam noluerit solvere. (Voir plus loin, à la fin de ce paragraphe.)

[4] Sal. 50, 1 : Si quis — alteri fidem fecerit, tunc ille cui fides facta est, *in 40 noctes aut quomodo placitum fecerit* quando fidem fecit. Comp. les Formules de De Rozière, 465 (Sirm. 32) : Convenit ut — uadios suos pro soledis tantis dare deberet, quod ita et fecerunt; et hoc placitum institutum quod evenit *tunc temporis* hoc debeant exsolvere. Cap. 785, c. 27 (Pertz, I, 50) : Si vero fidejussor *diem statutum* non observaverit.— Même principe dans le droit burgonde, *Lex Rom. Burg.*, 14, 8 : Si quis fidejussor — extiterit et *constituta die* ea que fide dixit exsolverit. Ce passage contient au fond du droit germanique. (Comp. Bluhme, eod. not., 82.) — De même, la *fides facta* des Lombards Liutpr., 41 : Si quis alium *ante constitutum* pigneraverit. Wilda, *Zeitschrift für deutsch. R.*, I, 190; Siegel, 36, note 3 voient à tort dans ce *constitutum* le terme fixé, une *contestatio.*

est expiré [1] rendent plus lourde pour ce dernier, en droit germanique, l'obligation pourvue d'un *dies.*

La *fides facta* s'emploie de deux manières :

Ou bien elle sert, comme la stipulation romaine, à *nover.* Quand elle émane du débiteur lui-même, elle *éteint* l'obligation dans les liens de laquelle il était jusqu'ici et lui en suppose une nouvelle. Ce qui donne à cette *fides facta* sa valeur pratique c'est la fixation d'un terme de paiement et la stricte unilatéralité de l'obligation qui vient de naître [2].

Ou bien l'obligation née de la *fides facta* vient *s'adjoindre* à l'obligation née de l'ancienne *causa* qui conserve toute sa force. Enfin c'est un tiers qui *pro eo* (sous-ent. : debitore) fidem facit [3]. La *fides facta* est ici, comme la stipulation romaine, la forme de la *fidejussio* du droit germanique [4].

A la *fides facta* du fidéjusseur ne vient pas d'ordinaire s'adjoindre en même temps la *fides facta* du débiteur principal. L'acte formel lie le fidéjusseur seul. Pour le débiteur principal l'ancienne cause de l'obligation continue à subsister. Aussi peut-on poser pour le droit frank, comme aussi pour les droits bur-

[1] En droit germanique, le principe : dies interpellat pro homine, existe. Comp. Neumann, *Geschichte des Wuchers in Deutschland* (1865), p. 115 et suiv. — *Sachsenspiegel*, I, 54, 2. 65, 4. — Les conséquences lointaines de ce paragraphe (comp. § 26) fourniront quelques éléments à la base historique des peines moratoires germaniques.

[2] Exemples : Si nec tunc voluerit reddere, nec fidem facere reddendi. — Sal. 67 : Quod si nec legem dicere voluerint (les rachimbourgs), nec ternos solidos fidem facere. — Bréquigny, *Dipl.*, n° 434 : Quod Ibbo — nullatenus ibidem (pour l'armée) ambulasset, et ob hoc solidos sexcentos fidem fecisset. — La note 3 ci-dessus contient un passage tiré d'une convention judiciaire. — La vertu *extinctive* de cette *fides facta* résulte très clairement de De Rozière, 511 (Marc. 2, 18), où il est dit qu'une convention a été conclue, ut pro ipsa causa solidos tantos in pagalia (franç. : payer) mihi dare deberes. Puis : quos (solidos) et in presente per *vuadio tuo* visus es *transolvisse, et nos ipsa causa per festuca contra te visus sum verpasse.* Au lieu de per vuadium transolvere on trouve ailleurs per vuadium componere (par ex. De Roz., 464. 467) avec la signification de vuadium dare de tantis solidis. Comp. De Roz., 465 (note 3). La *fides facta* a donc pour conséquence la renonciation formelle du créancier à toutes les prétentions nées du *contrat.* Ainsi que le montrent les passages de la *Lex Salica* cités au commencement de la note, la contumace contre l'ancienne obligation est éteinte par la conclusion de la *fides facta.* Comparez les chartes fausses (mais indiquant bien les usages carolingiens) des *Acta episc. Cenom.*, dans Bréquigny, n°s 128. 132. 278. 488, etc., à la formule donnée : Et si negligens aut tardus de ipso censu appaurero, *fidem exinde faciam,* et ipsum monasteriolum tempore vitae meae *non perdam.*

[3] Edict. Chilperici c. 6 (Merkel, *Lex Salica*, tit. 77. Pertz, *Legg.*, II, 10).

[4] Les sources desquelles sont tirés les principes suivants en matière de fidéjussion chez les Franks sont examinées dans l'appendice I.

gonde et lombard (comp. Walter, *Rechtsgesch* § 567), le principe suivant : le fidéjusseur n'est pas tenu *subsidiairement* mais *principalement*. Le débiteur principal reste lié vis-à-vis du créancier mais l'*action* du créancier est dirigée contre le fidéjusseur. Dans la pratique, le débiteur principal n'a pas à payer entre les mains du créancier mais à récompenser le fidéjusseur au *double*. Il suit de là que le cap. 785, c. 27 (Pertz, I, 50) désigne le débiteur principal comme le *debitor fidejussoris*. Cette conception particulière qui se retrouve dans les droits lombard et burgonde [1] a conduit à des conséquences pratiques importantes.

La procédure *ex fide facta* est donc la procédure née de la promesse *unilatérale de payer* à laquelle s'ajoute la fixation d'un *dies* (dans l'intérêt du créancier) faite par le débiteur *novandi animo* ou par le fidéjusseur pour consolider la dette.

L'évolution de la procédure est indiquée dans Sal. 50, 1. Elle est d'ailleurs d'*exécution*. Aussitôt que le délai de paiement de la *fides facta* est expiré sans que ce dernier ait eu lieu, le créancier débute par la première sommation de *payer*. Il se rend à la maison du débiteur *cum testibus vel cum iis qui precium adpreciare debent*, « avec (trois) témoins, c'est-à-dire avec ceux qui doivent *precium adpreciare* [2]. » Les voisins dont se fait suivre le créancier ne doivent pas seulement par pure formalité être présents ; ils ont encore un rôle actif à jouer.

[1] Comp., sur les lois lombarde et burgonde Walter, *Rechtsgesch.* § 567. — L'opinion émise par cet historien sur le droit frank : « En droit frank qui n'admettait pas la saisie privée la fidéjussion ne présentait rien de particulier » a, comme l'exposition suivante va le montrer, besoin d'être rectifiée.

[2] Ce n'est pas ici seulement que *vel* unit deux expressions de même signification (comp. Roth, *Beneficialwesen* 284 note 31). *Outre* les témoins il n'y a pas d'autres personnes *qui precium adpreciare debent*. Voir dans Grég. Tur., *Hist. Franc.*, VII, 23 un exemple tiré de la pratique de l'époque postérieure dans lequel le *testare* n'est plus employé comme moyen de coercition procédural, mais comme moyen de mettre le débiteur *in mora* : Armentarius Judaeus *cum uno sectae suae satellite et duobus christianis* (c'est-à-dire seulement avec trois témoins) *ad exigendas cautiones*, quas ei propter tributa publica Injuriosus ex Vicario, ex comite vero Eufronius deposuerant, Turonis advenit ; *interpellatisque viris, promissionem accipit de reddendo pecuniae foenore* cum usuris, dicentibus sibi praeterea ipsis : Si ad domum nostram veneris, et quae debentur *exsolvimus* et aliis te muneribus — honoramus. Eo quoque eunte, ab Injurioso suscipitur, et convivio conlocatur, expletoque epulo, adpropinquante nocte commoti ab eodem loco ad alium transeunt. Tunc, ut ferunt, *Judaei cum duobus christianis* ab Injuriosi hominibus — interfecti sunt. Les *mêmes* témoins qui ont accompagné le juif allant *demander* le paiement se rendent donc avec lui à la maison d'Injuriosus, où le *paiement* doit s'effectuer.

Les objets qu'on donnait à cette époque en paiement étaient les meubles que chaque homme libre avait en sa possession et dont il pouvait disposer. L'argent monnayé, à cause de sa rareté, était remplacé par des moutons, des bœufs, des chevaux, des habits et même des esclaves. Aussi faut-il traduire *pecunia* par *biens mobiliers* [1]. Toute *solutio* n'était autre chose que notre *datio in solutum* [2]. Elle n'empruntait pas, comme la *solutio* romaine, le pouvoir qu'elle avait d'éteindre l'obligation à l'accord des volontés du créancier et du débiteur, mais à l'arbitrage, tenant lieu de jugement, de membres de la commune non intéressés à la convention. Ces arbitres ont à *precium adpreciare* [3],

[1] Comp. Merkel, Legg. III, 48 note 16. 320 not. 1; de Richthofen eod., 695 note 65; Grimm, *Rechtsalt*, 565.

[2] Tac., *Germ.* c. 12 : Equorum pecorumque numero convicti multantur c. 21 : luitur enim etiam homicidium certo armentorum ac pecorum numero. — Cette même pratique est indiquée par Sal. 50; elle est encore indiquée pour le droit *salique* par de Roz., 466 (App., Marc. 51) : Fuit judicatum ut illam leudem — solvere deberet, quod ita in praesente et fecit, et *servo suo*, nomine illo, vel *alia rauba* (= meubles; franç., robe), sua ipsa illa pro illa leodi ipsius lue — in quod eis bene complacuit, dedit. — Pour le droit ripuaire : *Trad. Wizemburgenses* (éd. Zeuss), n°s 258 à 786 (de Saargau) : in cinso studeam dare denaros 20 aut quod ipsa pretio valet *in cero vel in vestimentis aut in pecoribus.* — Pour l'époque postérieure : Widukind, *Res gestae Saxonicae*, II, 6 : rex (Otto) — condempnavit Evurhardum (le duc de Franconie) 100 talentis *aestimatione equorum.* — Exemples tirés des chartes *souabes* dans Merkel, Legg. III, 48 note 16. 73 note 21. Comp. Alam. Hloht. 8 a. 55, 3; 56, 2; 71, 1. Alam. Kar. 8 (codd. G. 1. 2. 3. 4, etc.). — Pour le droit *bavarois*, Merkel, Legg. III, 381, not. 17. En Carinthie (et cet usage persista jusqu'au XVe siècle), chaque nouveau duc achetait symboliquement à un paysan du duché le siége ducal (c'est-à-dire le duché) pour 60 pfennigs; le paiement s'effectuait par la tradition d'un taureau et d'un cheval. Grimm, *R. A.*, 253. 254. — Cet autre principe, qu'un paiement ne peut se faire en *immeubles*, est tout aussi ancien; voyez-en la confirmation dans l'histoire de la *dos* germanique. Sohm, *Zeitsch. für Rechtsg*, V, 419 et suiv. — Ce n'est que sous les Karolingiens que les immeubles sont pour la première fois donnés en paiement. Ainsi Baj., 1. 9, 10 (Baj., 1. 2) est du temps de Pépin ou de Charles Martel. La charte frankrhénane dans Lacomblet, *Urkundenbuch für die Gesch. des Niederrheins*, I, n° 23 : tradidimus partem hereditatis nostrae, quae nobis justo judicio *ex lugubri occisione filii mei* B. advenit in villa H. — Merkel, Legg. III, 381 n° 17 cite une charte bavaroise du IXe siècle dans laquelle *per wergeldum* on fait la tradition d'un immeuble. De même *eod.*, 396 n° 53 (XIIe siècle), *pro detruncatione pedis.* La plus ancienne charte qui, à ma connaissance, fasse mention d'un paiement fait en immeubles est le testament du patrice Abbo, a. 739. — Bréq., n° 559 : In ipsum pago G donamus liberto (— um) nostro (— um) nomen G — et Germanas suas cum omni rem, quem V. (un nom germanique) ad parentes suos (sousent. : du libertus) in pagnanum (pour : in solutum) per cessione dedit.

[3] Nous trouvons plus tard dans les chartes souabes, Neugart, *C. D.*, *Alam.* 51, a. 772 : « Et pro ipsa rem accipit in precio adpreciato inter caballo et alio pretio soledus 20. *Trad. Sangall.* 42 (a. 772) : comme prix

c'est-à-dire à estimer chaque meuble, d'où résulte la fixation en valeur et en quantité des objets que reçoit le créancier [1]. Le choix de ces arbitres appartient concurremment au créancier et au débiteur [2].

Nous pouvons maintenant saisir la signification de l'acte qui sert d'introduction à la procédure dans Sal. 50, 1.

Si quis ingenuus aut letus alteri fidem fecerit, tunc ille cui fides facta est, in 40 noctes aut quomodo placitum fecerit quando fidem fecit, ad domum illius *cum testibus vel cum illis qui precium adpreciare debent* venire debet, *et si ei noluerit fidem factam solvere* — sol. 15 culp. jud. super debitum quod fidem fecerat.

Pour recevoir le *paiement*, le créancier, au terme fixé [3], amène avec lui les rachimbourgs *qui precium adpreciare debent*. Le *testare* n'est pas expressément mentionné, mais nous en voyons l'effet dans le : *et si ei noluerit solvere*. Le « je ne veux pas » se pose en face de la sommation de payer du

de vente, le demandeur donne servum adtaxatum precium coram testibus (Merkel, Legg. III, 48. n° 16. 51, n° 39), *Trad. Wiz.* (ed. Zeuss). 11 a. 740, precium adpreciatum sicut inter nos convenit in auro et argento et caball. lib. 54.

[1] Il faut voir une période postérieure de l'évolution juridique dans la fixation *légale*, mais d'une durée passagère, de la valeur d'une série de meubles par plusieurs textes des lois barbares au cas où le paiement s'effectue en objets mobiliers. Rib. 36, 11. Sax. 66. Comp. cap. 797, c. 11 (Pertz, I, 76). — Le moyen âge, fidèle à cet ancien principe, conçoit encore le paiement comme un acte juridique formel qui s'accomplit en présence de témoins et qui se prouve également par témoins. (Voir par ex. Stobbe, *Deutsches Vertragsrecht*, 86 et suiv.). Pour l'époque des lois barbares, comp. Burg. 107, 8 : testibus idoneis hoc adprobet, quantum et quale precium dederit, et hoc testes illi jurati dicant : nobis praesentibus precium dare vidimus. —

[2] Le comte, d'après Sal. 50, 2, avant de procéder à l'exécution, invite le défendeur à payer de bon gré : *Voluntate tua solve* homine isto quod ei fidem fecisti *et elege tu duos quos volueris cum rachineburgios istos* (que le comte a amenés avec lui) de quo solvere debeas adpreciare debeant. — Comp. ci-dessus, § 24. — L'intelligence de ce rapport se trouve mêlée à des erreurs dans Rogge *Gerichtswesen der Germanen*, 130. 131.

[3] Le délai de quarante nuits indiqué dans la loi salique se trouve encore plus tard. Comp. Bréq. n° 557 a. 735 : Et si de ipso censu negligens apparuero, vel certe postea *infra* 40 *dies* ipsum non reddidero, l'immeuble doit retourner au seigneur. Tandis que d'ordinaire le droit d'expulsion du *dominus* peut s'exercer dès l'échéance des redevances, ici un délai de quarante jours est accordé. La conséquence est la même que dans la charte de précaire indiquée ci-dessus note 5 : *fidem exinde* (sous-ent. : de censu) *faciam* et ipsum monasteriolum non perdam. Le droit qu'a le débiteur de satisfaire le *dominus* d'abord par une *fides facta* ne lui procure effectivement aussi qu'un délai de quarante nuits.

créancier, et l'exécution peut commencer. Parcequ'il a désobéi à l'injonction contenue dans l'acte formel, le débiteur est frappé de l'amende de 15 sol. qu'il devra payer en sus de sa dette, *quia legem noluerit audire* (Sal. 45). Ces 15 sol., qui sont un effet du premier *testare*, correspondent aux 30 sol. que nous trouvons dans Sal. 45 (comp. § 4). [1] Dans la suite de la procédure on peut facilement reconnaître l'évolution parallèle indiquée dans Sal. 45. Seulement, ici, la disposition des sommations n'est pas la même. L'acte judiciaire se place entre la première sommation de payer et le troisième *testare*, tandis que, d'après Sal. 45, il clôt l'ensemble de la procédure.

Au premier refus de la part du débiteur, succède, de la part du créancier, la *mannitio* [2], qui permet à ce dernier de *nexti canthichius mallare* devant le *thunginus*.

La Lex Salica montre très bien que la fixation de ce terme judiciaire sert à l'exécution, et non point à la défense du débiteur.

> ad mallum eum mannire debet et sic [3] nexti canthichius mallare debet : « Rogo te thungine ut nexti canthichius gasacio [4] meo illo qui mihi fidem fecit et debitum debet, » et nominare debet quale debitum debeat, unde ei fidem fecerat. Tunc thunginus dicere debet : « Nexti canthichio [5] ego illum in hoc quod lex Salica habet. »

Le texte ne dit pas si le défendeur comparaît ou non au tribu-

[1] Ce *culpabilis judicetur* n'a rien à faire avec le jugement du tribunal. (Voir déjà Maurer, *Gerichts*, V., § 40 ; Siegel, 55, note 17.)

[2] C'est à peine si nous avons besoin de faire remarquer que ce passage est en contradiction complète avec l'opinion de Siegel (voir son ouvrage, p. 70), d'après laquelle la *mannitio* du débiteur *in mora* devait être précédée d'une triple *testatio* ; nous ne parlons pas, en outre, de la signification spéciale qu'a *ce mannire* suivant nous. Il est vrai que Siegel, 41, note 15, croit pouvoir attribuer la rédaction de ce texte à un âge juridique postérieur. (Voir au contraire § 8.)

[3] C'est-à-dire « et puis. » Comp. Sal. 50, 2 : Grafio collegat 7 rachineburgius *et sic* cum ipsis — ambulet, 58 : et postea debet in casa sua intrare, — *et sic postea* in duropalo — stare, — *et sic* de sinistra manu, — *et sic postea* in camisia — tunc illum — in mallo praesentare debet, *et sic* postea eum — ad suam fidem tollat. Comp. Sal. 52. 60. 71. 73. Rib. 32, 3 ; 33, 2 ; 30, 2.

[4] L'adversaire « avec lequel on a procès. » Grimm, *R. A.*, 855. Le nominatif n'est pas, comme Grimm l'indique ici et dans la préface à la *Lex Sal.*, p. VI (de même Müllenhof sur le livre de Waitz, *Sal. R.*, 283), gasacio, mais comme le montre ce passage : gasa*cius*.

[5] « Mot à mot *fibulâ*, *torque stringo*, — puis, sans image, *arctius adstringo*. » Grimm, *Préface*, LVI, N. *canthichius* est la deuxième personne du conjonctif.

nal. Le demandeur, lui, y vient, et prie le *thunginus*[1] *d'émettre un ban* sur les biens du débiteur. De même que le comte est invité, par acte formel, à procéder à l'exécution, de même le *thunginus* est invité à prononcer ce *nexti canthichio,* afin que, fort de cette autorisation, le créancier puisse opérer lui-même la saisie extrajudiciaire. Il est vraisemblable que le *rogo te thungine* est précédé de la déposition des témoins présents au premier *testare,* comme celle-ci précède l'invitation faite au comte (voir § 4)[2].

Après qu'il a été établi de cette manière que le débiteur « n'a pas voulu entendre le droit, » le juge dit : « Je mets un ban sur lui, conformément à ce qu'ordonne le droit salique. »

> Tunc ipse, cui fides facta est, testare[3] debet (nov. 329 : fidejussori) ut nulli alteri nec solvat nec pignus donet solucionis nisi ante ille impleat quod ei fidem fecit.

Comme de nos jours, dans la procédure de concours, de même ici dans la procédure d'exécution, jusqu'à ce qu'il ait satisfait le créancier, la disposition de ses biens est enlevée au débiteur. Il perd sur eux les droits que le créancier acquiert[4].

« Sans perdre de temps, » le créancier se rend avec ses témoins à la maison du débiteur[5] pour le sommer encore de payer avant le coucher du soleil. Le *solem collocare*, c'est-à-dire le fait d'attendre la prestation jusqu'au coucher du soleil[6], termine

[1] Le *thunginus* est le *centenier*, d'après Sal. 44 : Ante thunginum aut centenario. 46 : thunginus aut centenarius. Comp. Waitz, *Sal. Recht.*, 135.

[2] Comp. Baj., 13, 2 (ci-dessous, § 8).

[3] C'est-à-dire, comme d'habitude, « inviter, sommer. » Zöpfl, qui donne dans *Ewa Cham*, 51-53, une explication fausse de ce passage, voit ici une preuve par témoins; il a d'ailleurs pris la leçon (*testificare*) du texte d'Hérold.

[4] C'est là un acte, comme l'indique von Meibom, *Pfandrecht*, 71-73, que l'on doit rapprocher de la *confiscation* préalable judiciaire de la procédure postérieure (comp. aussi Stobbe, *Zur Gesch. des deutsch. Vertragsr.*, 179); remarquez toutefois que, d'après la Lex Salica, ce n'est pas la saisie judiciaire, mais la saisie extrajudiciaire qui clôt la procédure (voir ci-dessous).

[5] Ici aussi le défendeur est présumé n'avoir pas comparu au tribunal.

[6] Telle est la seule opinion bien fondée, et qui a prévalu. Comp. Siegel, 54, note 15. — Le *solem collocare* a lieu à la maison du débiteur, et non pas au tribunal, comme le dit Waitz, *Sal. R.*, 161.— C'est ce qu'indique nettement ce passage; pour pouvoir *solem collocare*, le créancier doit être avant le coucher du soleil dans la maison du débiteur : Festinanter illa die antequam sol collocet *ad domum* illius — ambulare debet. On n'attend au tribunal que pour des actes judiciaires. — Il est intéressant de comparer le *Sachsensp.*, III, 40, 1 : Sveme man icht gelden sal, die mut is *warden wente die sunne undergat*, in sines selven hus

cet acte qui se reproduit pour la troisième fois sept nuits après. A chaque *testare* et *solem collocare* nouveau, la dette s'accroît d'une amende de 3 sol.

Avec les trois semaines nécessaires au triple *testare* expire le délai laissé au débiteur pour payer de bon gré. Maintenant la voie de la coercition est ouverte au créancier.

On n'est pas d'accord sur le point de savoir de quelle manière s'opère cette exécution, parce que l'exposition de la procédure dans Sal. 50, 1, s'arrête ici. Cherchons cependant à la compléter. L'opinion jusqu'ici dominante, et qu'a, tout dernièrement encore, soutenue von Meibom [1], voit dans Sal. 50, 2, la continuation immédiate de Sal. 50, 1 : ce serait donc l'exécution *judiciaire,* avec la coopération du comte qui terminerait la procédure dont il s'agit. D'après Siegel (ouv. cit., 245 et suiv.), au contraire, il est question dans Sal. 50, 2, d'un cas tout différent, de la *fides facta* judiciaire, en un mot de *la promesse d'exécuter le dispositif du jugement.*

L'explication de Sal. 74 nous fournira la solution cherchée. Voici le passage :

> Si quis debitorem suum per ignorantiam sine judice pignorare praesumserit antequam eum nesti canthechigio, et debitum perdat et insuper similiter si male pignoraverit cum lege conponat, hoc est capitale et 15 solidos culp. jud.

Il s'agit ici, comme on voit, d'une saisie irrégulière. La peine dont elle est frappée varie suivant qu'à l'irrégularité de formes vient s'ajouter ou non une irrégularité matérielle. Si le saisissant était vraiment créancier, et a seulement péché *per ignorantiam,* par ignorance des formes, il perd sa créance (debitum perdat) ; il doit, en conséquence, restituer les objets saisis et ne peut plus, à l'avenir, faire valoir son droit. S'il n'était pas créancier [2], et que par suite la saisie fût, de plus, matériellement irré-

oder in' me nesten hus des richters, dar dat gelt gewunnen is. II, 5, 2 : To des huse sal man't gelden, deme man't sculdich is, *bi sunnen schine* of he hus binnem deme gerichte hevet; oder to de des richteres nesten hus, of jene dar ungehuset is.

[1] *Das deutsche Pfandrecht* (1867), 71-74, 194, 195.

[2] Verb. : Si male pignoraverit. Comp. Burg., 83 : Quicumque — *suum* agnoscit. — Si vero — *male* agnovit. Lex Rom. Burg., 34, 2 : Male agnovisse, res male praesumtas. Pardessus, dans son édition de Bréq., Dipl., I, 48, note 6, n'a pas vu l'opposition qui existe entre le *per ignorantiam* et le *male pignorare.* Il déclare en effet « absurde » le *per ignorantiam* du manuscrit de Paris, et, se fondant sur le manuscrit de Wolfenbüttel, il propose *per pignorantiam.* Or le manuscrit de Wolfenbüttel

gulière, il devait, pour sa punition, comme la restitution des gages n'était, après tout, que la compensation du dommage causé (capitale reddat), payer encore (insuper) 15 sol. au défendeur injustement saisi.

La fixation de cette amende montre clairement que le passage *ne* peut se rapporter à la saisie *judiciaire*. Il est vrai que, d'après von Meibom, le titre Sal. 74 contiendrait la double défense de saisir extrajudiciairement (sine judice) et même judiciairement, lorsque l'exécution n'a pas lieu conformément à la loi (antequam eum nesti cantechigio) : l'obtention du nexti canthichio (Sal. 50, 1) constituerait le *legitime admallare* qui, suivant d'autres textes, par exemple Sal. 51, 1, doit précéder l'invitation faite au comte de procéder à la saisie judiciaire (Sal. 50, 2). Or la saisie judiciaire qui ne se justifie pas, (sans légitime admallare), est frappée non pas de l'amende de 15 sol., mais de l'amende de 200 sol., c'est-à-dire de l'amende du wergeld lui-même (Sal. 51, 1). Donc le titre Sal. 74, dans lequel l'omission du *nexti canthichio* n'entraîne qu'une amende de 15 sol. (resp. et la perte de la créance), montre, à n'en pas douter, que le *nexti canthichio* sert à préparer non pas la saisie judiciaire, mais (comme une troisième solution n'est pas pos- la saisie *extrajudiciaire*. Le titre 74 n'interdit pas l'exercice sible) de ce droit, mais le subordonne à la réunion de certaines conditions. La phrase : Si quis debitorem suum sine judice pignorare praesumserit antequam eum nesti cantechigio, etc., donne clairement le sens suivant : le *nexti cantichio* doit précéder le sine judice pignorare. Le créancier *ex fide facta*, après avoir obtenu le *nexti canthichio* du *thunginus*, et après avoir *testé* trois fois, n'a donc pas à obtenir la saisie judiciaire décrite dans Sal. 50, 2 : il peut lui-même saisir extrajudiciairement[1].

Notre opinion est encore confirmée par ce fait que les 15 sol. dont le créancier est menacé sont dans la relation la plus étroite avec les actes que la partie intéressée doit commettre pour introduire la procédure. Le demandeur commence, comme nous l'avons vu, par inviter à payer (premier *testare*). Le débiteur qui s'y refuse est, en punition, frappé d'une amende de 15 sol. *super*

n'a pas *per pignorantiam*, mais seulement *pignorancia* (Pardessus, *Loi salique*, 187), d'où il est plus facile de déduire *per ignorancia* que *per pignorantiam*. Cette erreur se retrouve encore dans la *Loi salique*, 406, note 724.

[1] De même Siegel (ouv. cit.), p. 245 et suiv.

debitum (Sal. 50, 1). Le titre 74 montre que le demandeur s'expose précisément à la même amende lorsque sa créance n'existe pas. Les 15 sol. de Sal. 50, 1, se retrouvent dans Sal. 74. Ils sont, dans les deux titres, la sanction de l'acte formel par lequel la procédure débute, là, contraignant le débiteur à payer, ici, punissant le créancier pour avoir abusé de la coercition procédurale [1].

§ 6.

PRÉTENTION *ex re prestita*. — SAL. 52.

La *res prestita* du droit germanique, le contrat de prêt auquel correspond l'obligation de *reddere* compreńd à la fois en soi le mutuum et le commodat du droit romain [2]. L'exposition de la procédure à suivre dans le cas de prêt (tit. Sal. 52), n'est pas complète. Nous pourrons, au moyen des principes que nous avons mis en lumière, combler les lacunes en même temps qu'éprouver la justesse de ces principes, en les rapprochant de l'ensemble de dispositions que nous aurons reconstruit.

Nous ne trouvons ici exposée d'une manière satisfaisante que la triple *testatio* des §§ 4. 5. Le passage est très clair et peut trouver sa place parmi nos sources :

> Si quis alteri aliquid prestiterit de rebus suis et ei noluerit reddere, sic eum debet admallare. Cum testibus ad domum illius cui res suas prestetit accedat et sic contestetur : « quia res meas noluisti reddere quas tibi praestiteram in hoc eas tene nocte proxima quod lex Salica continet. » Et sic ei solem collocet. Si nec tunc reddere voluerit, adhuc super septem noctes

[1] Le premier *testare* se distingue ici aussi du troisième et dernier. Ce sont ces 15 sol. seuls, et non pas ces 3 × 3 sol., que le créancier doit gagner ou perdre. C'est donc seulement dans ces 15 sol. d'amende que réside le châtiment du débiteur qui laisse arriver l'exécution. Ces 3 × 3 sol. qui doivent être payés lors de cette exécution représentent la réparation du dommage causé par la perte de temps qui résulte du *solem collocare*. Comparez par ex. l'amende de 5 sol. fixée dans Sal. 17, 5 pour la *medicatura*. Nous retrouvons d'ailleurs ces 3 sol. toujours liés au *solem collocare*. (Voir ci-dessous, § 21.)

[2] Le commodat est indiqué par ex. dans *Lex Fris. add.*, 10, de re praestita : Si homo alii equum suum praestiterit; le *mutuum* l'est dans le cap. 806, c. 6 (Pertz, I, 144) : Foenus est qui aliquid praestat ; justum foenus est, qui amplius non requirit nisi quam praestat. Form. De Roz., 368 (Marc., II, 25). 369, 371 (Andeg., 59, 37), 372 (App. Marc., 15) et suiv. Comp. Grimm, R. A., 611, von Richthofen, Legg. III, 695, nos 63 et suiv.

ei spacium dare debet [1]. Et ad septem noctes ad eum similiter contestetur ut nocte proxima in hoc quod Lex Salica habet res suas tenere debeat. Si nec tunc voluerit reddere, ad alias septem noctes ad eum similiter cum testibus veniat, et tunc eum roget ut debitum suum reddat. Si nec tunc voluerit componere, solem ei collocet. Quod *per tres vices* solem ei collocavit, semper per singulas vices — *terni solidi* ad debitum adcrescant.

La triple *testatio* et l'amende qui peut frapper le débiteur (3 × 3 sol.) sont indiquées ici absolument comme ci-dessus, §§ 4, 5. La place qu'occupe cet acte dans la procédure nous est déjà connue. C'est la première partie de la procédure dite d'exécution ; son but est de donner *formellement* au débiteur un délai dans lequel il doit payer de bon gré. Quant à la deuxième partie de la procédure d'exécution, l'acte judiciaire dont s'occupent à la fois Sal. 50, 1 et Sal. 45, nous la trouvons indiquée dans la glosse malbergique de la dernière phrase de notre titre. Un manuscrit (texte A de Merkel ; Pardessus, texte III) présente *nec thanteo antesalina ;* un autre (texte B de Merkel ; Pardessus, texte IV), *nec tanto ;* enfin Hérold, *tauthe*. Grimm [2] a fait remarquer avec raison que les deux mots de la glosse ne sont autre chose que *nexti canthichio* défiguré.

Déduisons les conséquences de cette remarque, afin de démontrer qu'elle est juste.

Il est tout d'abord certain que, dans la procédure *ex re prestita,* la comparution au tribunal déterminée par la *mannitio* de l'adversaire, qui permet au demandeur d'obtenir du *thunginus* son *nexti canthichio* contre le débiteur, se justifie tout aussi bien que dans la procédure *ex fide facta ;* il suit de là que Sal. 74 s'applique également à ce dernier cas [3]. Comme le créancier *ex fide facta,* le créancier en vertu d'un commodat ou d'un prêt, après avoir obtenu le *nexti canthichio* et fait sa triple testatio, procède à la saisie extrajudiciaire de son débiteur. Dans les deux cas, le créancier qui commet une faute de forme perd sa créance ; celui qui saisit injustement s'expose à l'amende de 15 sol.

D'autre part, l'existence de cette dernière disposition est dé-

[1] Le passage ne parle que de la première de ces trois invitations à payer. Il faut compléter le *si nec tunc voluerit* par la dernière partie de la formule ci-dessus pour le *testare*. Comp. § 4, note 4.

[2] *Préface de la Lex Salica*, p. LV.

[3] Comp. § 5. — Remarquez que Sal. 74 ne vise pas spécialement la *fides facta,* mais en général le *debitorem suum pignorare.*

montrée si nous prouvons prouver l'existence du *droit parallèle* du créancier à cette même amende; or c'est précisément ce que la fin de notre titre nous permet de faire :

> Si nec tunc noluerit reddere (après la troisième *testatio*) nec fidem facere reddendi, super debitum ei qui prestetit aut (pour : et) super illos 9 solidos qui per singulas admoniciones adcreverunt, — *solidos 15 culpabilis judicetur.*

En procédant régulièrement, le créancier gagne donc les 15 sol. qu'il s'expose à perdre, d'après Sal. 74, si son action est injuste.

Nous voici arrivés aux fondements sur lesquels repose la procédure tout entière, c'est-à-dire le premier *testare* qui rend possible la litiscontestation de la procédure d'exécution. Dans l'amende de 15 sol. atteignant tantôt l'adversaire tantôt le demandeur nous voyons l'*effet* de ce *testare*. Il est encore indiqué dans les premiers mots du passage :

> Si quis alteri aliquid prestiterit de rebus suis *et ei noluerit reddere.*

Le *refus* et l'*invitation* de payer sont donc liés étroitement l'un à l'autre.

§ 7.

DROIT DE CONTRADICTION DE L'ADVERSAIRE.

Jusqu'ici, prenant la Lex Salica pour modèle, l'exposition de la procédure d'exécution a mis au premier plan le rôle du demandeur. Cette exposition sera complète lorsque nous aurons mis en regard le rôle de l'adversaire qui y correspond.

Il s'agit ici essentiellement de la comparution au tribunal, acte d'une grande importance dans tous les cas divers de la procédure d'exécution. Le défendeur doit être formellement invité à comparaître par le demandeur (mannire) [1]. Il y a lieu de se demander dans quel but?

La Lex Salica ne répond pas directement parce que dans tous les cas elle suppose que l'invité ne comparaît pas; cependant elle offre à la réponse des points d'appui suffisants. Nous avons cherché plus haut à démontrer que l'acte judiciaire n'est qu'une

[1] Comp. ci-dessous § 16.

étape de la procédure d'exécution, qu'il a pour but spécial non point de déterminer un jugement, mais d'obtenir de l'autorité judiciaire (*thunginus* ou *grafio*) qu'elle fasse usage de son ban. Ce qui suit nous fournira un autre argument.

La procédure d'exécution se termine, comme l'on sait, dans tous les cas, malgré la contumace de l'adversaire, par la *réalisation* de la prétention émise. *In contumaciam* le débiteur *ex contractu* est saisi extrajudiciairement, l'*homo migrans* est chassé par le comte.

> Sol. 45 : Si ipse cui testatum est *noluerit venire* (au tribunal et au jour fixé) — tunc ipse qui testavit super furtuna sua ponat et *roget grafionem ut eum inde expellat.*

Or la procédure judiciaire de la Lex Salica *n'exécute jamais in contumaciam*. Le jugement n'amène à réaliser la prétention qu'autant que le défendeur a promis formellement d'en accomplir le dispositif : celui qui invite le comte à saisir sans que le défendeur ait fait cette promesse paye son propre wergeld [1].

La *mannitio* de la procédure d'exécution ne peut donc pas être rapprochée de la *mannitio* de la procédure judiciaire [2]. Elle n'a pas pour but d'amener l'articulation des faits qui ont donné naissance au procès ; elle n'a pas davantage à amener un jugement basé sur ces faits ; elle sert simplement à poursuivre l'exécution commencée déjà *sans* jugement. Si la promesse d'accomplir le jugement n'est pas nécessaire ici, c'est qu'*ici il n'y a pas de jugement* et qu'il s'agit seulement de réaliser immédiatement la prétention (civile) du demandeur.

La *mannitio* de la procédure d'exécution n'a donc pas pour but de permettre au défendeur de contredire aux faits générateurs de l'action, mais uniquement de lui faire connaître l'acte par lequel le demandeur se propose *in judicio* de mettre en mouvement le pouvoir exécutif de l'autorité judiciaire. La pro-

[1] Comp. ci-dessous §§ 24. 25.

[2] C'est ce qu'on a fait jusqu'ici. Voir encore Siegel (ouv. cit.), p. 70 et suiv. qui, dans les titres saliques traitant de la procédure d'exécution, voit simplement formulées les conditions dans lesquelles la *mannitio* devait être employée pour pouvoir servir d'introduction à la procédure *judiciaire*. De même p. 72 note 4 Siegel dit que, « si le titre Sal. 45 n'attend pas l'aveu » pour donner suite à la demande de celui qui a fait inutilement la *mannitio*, « c'est par exception. » Or ce qui est remarquable, ce n'est pas « qu'on n'attende pas l'aveu » mais bien qu'on exécute sans qu'il y ait promesse préalable d'accomplir le dispositif du jugement. — L'idée exacte sur ce point se trouve déjà dans Waitz *Sal. R.* 163. 164.

cédure n'a pas besoin du concours du défendeur ; mais ce dernier n'en a pas moins intérêt à comparaître au tribunal. Cela résulte de Sal. 45 : le demandeur, si l'adversaire est contumace, peut inviter purement et simplement le comte à exécuter, si ipse, cui testatum est, noluerit venire *et eum aliqua sunnis non tenuerit*. Si le défendeur produit des excuses légales qui justifient sa non-comparution, on sursoit à la mesure d'exécution et un nouveau délai est accordé. L'intérêt de ce dernier consiste à faire valoir à temps son *droit d'opposition* contre la procédure. S'il comparaît au tribunal, du même coup il saura que le demandeur agit contre lui et il pourra attaquer l'acte. Le droit d'opposition de l'adversaire et la nature de l'acte formel sont liés indissolublement l'un à l'autre. Tandis que l'élément positif des rapports juridiques servant de base au procès n'exerce aucune influence sur la vertu de l'acte formel, l'élément négatif, par la comparution de la partie *adverse* est mis en demeure d'annuler les suites de l'acte formel.

L'existence de ce droit d'opposition résulte du principe démontré précédemment d'après lequel, dans la procédure d'exécution, le créancier s'expose à la même amende dont le débiteur est menacé. L'application de ce principe n'est possible qu'autant que le débiteur peut jouer le rôle d'agresseur en face du demandeur puisque, comme nous l'avons vu, dans cette sorte de procédure la défense lui est refusée. Sal. 74 (comp. ci-dessus, § 5), indique que la contre-attaque du débiteur peut être aussi bien dirigée contre la régularité *formelle* que contre la régularité *matérielle* de l'acte du demandeur.

Les sources ne nous disent pas dans quelle forme le défendeur devait introduire son droit d'opposition. Nous pouvons suppléer en partie à leur silence par les textes qui traitent de l'opposition faite à l'exécution de la procédure *judiciaire*. D'après le droit salique [1] le défendeur s'oppose dans ces termes à la saisie conduite par le comte : « Tu me dépouilles injustement, au mépris de la loi et de l'équité [2]. » D'après la Lex Ribuaria, 32, 4, celui qui est sur le point d'être saisi se tient l'épée à la main sur le seuil de sa maison et par suite en interdit l'accès au comte. Dans

[1] Ed. Chilp. c. 7. Comp. ci-dessous § 27.

[2] Ed. Chilp. c. 7 : quod male eum destruat et contra legem et justitia. Comp eod. : quem contra legem et justitiam extruderit. Sal. 50, 3 : mittat (sous-ent. grafio) qui cum legem et justitiam exigere debeat. — Traité d'Andlau (Pertz 2, 6) : quidquid unicuique — per legem et justitiam redhibetur.

ces deux cas, l'exécution s'arrête et un délai est donné afin d'examiner préalablement la régularité de l'exécution commencée. D'après l'Edict. Chilp. c'est la preuve par témoins qui décide ; d'après la loi ripuaire c'est le duel. Pour cet examen préalable la procédure d'exécution extrajudiciaire jusque-là, s'engage dans une période judiciaire. Le droit d'opposition dont est muni le défendeur donne la garantie qu'il remplira son rôle.

§ 8.

CONCLUSION. — DE LA SAISIE EXTRAJUDICIAIRE D'APRÈS D'AUTRES LÉGISLATIONS BARBARES.

Les résultats acquis se séparent de la doctrine acceptée jusqu'ici en ce qu'ils permettent de faire rentrer la saisie extrajudiciaire de la Lex Salica dans le domaine de la procédure et non dans le domaine de la libre activité individuelle *(selbsthülfe)*. Reprenons cette conclusion (comp. § 1) afin de l'étendre aux espèces dont nous nous sommes occupé (§§ 5, 6). La première conséquence, d'après laquelle la prétention née de l'obligation *ne peut* arriver à sa satisfaction par voie de coercition procédurale qu'au moyen de la saisie extrajudiciaire, est simplement une autre manière d'envisager le principe acquis.

Entre me faire justice moi-même (quand cela est permis) et agir par voie de procédure, entre la vengeance et l'action *ex delicto*, je puis choisir, parce que se faire justice soi-même (quand cela est permis) et agir par voie de procédure sont deux choses distinctes. On a cru jusqu'à présent que l'intéressé *pouvait* tout aussi bien agir par voie de procédure judiciaire que par voie de saisie extrajudiciaire. La première, tenue dans l'opinion générale pour la forme de procédure par excellence était opposée à la seconde qu'on avait d'ailleurs la faculté d'exercer soi-même si on la préférait.

Or, à chaque nature de procès correspond une *espèce spéciale de procédure excluant les autres*. De même que la procédure judiciaire est réservée au délit, de même l'ensemble de formes indiqué dans les §§ 5. 6 que termine la saisie extrajudiciaire est réservé par la loi aux procès qui ont pour cause la *fides facta* ou la *res prestita*.

Ce principe en contient un autre : le *nexti canthichio* du *thunginus* c'est-à-dire le concours du juge dans la procédure d'exécution ayant pour objet la saisie extrajudiciaire loin d'être incompatible avec ce moyen particulier de réaliser son droit en facilite au contraire l'application. D'après Siegel et Wilda [1] il est vrai, le concours du tribunal serait un élément introduit *postérieurement* dans la saisie extrajudiciaire en sorte que les dispositions de la Lex Salica ne manifesteraient plus la conception primitive du droit germanique en cette matière, mais seulement une conception plus moderne. A cette opinion nous opposerons la haute antiquité de la Lex Salica et le caractère préhistorique de ces dispositions. Il y a plus ; cette opinion s'impose nécessairement au juriste qui, sans distinguer, range dans le domaine de la libre activité individuelle *(selbsthülfe)* tout acte d'exécution émanant de l'individu. Notre théorie d'après laquelle la saisie extrajudiciaire est une institution d'ordre procédural a l'avantage de la mettre en harmonie avec les autres cas dans lesquels le tribunal apporte son concours. Elle dégage en outre le principe d'après lequel c'est avant tout dans la puissance publique que le droit doit chercher sa protection. Tandis que de nos jours et partout l'autorité dispose du pouvoir procédural, au temps de la Lex Salica elle en disposait déjà bien qu'incomplétement, dans toute espèce de procédure.

Avant de terminer cette exposition il nous faut encore consulter les autres lois germaniques sur ce point. On y a constaté jusqu'ici l'état juridique soi-disant primitif auquel on oppose l'état résultant des dispositions saliques comme un état anormal. L'examen de ces lois présente un double intérêt ; sur la saisie extrajudiciaire en effet, comme sur toute la procédure qui s'y rattache, elles offrent à notre avis des dispositions par lesquelles celles de la Lex Salica se trouvent confirmées. Nous laissons de côté la Lex Ribuaria qui n'expose que la procédure franque postérieure ; elle se tait sur la saisie extrajudiciaire parce qu'en général elle ne connaît plus la procédure d'exécution (comp. § 26).

La Lex Burgundionum offre au contraire un riche butin. La saisie extrajudiciaire est touchée dans ce code, surtout à l'occasion de la *fidejussio*. En voici les principes : Le fidéjusseur, comme dans le droit frank (voir ci-dessus, § 5), se trouve placé *entre* le créancier et le débiteur. Le créancier attaque le fidéjusseur qui se retourne de son côté contre le débiteur. Les deux prétentions, celle du créancier contre le fidéjusseur et celle du

[1] Siegel 41, note 15. Wilda *Pfändungsrecht, Zeitsch. f. deutsch. R.* I, 195.

fidéjusseur contre le débiteur sont poursuivies par voie de saisie extrajudiciaire. La procédure dans les deux cas est essentiellement la même.

Le créancier doit, pour pouvoir saisir le fidéjusseur, avoir préalablement invité trois fois devant témoins le débiteur principal à payer, (le *testare* de la Lex Salica).

Burg. 107, 7 : Si quis fidejussorem acceperit, et ante eum pignerare praesumpserit, quam auctorem suum, cum quo causam habet, *praesentibus testibus ter admonuerit*, pignera quae tollere praesumpserit, in duplo restituat. Comp. Burg. 19, 10.

Le fidéjusseur doit de même, pour pouvoir saisir le débiteur, faire une triple *admonitio coram testibus* :

Burg. 19, 5 : Si — is, qui sub fidejussore discesserit (le débiteur principal) *ter admonitus coram testibus, vel* (pour : *et*) *post admonitionem pigneratus,* si convictus fuerit pignera sua *fidejussori* per vim abstulisse —[1]. Comp. Burg. 96.

A côté de ces dispositions, Burg. 19, 1, contient cette autre :

Qui ante audientiam (sous-ent. judicis) [2], cujuscumque pignera abstulerit, causam perdat, et inferat multae nomine (au fisc) sol. 12.

La Lex Rom. Burg. 14, 8, nous indique comment nous devons accorder entre elles ces dispositions diverses :

Si quis fidejussor pro quocumque debitore — extiterit, et constituta die ea, que fide dixit, exsolverit et postmodum cum pro quo solvit, *tertio cum noticia judicio admonuerit, ut summam debiti recipiat*, et ille semper distulerit, *post trinam conventionem* dupli redibitione — jure damnabitur.

Cette *trina conventio cum notitia judicis* est, à n'en pas douter, d'origine burgonde et non pas d'origine romaine [3]; la saisie extrajudiciaire d'après le droit burgonde est donc ainsi réglée : premièrement un acte judiciaire tendant à obtenir du *judex* la permission de procéder à la saisie (le *nexti cantichio* de la Lex Salica) ; deuxièmement la triple *testatio*, c'est-à-dire l'invitation à payer ; troisièmement enfin la conduite de la saisie.

[1] Walter § 567 note 2 est dans l'erreur quand il rapporte ce passage à la saisie exécutée par le créancier.

[2] Comp. Burg. 82, 1 et Bluhme sur ce passage note 51.

[3] Comp. Bluhme note 82 sur ce passage.

Un passage de la Lex Bajuwariorium resté jusqu'à présent inaperçu n'est pas moins intéressant. Le titre 13 (texte I) traite *de pignoribus*, de la saisie extrajudiciaire. Ce titre appartient à la portion de la Lex Bajuwariorum qui, bien que née [1] sous l'influence du droit wisigothique contient cependant en gros les dispositions du droit bavarois indigène.

Le chapitre 1 dit : Pignorare nemini liceat *nisi per jussionem judicis* [2]. Il ajoute, en se servant d'expressions générales : que le *contumax* et le *contemptor legis* soit rappelé au respect de la loi par le *juge, distringatur a judice* [3]. Le chapitre 2 complète cette disposition en ces termes :

> Si quis alicui, liber liberum, qui eum mallet [4] de qualecumque re, non dignaverit justitiam facere [5] : ille qui quaerit causam suam, *habeat ibi testes*, 2 vel 3, qui audiant et videant, qualiter ille respondeat, *ut possint ante judicem testes esse*. Tunc judex jubeat eum in praesente venire, et judicet ei, *et componat* 12 *sol.*, *quare non dignavit justitiam facere ei cui debuit*. Sic omnis qui non dignaverit justiciam facere ei cui debuit, *de qua re appellatus fuerit, pro fatigatione* qua facit ei qui eum appellat, *componat cum 12 sol.*, et *postea* respondeat secundum legem, *et faciat justitiam sicut legem habet*. Duci vero 40 sol. pro fredo.

[1] Comp. Roth, *Ueber Enstehung der Lex Bajuwariorum*, p. 19 et suiv. 33 et suiv. — Merkel Legg. III, p. 224 et suiv.—Stobbe, *Gesch. der deutsch. Rechtsquellen* I, 158 et suiv.

[2] Au contraire Wis. V, 6, 1 : Pignorandi licentiam *in omnibus* submovemus.

[3] *Distringere*, dans son acception générale, désigne tout acte de la puissance judiciaire et contient l'idée accessoire de « punir » parce que la sanction de l'ordre donné par le juge (comme celle de l'acte formel accompli par la partie) consiste d'habitude dans l'amende dont est frappé, *par punition*, celui qui n'obéit pas (c'est la *gewedde* du moyen âge). — Comp. Waitz *V. G.* IV, 378 note 2, Homeyer *Ssp.* II, 2, 569. On ne voit pas pourquoi Wilda 181 note 17 voit dans le distringere en question une saisie judiciaire.

[4] Ici dans l'acception première : « *avoir affaire oralement à.* » (Grimm, *R. A.* 746. Comp. Müllenhof, Waitz *Sal. Recht* 289), et non dans l'acception dérivée, *agir en justice*. Ainsi, dans la suite du chapitre celui qui eum mallet est désigné par : qui eum *appellat*, et celui qui est pris à partie par : qui *appellatus* fuerit.

[5] C'est-à-dire *satisfaire*. Il s'agit de la solutio de droit privé et non pas de l'accomplissement d'une obligation procédurale. Comp. par ex. les formules de Roz. 417. 420. 426. 427. 431, dans lesquelles le justitiam (dans la formule 426 : trictum est pour : directum) consequi est le but de la comparution d'office au tribunal du roi. — Ed. Roth. 252 : justiciam faciens et devitum reddens. Comp. aussi Brunner, *Zeugen-und InquisitionsBeweis* (Wien 1866) p. 70. 71.

Voici les dispositions contenues dans ce chapitre. Le créancier, en présence de deux ou de trois témoins, invite tout d'abord le débiteur à payer de bon gré. Si ce dernier ne paie pas, *tunc distringatur a judice* (c. 1). Le *judex* lui enjoint de comparaître au tribunal; de plus, après que le créancier a établi au moyen de ses témoins le refus de payer, le débiteur est frappé d'une amende de 12 sol. [1] au profit du demandeur et d'une amende de 40 sol. *pro fredo* au profit du duc. Le débiteur n'en doit pas moins satisfaire à la prétention du créancier. Le chapitre ne dit pas quelle espèce de coercition ce dernier devait employer pour arriver à son but. La preuve qu'il employait la saisie extrajudiciaire résulte, sinon directement, du moins très-certainement du chapitre 3. Ce chapitre 3 fixe les amendes dont est frappé celui qui *sine jussione ducis* (dans les textes II, 24, 3 ; III, 12, 3 ; var. : *judicis)*, c'est-à-dire au mépris des chapitres 1 et 2 de notre titre, a procédé à une saisie extrajudiciaire. Ces amendes sont : 1° 40 sol. *pro fredo* au profit du duc ; 2° restitution du *pignus* et perte de la *causa* (comp. c. 5) ; 3° tradition d'un *aliud simile*. La loi pose comme cas normal que le *pignus* saisi (et par suite la créance) vaut 6 sol [2].

Le créancier doit donc payer 40 sol. *pro fredo* et 6 + 6, soit 12 sol. à son adversaire.

Cette amende correspond exactement à celle qui atteint le débiteur lorsque, invité formellement à payer, il ne paie pas et, — ajouterons-nous aussi — laisse arriver la saisie extrajudiciaire régulière. Baj. 13, 3, répond à Baj. 13, 2, comme (voir ci-dessus § 5) Sal. 74 à Sal. 50, 1 : d'un côté l'*emploi*, de l'autre l'*abus* entraîne une amende ; ici l'adversaire et là le demandeur sont frappés de la même peine. La saisie conduite d'après le chapitre 3 *sine jussione ducis* (c. 1 : *sine jussione judicis*) est irrégulière ; d'après le chapitre 2 est régulière, celle qui est précédée en premier lieu d'une *testatio* extrajudiciaire, en second lieu de la procédure devant le *judex*. En résumé, la procédure devant le *judex* a pour but d'amener la condamnation de l'adversaire à la peine contumaciale, et de plus d'obtenir la *jussio ducis*, c'est-à-dire la permission du juge de procéder

[1] C'est l'amende bavaroise qui correspond en principe à l'amende franque de 15 sol. Comp. Roth, *Enstehung der Lex Baj.* 59.

[2] Baj. l. cit. c. 7 : Si pignus ille minus valet quam 6 sol., tunc pignus reddat et cum 6 sol. componat ; et si autem pignus quod tulit plus valet quam 6 sol., ipsum non laesum reddat, et similem alium addat, duci vero pro fredo 40 sol.

à la saisie. Cet acte judiciaire est donc parallèle au *nexti canthichius mallare* de la Lex Salica ; l'un et l'autre doivent, d'après les deux lois bavaroise et salique, être précédés de l'invitation solennelle à payer de bon gré.

Le code *wisigothique* s'oppose absolument à l'emploi de la procédure extrajudiciaire.

Wis. V, 6, 1 : Pignorandi licentiam in omnibus submovemus. Nous pouvons constater ici que le droit primitif a été modifié en ce point. Cette modification est indiquée par la teneur même du texte, surtout si l'on compare la disposition du droit *ostgothique* qui admet la saisie privée pourvu qu'on ait obtenu préalablement la *permission du juge*.

> Ed. Theod. 123 : Capiendorum *pro suo arbitrio* pignorum unicuique licentiam denegamus, ita ut *si probabile fuerit*, hoc agendi *judicis praestat auctoritas*.

Les mots *si probabile fuerit* donnent facilement à comprendre qu'il fallait, pour obtenir la permission du juge, conduire une certaine procédure de laquelle résultait la régularité « apparente » de la saisie. Ici aussi la saisie extrajudiciaire constitue une phase de l'évolution juridique régulière, et non pas une manifestation de la libre activité individuelle *(selbsthülfe)*[1].

En ce qui concerne les droits *anglo-saxon* et *normands*, nous renvoyons à Wilda, 184-187 [2]. Cet historien a démontré que, d'après ces lois aussi, la saisie *privée* doit être précédée d'une *procédure judiciaire : post legitime in jus querimoniam depostatam,* il est *jugé* que le créancier peut procéder à la saisie extrajudiciaire (Sunesen, *Legg. Scaniae* XVI, 2). L'exposition de la procédure qui précède la saisie privée dans les lois du roi Kanut, ressemble singulièrement à celle de la Lex Salica.

> Kanut II, 19 (Schmid, *Gesetze der Angelsachsen* 281) : que personne ne saisisse un gage avant d'avoir trois fois dans la centaine *(hundertschaft)* exigé son droit. Si, à la troisième demande, il n'a pas reçu satisfaction, qu'il aille, pour la qua-

[1] D'après Dahn, *Die Könige der Germanen*, 4e partie (Würzbourg. 1866) p. 29. 9 ce passage de l'édit interdit absolument toute espèce de saisie privée. Cette opinion me paraît aller contre le texte lui-même : capiendorum pignorum — licentiam denegamus; — hoc agendi (sous-ent. licentiam), judicis praestat auctoritas. C'est la *permission* de saisir les gages qui émane du juge, et non la saisie elle-même.

[2] Comp. aussi *Krit. Ueberschau* VI, 270.

trième fois, au *shiregemot*, et qu'un quatrième délai lui soit accordé. Si satisfaction ne lui est pas davantage donnée, qu'il prenne la permission de saisir lui-même ce qui est son bien *(thaet he môte hentam,* poursuivre, *fahnden, aefter his agenan).* Comp. Ina, § 9. Guillaume, I, 44.

Ici, la triple invitation dans la *hundrede* correspond au triple *testare* extrajudiciaire de la Lex Salica; le terme à comparaître au *shiregemot* au terme à comparaître devant le *thunginus.*

Seul, le droit lombard fait exception. Il n'y a, d'après lui, de concours judiciaire (saisie par le *schultheiss*) qu'autant que le débiteur n'est pas en possession d'objets *in quibus lecitum est pignerandi;* dans les autres cas, il suffit de la simple invitation à payer renouvelée trois fois pour pouvoir procéder à la saisie [1].

Nous sommes maintenant autorisé à résumer ainsi :

En droit *germanique* (en tant qu'ensemble des lois barbares), la saisie extrajudiciaire (pour dettes) *fait partie de la procédure;* en conséquence son existence est liée *intimement* à celle d'un acte judiciaire précédent. L'évolution qui se termine par la saisie est l'évolution *procédurale*, réglée d'avance par la loi, pour faire valoir la prétention née d'un contrat. Ce n'est pas la prévoyance du législateur qui a cherché à contenir dans de justes mesures l'exercice de la liberté germanique. Cette liberté, ici comme en d'autres domaines [2], loin de se manifester tout d'abord sans règles, a revêtu, au contraire, les formes du droit. Cette procédure est certainement la procédure primitive, car elle existe, jusque dans ses détails, chez les différents peuples germaniques ; il serait singulier, en effet, que les législateurs des Burgondes au VIe siècle, des Bavarois au VIIe (ou VIIIe), des Saliens au Ve, en fussent venus d'eux-mêmes à avoir précisément les mêmes idées sur ce point. Le droit lombard, que Siegel et Wilda prennent comme base de leur exposition, présente ici un développement particulier [3].

[1] Comp. Wilda p. 190 et suiv. Siegel p. 36 et suiv.

[2] Schmidt, *Der principielle Unterschied zwischen dem römischen und germanischen Rechte,* p. 161 et suiv. Böhlau, *Die Entwickelung des Begriffes der Freiheit im deutschen Rechte.* Rostock 1865.

[3] C'est ce qu'a déjà très bien montré von Meibom, *Das deutsche Pfandrecht* p. 190 et suiv.: il s'écarte de notre opinion en ce sens que, d'après lui, ce qui caractérise le droit frank c'est l'exclusion de toute saisie privée.—L'exposition de von Meibom p. 177 et suiv., p. 198 et suiv. donne maintenant une base toute nouvelle à la théorie de la « saisie sans procédure » et de la « saisie prisée permise » au moyen âge.

Une question reste encore à élucider. Siegel a prétendu contre Wilda que seule, la prétention née d'un contrat formel (par exemple de la *fides facta*) donnait lieu à la saisie. Nous ne pouvons accepter cette opinion. Dans le droit salique nous avons trouvé comme donnant lieu à la saisie, outre la prétention *ex fide facta*, la prétention *ex re praestita*, c'est-à-dire née d'un contrat qui n'est pas formel. La Lex Baj. 13, 2, admet la saisie cum jussione judicis pour toute dette quelle qu'elle soit, *de qualecumque re*. D'après le droit burgonde et aussi d'après le droit lombard (voir Walter *Rechtsgesch.* § 567), le créancier peut saisir le fidéjusseur, et celui-ci peut saisir le débiteur, bien que le devoir de désintéresser le fidéjusseur, qui incombe au débiteur, repose seulement sur le mandat, c'est-à-dire sur un contrat informe. Il s'ensuit que l'opinion de Siegel n'est pas exacte non plus en ce qui concerne le droit lombard, que l'Ed. Liutpr. 15, sur lequel elle s'appuie, ait d'ailleurs introduit un droit nouveau ou seulement confirmé l'ancien.

Il est vrai que la saisie pour dettes n'est applicable que dans de certaines limites ; mais ces limites sont autres que celles qu'a indiquées Siegel. D'après la Lex Salica, l'obligation *unilatérale*, née d'un contrat verbal ou réel (fides facta et res prestita) donne seule lieu à une action et à la saisie. Le droit postérieur nous fournira aussi, dans les formules et dans les chartes, des exemples d'actions nées seulement d'obligations unilatérales ou même bilatérales auxquelles l'une des deux parties contractantes a satisfait, c'est-à-dire d'obligations devenues, par le fait, unilatérales [1]. On reconnaît, jusque dans le droit du moyen âge, le principe d'après lequel l'obligation bilatérale n'est mûre pour la procédure qu'autant que l'un des contractants a fait sa prestation, c'est-à-dire qu'autant que l'obligation est devenue unilatérale [2]. L'obligation bilatérale, aussi longtemps qu'elle restait

[1] Comp. les formules de De Roz. 463 (Bign. 13) : actio depositi, 488 (Andeg. 30) : actio pignoratitia directa en restitution d'un immeuble donné en gage 489 (Andeg. 29) : actio commendati. Chartes : Bréquigny II, n. 424 : Action contre des fidéjusseurs. Vaiss. *Hist. de Languedoc*, nouv. édit. n. 98 : action en paiement du prix de marchandises déjà fournies.

[2] Comp. Stobbe, *Vertragsrecht* p. 67 et suiv. p. 96 et suiv. — Stobbe, *Ueber das Eintreten des Erben in die Obl. Verh. des Erblassers, Bekker und Muther Jahrb.* V, p. 337 et suiv. — Voir l'opinion différente de Lewis, *Die Succession des Erben in die Obl. des Erblassers* (Berlin 1864) p. 123 et suiv. — A ce principe correspond cet autre, que la peine moratoire dans l'obligation bilatérale existe seulement alors que le contractant a déjà, de son côté, satisfait à son obligation. Comp. les *Sermons* de Berthold de Regensburg, traduction de Göbel I, 100. « Il existe chez les populations douées du

telle, c'est-à-dire aussi longtemps qu'elle n'était ni remplie par l'un des contractants, ni transformée au moyen de la *fides facta* en une obligation unilatérale ne pouvait, ce semble, d'après l'ancien droit, donner lieu à la saisie ni généralement se poursuivre par la voie de la procédure.

sens moral une coutume d'après laquelle celui qui se décide à payer les *gages échus* alors seulement qu'il s'y voit contraint par une action, doit payer au juge une *amende de* 6 *schill.* » Ce passage mérite d'autant plus notre attention que les peines moratoires du droit postérieur sont nées, selon nous, (comp. ci-dessus § 26) des amendes de l'ancienne procédure d'exécution.

II. — VINDICATION MOBILIÈRE.

Littérature : Eichhorn, *R. G.* I, p. 349 et suiv. II, p. 648 et suiv. — Walter *R. G.* §§ 537-541. 683. 684. 687. 688. — Rogge, *Gerichtswesen der Germanen*, p. 222 et suiv. — Ruepp, *De Vindicatione rerum mobilium germanica*, Paris. 1823. — Budde, *De Vindicatione rerum mobilium germanica*, Bonnae 1837. — Waitz, *Sal. R.* p. 156 et suiv. — Bruns, *Das Recht der Besitzes im Mittelalter*, p. 283 et suiv. — Zöpfl, *Die Ewa Chamavorum* p. 73 et suiv. — Siegel, p. 42 et suiv. p. 86 et suiv. p. 252 et suiv.

Voyez encore les travaux suivants sur la procédure de la période postérieure, spécialement celle du Sachsenspiegel :

Albrecht, *De Probationibus secundum jus germanicum medii aevi*, I, II. Regiomonti Bor. 1825. 27. — Albrecht, *Die Gewere*, — Planck, *Zeit. f. d. R.* X, p. 245 et suiv. — Delbrück, *ibid.* XIV, p. 207 et suiv. Dans un autre sens, Bruns dans les *Bekker's u. Muther's Jahrbücher* IV, 1 et suiv. — Homeyer, *Der Richsteig Landrechts*. — Hänel, *Das Beweissystem des Sachsenspiegels*. — Stobbe, *Gewere*. *Ersch. u. Gruber's Encyclopädie der Künste und Wiss.* sect. I Bd. 65, p. 428 et suiv. — Parmi les travaux plus récents encore voyez le dernier paru : v. Bar, *Das Beweisurtheil des germanischen Processes* (1866)[1].

Sur le droit français du moyen âge, voir Warnkönig et Stein, *Französische Staats und Rechtsgeschichte*. II, p. 332 et suiv.

[1] J'ajouterai les excellents ouvrages de MM. Laband. *Die vermögensrechtlichen Klagen nach den sächsischen Rechtsquellen des Mittelalters*, Königsberg Hübner 1869, et v. Bethmann Hollweg, *Der germanisch-romanische Civilprozess im Mittelalter* Bonn, Marcus 1868 (*Note du trad.*).

§ 9.

CONDITIONS PRÉALABLES DE LA PROCÉDURE.

Les dispositions contenues dans les deux codes franks, Lex Salica et Lex Ribuaria [1] confirme le principe formulé par Bruns, que la vindication de meubles germanique est une *vindicatio* proprement dite, c'est-à-dire une action pétitoire et non possessoire. En effet, nous trouvons d'un côté des articulations pétitoires, par exemple :

> Sal. 89 : Si quis res alienas furtivaverit et *suas* fuisset (comme si elles étaient siennes) *et non potuerit adprobare*, cui furtaverit sol. 15 culp. jud. [2].

De l'autre, la cause de l'action est également pétitoire : celui-là est vindicant qui est *propriétaire* des meubles :

> Sal. 37 : Qui res *suas* quaerit. 47 : Qui res *suas* agnoscit.
> Rib. 33, 1 : Si quis rem *suam* cognoverit — juret quod in *propriam* rem manum mittat. 47, 1 : animal *suum*. 58, 8 : ille *cujus servus est*, super eum manum mittere debet [3].

[1] La Lex Ribuaria ainsi que la Lex Salica vont ici servir de base à l'exposition. Voir la préface.

[2] Comp. Bruns, *Besitz* p. 286 — 300. — Nous verrons ci-dessous p. 62 note 6. que la vindication germanique se distingue de l'action personnelle à ce signe que le fait *seul* d'opposer la *contrevindication pétitoire* suffit au défendeur pour faire naître à son profit le droit de prouver.

[3] Comp. Bruns *ouv. cit.* p. 300 et suiv. — On sait que les opinions varient sur la nature de la vindication mobilière allemande. Voici les principales : Albrecht fait dériver l'action réelle du D. G. non pas de la propriété ou de quelque autre jus in re, mais de la *saisine*. Suivant Walter § 538. 541 note 2, Zöpfl, *Rechtsgesch.* (3. éd.) 756, et aussi Gerber, *Zeitschr. f. Civilr.* XI, 17 et suiv., l'*anfang* germanique est identique à l'action ex delicto. Planck, *Zeitsch. f. deutsch. R.* X. p. 239. 245 nie que le D. G. ait distingué comme le D. R. les actions réelles des actions personnelles (d'après les différentes *causes* des actions) et admet seulement une différence entre l'action *um schuld* et l'action *um gut* (d'après les différents *objets* des actions). Delbrück, *Zeitsch.* XIV, p. 241 et suiv. *Dingl. Kl.* p. 71 et suiv. et Hänel 136-138. 186. 187 (note) voient dans la vindication germanique une action née d'un droit « préférable » (principe de la relativité), en sorte que, au moyen de cette action, le dépositaire (considéré comme possesseur régulier) l'emportait sur le voleur absolument comme le propriétaire sur celui qui ne l'était pas — Une élucidation satisfaisante de cette question controversée n'est possible qu'à la

Toutefois, dans la procédure de vindication germanique, on ne fait pas valoir le droit de propriété d'une manière aussi immédiate et complète que dans la procédure de vindication romaine. Outre le droit de propriété du demandeur, la vindication germanique exige d'autres conditions[1].

La première est que la chose à vindiquer doit être nettement reconnue par le demandeur comme étant la sienne. Tandis qu'en droit romain la *propriété* s'éteint par la confusion, en droit germanique, la *vindication* n'existe plus dès que la chose ne se peut plus distinguer. D'après la Lex Salica, les esclaves et les animaux sont les seuls objets susceptibles de vindication. On sait que pour ces derniers, la marque de propriété faite sur la bête, pouvait, au cas où elle s'égarait, la faire reconnaître. La Lex Ribuaria suppose ces mêmes marques lorsqu'il s'agit de vindiquer des choses inanimées.

> Rib. 72, 9 : Vestimenta autem seu his similia *absque probabili signo* intertiare prohibemus[2].

L'acte de la reconnaissance par lequel débute la vindication germanique :

> Rib. 33, 1 : Si quis rem suam *cognoverit*, mittat manum super eam.

se rapporte tout d'abord à la vérification de cette marque de propriété.

La seconde et beaucoup importante condition apposée à la vindication, c'est que la poursuite de la propriété contre un tiers, quel qu'il soit, n'est possible qu'autant que la chose a été perdue *involontairement*.

condition d'introduire dans le débat l'ensemble des sources du moyen âge, ce que nous ne pouvons pas faire ici.

[1] Par opposition aux conditions négatives qui ne fondent pas le droit d'agir, mais le droit d'excepter. Comp. Wetzell, *System des Civilprocesses*. 2 ed. p. 135.

[2] Comp. Michelsen, *Die Hausmarke*, p. 15. 27 et suiv. — Sal. 33, 2 : cervus *signum* habens. Nov. 34 : Si quis animalem — in furto *puncxerit*. c.-à-d. si quelqu'un « marque un animal d'un faux signe de propriété » (pour se l'approprier), comp. W. Grimm, *Runen*, 66 ; Pott dans *Höfer's Zeitschr. f. Wiss. der Sprache* III, 147 note, Michelsen *ouv. cit.* — *Test. Bertranni ep. Cenom.* a 615, dans Bréquigny dipl. I nr. 230 (p. 208); caballos — seu poledros qui inventi fuerint et *characterium S. ecclesiae* habuerint, totos pontifex vel ecclesia recipiant. Illorum vero qui *meum characterium peculiare* habuerint — eorum medietatem S. ecclesia recolligat.

Toute action pétitoire basée sur l'existence de faits acquisitifs de propriété est inconnue au droit du moyen âge, du moins en matière mobilière[1]. L'articulation des faits générateurs de la propriété est *interdite* positivement au demandeur, (c'est-à-dire sans aucun effet procédural à son profit), et appartient seulement au défendeur contrevindiquant, c'est-à-dire au possesseur. [2] Il est nécessaire et suffisant pour le demandeur d'indiquer comment il a perdu la possession, par suite d'une tradition contractuelle ou d'une perte involontaire. Dans le cas de tradition contractuelle, il ne peut agir habituellement[3] que contre celui qui, le premier, a reçu la chose : le droit réel, par le seul fait de l'articulation d'un fait dirigé contre la personne, perd son efficacité *réelle*. Dans le cas de perte involontaire, au contraire, le demandeur peut agir contre tout tiers, quel qu'il soit. La vindication proprement dite, l'action réelle par sa nature et ses effets du droit germanique, exige comme base matérielle l'affirmation suivante.

[1] Plus tard on ne trouve pas davantage d'actions de propriété dans lesquelles il faudrait introduire les faits générateurs de cette propriété. Voir surtout Walter §§ 538. 683. 684 Hänel 10 (probablement aussi Homeyer, *Richst.* 440). D'après ces savants, dans la « *schlichte Klage* » du Richsteig le demandeur a seulement à dire : Toi, défendeur, tu possèdes tels et tels objets qui sont à moi. Or *Richst. Land.* 16 nous offre un argument contre cette opinion. Il y est question d'un cas *concret* de « *schlichte Klage* » dans lequel le demandeur prétend et *prouve* l'existence d'un contrat avec le *de cujus* du défendeur. (La « *schlichte Klage* » du Richsteig est toute action introduite sans faire d'anefang, de sorte que l'action ex contractu rentre dans cette « *schlichte Klage.* ») — Suivant Hänel cette opinion se peut accorder avec cette autre (p. 8. 15), la sienne, qu'en procédure germanique le demandeur ne pouvait pas produire les faits sur lesquels repose l'action. Même pour l'action ayant le paiement d'une dette pour objet, le contraire me paraît résulter du *Rechtsb. nach Dist.* III, 10, 1 Goslar (Göschen) 69e ligne 19-3 (comp. Ssp. III, 41 § 4), d'après lequel le défendeur peut *s'abstenir de répondre* tant que le demandeur n'a prétendu aucune *causa obligandi* spéciale.

[2] Comp. par ex. *Lüb. R.* (Hach) II, 82 : le demandeur prétend l'acquisition originaire du droit de propriété sur un cheval qui lui a été soustrait (dat hes hebbe vullen tuch dat it in sine stalle were leuendich unde dot vnde dat it darinne geuodet were). Le défendeur produit seulement un titre dérivé. Ce n'est pas le demandeur mais seulement le défendeur qui est admis à faire valoir son titre en procédure (il produit son auteur). — Comp. Bruns, *Jahrb.* IV, 25. 26. Les passages (cités dans Bruns, *Besitz* 314) du Weichbild saxon qui font porter le serment du demandeur sur la cause d'acquisition ne sont pas exactement interprétés et font jurer le demandeur plus qu'il n'est nécessaire. Comp. Delbrück. *Dingl. Kl.* 55. v. Bar, 151 note 260. — Surtout Rückert *Untersuchungen über das Sachenrecht der Rechtsbücher* (1860) p. 163 et suiv. L'auteur examine les principes en vigueur en matière de vindication immobilière.

[3] Sur les exceptions voir Bruns *Besitz*, p. 315 et suiv.

Cet objet est sorti de ma possession sans ma volonté (furtivement). Comp. par exemple :

Sachsensp. II, 36, § 4 : Jene behalt sin gut dat inne verstolen oder afgerovet was, of he sik dar to tiüt uppe'n hilgen selve dridde vulkomener lüde an irme rechte, die dat weten, *dat it ime düflike oder roflike geloset si.*

et aussi une formule française du livre de Pierre de Fontaines, XII, 3 :

Si aucun requiert chose ki soit siene il doit dire : Ie te requier cele chose, come miene *qui m'a esté mautolue ou ke j'ai desmanée* ou autre raison par coi *ele parti de lui outre son gré*[1].

Au temps des lois barbares le demandeur n'avait pas à *prétendre* la perte *furtive* de la chose parce qu'alors le vindicant n'avait point de preuves à fournir pas plus que de faits à produire ; on trouve néanmoins exprimé le principe d'après lequel l'introduction de la procédure de vindication est liée au fait de perte involontaire de la chose [2]. On lit en effet :

Sal. 37 : Si quis qualibet animal *per furtum perdiderit* et eum dum per vestigium sequitur fuerit consecutus.

Mot à mot ce passage signifie : Si quelqu'un a perdu un animal *d'une manière furtive* et que l'ayant cherché il le trouve [3].

[1] Warnkönig II, 335.

[2] Walter, § 540 dit qu'au temps des lois barbares ce principe n'existait pas et son corrélatif non plus « *Hand wahre Hand* » (la main doit garantir la main). Comme preuve il cite Alam, lib. II, 87 passage qui ne traite que des immeubles, et Ed. Roth. 228 dans lequel la prétention du demandeur, quod *malum ordine* possedeat (sous-ent. le défendeur) montre clairement que le demandeur prétend avoir perdu sa possession contre sa volonté (comp. Rib. 59, 8). — On connaît l'opinion particulière à Eichhorn *R. G.* II, p. 649-653. — Tout récemment Rückert (voir note 7) a mis en doute l'existence du principe « *Hand wahre Hand* » pour le droit allemand du Sud. Au contraire v. Meibom, *Das deutsche Pfandrecht* p. 65 et suiv.

[3] Ce sens donné à *per furtum* est confirmé par les passages suivants : Sal. 28 : in furtum elocare. 27. 5 : Si quis in messe aliena pecus suum *in furtum* miserit. 27. 6. 7 : Si quis *in furtum* ingressus fuerit. nov. 11 : Si quis messe aliena *in furtum* meterit et *inventus fuerit.* nov. 36 : Si homo — ingenuus servum alienum *in texaca* (= furtum, Grimm, Préface VIII) secum ducat aut (pour : et) aliquid cum ipso negociat. Comparez à ce dernier passage Sal. 27, 22 : Si quis cum servo alieno aliquid negociaverit, hoc est *nesciente domino suo.* Ce passage correspond au titre (Sal. 27) de *furtis* diversis. — Burg. 25, 1 violenter aut furtim. Cap. 785 c. 3 (Pertz, I, 49) : per vim vel furtu. — On sait que la subrep-

Le per furtum perdere constitue précisément la perte sans le savoir et sans le vouloir opposée à la perte de possession par suite d'un contrat. Le vol, il est vrai, devra être le cas normal du per furtum perdere et il est en effet considéré comme tel dans les lois barbares [1], bien que les textes indiquent expressément de quelles manières encore on peut perdre la possession [2].

Dans l'idée germanique, au *per furtum perdere* dans le sens large, c'est-à-dire à la perte de la possession sans que le dominus le sache et le veuille, vient s'ajouter aussi le délit de vol, aussitôt que le possesseur saisit la chose avec la volonté de la garder pour lui [3]. Un passage de la Lex Ribuaria peut en particulier nous montrer la rigueur de ce principe. Rib. 75 ordonne à celui qui a trouvé ou saisi sur la rente ou arraché des mains des voleurs un cheval, un esclave ou un objet quelconque [4] de donner publicité à sa trouvaille. Il doit en premier lieu exposer publiquement la chose trois fois au tribunal ordinaire [5] et en-

ticité est l'élément caractéristique du furtum proprement dit. Wilda, *Strafrecht der Germanem* p. 860. 862. Köstlin, *Krit. Ueberschau* III, 167 et suiv.

[1] Sal. 47 : exuit se de latrocinio — ille erit latro. Rib. 33. 2 : ipse de furto securus sis, et ille furtum et delaturam ab eo requirat qui solvere cœpit. De même Rib. 33, 3, 4. 47, 2. 72, 1-3, 8. — Comp. aussi Decr. Tass. IV, 6 : Haec mihi *injuste abstulisti* quae reddere debes et cum tot solidis componere. D'après Merkel le *stapsaken* dont s'occupe ce passage rappelle le mot *stapfsaken* c'est-à-dire choses à l'occasion desquelles on procède à un *vestigium minare* ou procédure de vindication.

[2] Par ex. quelqu'un fait un esclave *tabularius* sans que le dominus le veuille, Rib. 58, 8. Ou bien un esclave est volé, un animal s'est échappé, Rib. 75. Comp. Alam. lib. II, 88. Const. Heinr. c. 1 (Legg. III, 484).

[3] Pact. Child. et Chloth. (Merkel *Lex Salica* p. 44. Pertz Legg. I, 7) c. 7 : Si quis mancipia aliena injuste tenuerit et inter dies 40 non reddiderit, ut latro mancipiorum teneatur obnoxius. — Comp. Baj. 2, 12. 9, 15. 19, 10. Fris. add. sap. 7. Burg. 39. Wilda, *Strafrecht* 861. 862.

[4] — in via propriserit aut eum secutus fuerit. — Siegel p. 45. 46 rapporte le secutus fuerit au propriétaire qui par le vestigium minare (sequi) est arrivé en possession de la chose : ce dernier doit d'après Siegel, de même que l'inventeur, publier qu'il a retrouvé sa chose — afin de ne pas passer pour le voleur. — On ne sait pas à quoi servirait cette disposition : le *vestigium minans* (comp. § 10) retrouve publiquement, puisqu'il retrouve en présence des voisins et sous les yeux de celui qui jusqu'ici a possédé.

[5] — per *tres marcas* ipsum ostendat. La traduction qui en est donnée correspond à la suite du passage : « et au *tribunal* du roi. » Comp. Sachs. II, 37 § 1 : Svat so en man vint, oder dieven oder roveren afiaget, dat sal he up bieden vor sinen buren unde to der kerken. — Marca, assemblée de la circonscription, me paraît corroborée par Ed. Chilp. c. 8 : Illas et marias (corrig. : marcas) qui nuntiabantur ecclesias nuntientur consistentes ubi admallat, ce qui semble signifier : que les assemblées de district ne se tiendront plus à l'avenir ni dans l'intérieur ni auprès des églises, mais aux lieux habituels. Pardessus *Loi salique* p. 599. 600 ex-

suite au tribunal du roi [1]. Il constate par là qu'il a trouvé et non pas volé la chose et donne de plus au dominus l'occasion de réclamer le meuble qu'il a perdu. Celui qui ne remplit pas ces formalités est purement et simplement un voleur :

Sin autem aliter egerit, *fur judicandus est.*

Il en résulte que le vindicant allemand cherche la chose et en même temps le délinquant, en particulier le voleur. Durant le cours entier de la procédure de vindication on retrouve la double face de la prétention contenue dans la vindication, visant à la fois la chose et l'amende. C'est ce que nous allons démontrer.

§ 10.

INTRODUCTION DE LA PROCÉDURE. — L'*Anefang.*

Le propriétaire qui a « desmané » sa chose sans le savoir, doit avant tout, pour pouvoir la vindiquer, chercher à en découvrir le possesseur actuel. Au temps des lois barbares il n'existait pas encore de police chargée de rechercher la chose et par suite le vol [2] : le propriétaire doit se *mettre sur pied* lui-même et chercher ; ce n'est pas l'autorité, c'est lui qui dispose de la puissance particulière à l'acte formel.

Le volé commence par apprendre à ses voisins qu'il a perdu tel objet et par les inviter à lui prêter assistance dans ses

plique marias par l'ancien mot frank mâri, récit, nouvelle et voit ici le une invitation par avis public.

[1] — *ad Regis stapplum* ducat. Le tribunal du roi est encore désigné ainsi dans Rib. 33, 1. 67, 5. Grimm, R. A. 804 : le juge était assis sur les degrés de pierre devant la grand porte (Burgthor). — V. Maurer, *Gesch. der Markverfassung* p. 288. 332 indique pour le tribunal des siéges de pierre. — En Flandre quatre bancs de pierre servaient de siéges au tribunal, Warnkönig, *Flandrische Rechtsgeschichte* I, 281.— Comp. le stapplus, pierre funéraire dans Sal. nov. 339. — Wilda, *Strafrecht* 920 note 1 (et probablement aussi Siegel p. 46) voit dans le regis stapplum les écuries du roi. Chez les Burgondes on trouve en effet une coutume analogue : les chevaux trouvés devaient être livrés aux pueri regis, Burg. 49, 4.

[2] La Decretio Chlotharii (Pertz I, 12. Merkel, Lex Salica p. 45) a créé plus tard quelque chose de semblable à un corps de police, la *trustis* organisée dans chaque centaine qui devait prêter assistance au volé dans la recherche du voleur. Comp. Waitz, *Deutsch. Verf. gesch.* II, 283. 284. 315. Nous laissons de côté cette institution parce qu'elle n'eut pas de durée et qu'elle n'offre pas d'intérêt au point de vue de la *procédure.*

recherches. La « troupe » trustis [1] qui se réunit ainsi, se met en route pour accomplir le *vestigium* minare, vestigium sequi [2], c'est-à-dire l'acte par lequel débute la vindication germanique. La trace qu'a laissée l'objet (par exemple un esclave ou un animal) ou le voleur sert à guider les perquisiteurs. De là le nom donné à cet acte, « suite à la trace [3]. »

Si la trace conduit à une maison, le *vestigium minans* a le droit d'exiger l'ouverture de la maison et toutes les chambres, ita ut inquisitionem nec mulieri liceat denegare (Burg. 16, 1). Il y entre ensuite afin de chercher si l'objet y est. A moins de passer pour le voleur, le maître de la maison ne peut s'opposer à ces recherches.

Rib. 47, 2 : Quod si in domo fuerit, et scrutinium, cujus est domus, contradixerit, *ut fur habeatur* [4].

[1] Sal. 66 : Si quis *truste,* dum vestigio minant —. Trustis me paraît identique au mot malbergique dructe ; de même dans nov. 56 (comp. nov. 193) on trouve bructe pour brustc (Grimm. *Préf.* lxxxix). Dructe signifie d'après Grimm. IX « suite » (Geleit, Gefolge), goth. drauhts, anglo-sax. dryht, ancien norw. drôtt, populus, plebs, familia).

[2] Sal. 37. Rib. 47.

[3] Decr. Chloth. c. 1 : latro insequatur (soit suivi à la trace) et pro hoc vestigium proponat. c. 2 : Si vestigius conprobatur latronis. c. 8 : latrones persequere vel vestigia adsignata menare. c. 9 : ad vestigium vel ad latronem persequendum. Vel, dans les deux derniers passages est copulatif et non disjonctif. Je ne vois pas pourquoi Siegel 42 note 1 distingue le *vestigium* et le *latronem persequi*. C'est le propre de la vindication germanique de rechercher le voleur au moyen de l'objet volé.

[4] De même d'après le droit burgonde. Burg. 16, 1 : Quisquis vestigium de quolibet animali secutus fuerit, *et ad domum alterius vestigio deducente pervenerit, ac si eum is, ad cujus domum venerit, prohibuerit* domum suam intrare ad res suas requirendas, pro hoc quod reposcit, is qui eum de domo sua, ab inquisitione repulerit, *pro fure teneatur obnoxius*. Le droit burgonde prescrit aussi d'accomplir l'acte avec le concours des voisins, ce qui donne à ce dernier le caractère formel. Ici de même que d'après le d. frank les témoins sont habituellement au nombre de trois ; Lex Rom. Burg. 12, 1 : *ut cum tribus ingenuis testibus,* ubi suspicionem inveniendi furtum habet, ingrediatur. Ce passage contient du droit germanique, Bluhme note 65. — D'après le d. bavarois (probablement aussi d'après le d. germanique comp. note 7) l'opposant est frappé de l'amende non pas de vol, mais de *pillage* (des Raubes). La première est dans ces deux lois, de neuf fois la valeur de l'objet volé, la seconde dans les lois alamanne (Wilda *Strafrecht.* 570) et bavaroise, du double augmenté d'un *fredum* (comp. Baj. 12, 11. 13, 3. 15, 3). Comparez Decr. Tass. IV, 12 : Qui resisterit domum suam quod selisohan dicunt, qualem rem querenti resistebat, talem conponat, in publico 40 sol. Dans le talem conponat on retrouve comme dans l'alium similem (plus fréquent dans les textes) la peine du duplum (comp. Baj. 9, 19. 12, 11. 13, 3. Decr. Tass. IV, 13). De l'expression : qualem rem resistebat etc., il résulte cependant que d'après le d. bavarois l'opposition du maître de la maison

La loi salique dit de même, tit. 66 :

Si quis truste dum vestigio minant, detenere aut battere praesumpserit sol. 62 1[2 culp. jud.

Les 62 sol. et demi d'amende, qui frappent l'opposant à une trustis suivant une trace, représentent précisément la plus forte amende dont soit frappe le vol [1].

Ce *droit* de fouiller la maison, qui naît du pouvoir spécial dont est investi le propriétaire « suivant sa chose à la trace, » est maintenu dans de justes limites par le *châtiment* qui en punit l'exercice abusif :

Rib. 47, 3 : Quod si ibidem (dans la maison) *violenter* ingressus fuerit, 15 *solidis multetur*.

L'emploi de la violence n'étant point autorisé par la procédure formelle dans le domaine de laquelle se meut le propriétaire volé, la vertu que possède cette procédure formelle de donner d'elle-même naissance à une amende se retourne contre lui. La disposition de la loi salique nous indiquant cette amende correspondante ne nous a pas été conservée ; mais les passages analogues des autres lois barbares nous autorisent à croire qu'elle était générale [2].

Si le *vestigium minare* décrit, c'est-à-dire les perquisitions à la trace font trouver la chose en la possession d'un autre [3],

n'entraînait une amende contre lui que lorsqu'il était réellement en possession de l'objet cherché. Comp. note 7.

[1] Comp. par ex. Sal. 2, 17. 3, 8. 4, 5.

[2] Droit bavarois : Baj. 11, 2 : Si autem in domum *per violentiam* intraverit, *et ibi suum nihil inveneril*, cum 6 sol. conponat. 11. 4 : Et post quam intraverit et se cognoscerit reum injuste quod intrasset, det wadium domino domui; et si ille defuerit, mittat ipsum wadium super supralimitare, et non cogatur amplius solvere quam 3 sol. — Déjà Siegel p. 43. 44 avait remarqué que d'après le D. bavarois (différent en cela du droit frank), il n'y avait d'amende qu'autant que les recherches étaient infructueuses. Il en est de même d'après le droit alaman, Alam. lib. III, 100. 2 : Et si intus (sous-ent. in purias) per forare intrat *et de suo nihil invenit*, 6 sol. conponat. c. 4 : Si intus in curia (scuria) 12 sol. conponat. De même que l'opposition n'est punie, d'après le droit bavarois que si l'opposant est en possession de la chose (note 5), de même l'emploi de la violence n'est puni d'une amende que si cette violence est employée contre un non-possesseur. Les deux dispositions sont parfaitement d'accord entre elles et l'on ne voit pas pourquoi Siegel p. 44 note 3 regarde comme nouvelle la disposition pénale contenue dans Decr. Tass. IV, 12 (note 5)

[3] Si la chose n'a pas de possesseur, le propriétaire s'en saisit et il *n'y a pas* de procédure. A l'action qu'on pourrait élever contre lui il oppo-

la procédure commence. Celui qui cherche, saisit l'objet pour exprimer d'une manière sensible son intention d'y prétendre.

Rib. 33, 1 : Si quis rem suam cognoverit, *mittat manum super eam.*

Eod. 58, 8 : Quod si quis tabularium ex servo alieno facere praesumpserit, ille cujus servus est, *super eum manum mittere debet.*

C'est ce qui constitue l'*Anefang,* le premier acte de la procédure proprement dite et ne faisant plus partie de l'introduction. Au temps des lois barbares *chaque* vindication débutait par cet acte ; l'action simple *(schlichte Klage)* du moyen âge est encore inconnue [1].

Il y a lieu de se demander que signifie l'acte appelé *Anefang.* Albrecht [2] y voit un acte purement *symbolique.*

Dans cet acte, le demandeur se présente comme étant en possession de la saisine de droit en « manifestant de lui-même sa domination interrompue sur la chose. » Suivant Sachsse l'*Anefang* n'a d'autre utilité que d'indiquer nettement « quel est l'objet en litige[3]. »

L'opinion généralement admise [4] regarde l'*Anefang* comme un *moyen de preuve* qui a pour but d'enlever dès le principe au défendeur la possibilité de nier l'existence de la possession.

Or d'après le droit du moyen âge, l'*Anefang* par lequel débute l'action (*Anefangs Klage*) n'est ni un symbole ni une preuve, mais avant tout un *moyen procédural de coercition.* Il *force* le défendeur à rendre la chose ou bien à comparaître au tribunal avec le vindicant. La sanction de cette injonction est assez sévère ; le possesseur qui, invité par l'*Anefang,* ne veut ni restituer ni venir au tribunal, est considéré purement et simplement comme voleur, absolument comme s'il

sera la preuve de sa propriété. Sal. 89 : Si quis res alienas furtivaverit et *suas* fuisset, *et non potuerit adprobare,* cui furtivaverit sol. 15 culp. jud. A cette disposition correspond Burg. 19, 2 : Quicumque caballum alienum quasi agnitum *pro suo* tulerit, et suum *esse non potuerit adprobare,* caballi alterius ejusdem meriti amissione dampnetur. Comp. Siegel, p. 48.

[1] Voyez spécialement Budde diss. § 9.

[2] *Gewere* p. 27. 86.

[3] *Das Beweisverfahren nach deutschem Recht* (1855) p. 141-143.

[4] Comp. par ex. Planck, *Zeitschr.* X p. 245. note 93. p. 246. note 94. Delbrück, *Zeitschr.* XIV, p. 251. *Dingl. Klage,* p. 76. Hänel p. 140. 141. Bluntschli, *Krit. Ueberschau* VI, p. 198. — Les opinions qui se rapprochent le plus de la nôtre sont celles de Weiske, *Zeitschr. f. deutsch. R.* XIV, 135 et v. Meibom, *Deutsch. Pfandrecht* p. 147, qui considèrent l'anefang comme un acte de la procédure d'*arrêt.*

avait été saisi en flagrant délit ; poursuivi par les clameurs *(Gerücht)*, il est appréhendé et amené avec l'objet au tribunal.

Richst. Landr. 17 § 1 : Wenne du wult enen anevanc dun enes dinges dat di dunket dat di vorstolen edder afgerovet si, under weme dut vindest, to deme sprek sus : N do ic dit N lest sach do was it mine, *wil git mit wed, der geven, so bid ic iu dat gi mit mi vor gerichte gan,* wen ic wil it mit rechte winnen edder mit rechte laten. Wil he den vor gerichte, so du als hir vore geset is. *Wil he aver vor gerichte nicht, so scrie din geruchte unde gripen an vor dinen dif* [1].

Cet *Anefang* (extrajudiciaire) est donc essentiellement le moyen d'amener le possesseur avec la chose au tribunal, afin d'y faire la vindication ; il ne faut pas le confondre avec « l'*anefangen* [2] » de la preuve corporelle, qui sert au demandeur après que l'*action simple (schlichte Klage)* a été introduite, à montrer *au tribunal* que le *défendeur* possède, afin d'enlever à ce dernier le *moyen* de se disculper par serment, ou d'anéantir ce serment, s'il a été prêté. Cet *Anefang* n'est vraiment qu'un moyen de preuve, et se distingue de l'autre, non-seulement par sa nature juridique toute différente, mais encore pratiquement par son application illimitée : dans le but de *prouver*, toute chose, même la chose donnée par contrat, peut être l'objet de l'*Anefang* [3].

[1] Comp. Sachsp. II, 36, § 2 — Schwabensp. Laszb. 317 (W. 265). Ruprecht v. Freysing (v. Maurer) I, 203.

[2] Richst. Land. 11. § 3 : unde *aneva* darna din ding. 16 § 6 : Heft he it aver *vor gerichte angevangen.*

[3] A cela se rapporte Richst. 11 § 4 : Wete aver dat itlike secgen, dat anevank an neneme dinge tu rechte gescin moge, wen an deme dat vorstolen odder genomen si. Des is nicht, den en islik mut sik des sinen wol mit rechte underwinden war het süt. Comp. Sachssp. III, 22 § 3. Au contraire dans Goslar (Göschen) 98, lignes 15. 16 : Men ne mach nicht anevangen denne vordüvet gut oder gherovet; et dans quelques passages semblables il est question de l'anefang servant à introduire l'action (*Anefangsklage*). — L'exactitude de notre explication de Richst. 11, § 4 (voyez encore Albrecht, *Gewere* p. 89 et suiv., Budde diss. 47 et suiv., *Zeitsch. f. d. R.* IX, p. 426. 427) résulte en particulier de la connexion des idées entre elles dans ce passage. Il indique, en effet, comment le demandeur peut vendiquer sa chose *twierleie* wis, he mach it anspreken mit ener slichten clage edder he mach it anvan. En premier lieu il est question de l'action simple (*schlichte klage*, — Spricstu sin wort in slichter clage, etc.) et il est fait allusion à la désignation corporelle dont les effets subsistent même après le serment de disculpation du défendeur : Lat ene den ed don, unde *aneva darna* din ding. — Puis vient la remarque précédemment indiquée, qu'on peut employer l'*Ane-*

Dans les lois barbares il n'est question que de l'*Anefang* proprement dit dont il s'agit ici, c'est-à-dire de l'*Anefang* servant à introduire la vindication. Il a le caractère bien net de moyen procédural de coercition ; son objet direct est une prestation matérielle. Il met le possesseur en demeure immédiate non pas de restituer la chose *ou* de comparaître au tribunal, mais seulement de restituer.

Le possesseur qui se refuse, malgré l'*Anefang*, à cette restitution est frappé d'une amende. D'après la Lex Salica elle est, ainsi qu'il résulte des paragraphes suivants, de 30 (ou 35) sol., d'après la loi bavaroise 12 sol. et d'après la loi alamanne 40 sol[1]. L'amende (*Wedde und Busse*) du moyen âge que le défendeur (*outre* la peine du vol) ou le demandeur au cas où il est battu, doit payer [2], est avec cette amende d'*Anefang* dans la connexion la plus étroite ; on ne doit pas en chercher l'explication dans le reproche d'improbité qui aurait pu s'ajouter à l'*Anefang* [3].

fang pour *toute* chose (de cette manière) puis ensuite : *Tom anderen male* mach me varende have mit *anevangen* beclagem. Sprikstu desser clagen wort etc. passage qui montre clairement que dans ce qui précède il n'a point été question encore de l'action d'anefang (*Anefangsklage*) mais seulement de l'action simple (*schlichte klage*) et de l'*Anefang spécial* à cette dernière, c'est-à-dire de la désignation corporelle. — D'après la doctrine dominante au contraire, qui attribue toujours à l'anefang la même nature juridique et qui voit *toujours* en lui un moyen de preuve, il y a *contradiction* entre le passage du Richsteig cité et les autres. Elle a cru en conséquence devoir se décider habituellement en faveur du Richsteig. Ainsi Gaupp, *Zeitschr. f. deutsch. Recht.* I, p. 112, 113. Brackenöft *ibid.* V., p. 148 et suiv. Planck, *ibid.* X, p. 246, note 94. Gerber, Zeitsch. f. *Civilrecht* XI, p. 29. 30. Hänel p. 141. 142. 156. Homeyer, *Richst.* p. 441 — Sur l'opinion particulière à Delbrück voy. *Zeitschr.* XIV. p. 248, 249, 249 *Dingl. Kl.* 77.

[1] Alam. lib. II, 90 : Si quis res suas post alium hominem invenerit — mancipia aut pecus aut aurum aut argentum — et ille reddere noluerit et contradixerit et post haec convictus est ante judicem, aut similem aut ipsum reddat, et 12 *sol conponat, quare quia proprietatem alterius aput se habens contradixit.* Eod. 88 : Celui qui se refuse à restituer un servus fugitivus, paie 40 sol. Dans Lantfr. 81 les manuscrits hésitent ici entre 12 et 40 sol. — Alam. Kar. 3, 3 b. — Decr. Tass. IV, 13 : *Qui manum inmissione resisterit* quod *hantalod* dicunt, 40 sol. solvat in publico et ipsam rem quaerenti reddat vel aliam similem. — Comp. Alam. Lantfr. 98, 1 : — non facit violencia qui reppellit quia sua contradixit. Burg. 48, 4.

[2] Sachsensp. II, 36 § 5 : Wert aver ime burst an'me geweren, he mut dat gut mit gewedde unde mit bute laten; unde tiet man ime düves oder roves dar an, des mut he sik untscüldegen na rechte. Verlüset it ok die, de't anevanget hevet, he mut it laten mit bute unde mit gewedde. Voyez les mêmes principes dans les coutumes françaises postérieures, Warnkönig II, 338.

[3] Dans ce sens Planck, *Zeitsch.* XV. p. 346, note 94. — Delbrück, *Zeitschr.* XIV, p. 249. *Dingl. Kl.* p. 77 : et aussi Homeyer *Richst.* p. 440. — Dans le

D'après le droit ancien et le droit postérieur, cette même amende frappe réciproquement le demandeur si la procédure qu'il conduit est irrégulière matériellement ou formellement ; la puissance [1] coercitive de l'*Anefang* se retourne contre lui s'il abuse de l'acte.

Quant à la *forme* de l'*Anefang,* elle consiste, d'après le droit ripuaire, en ce que le vindicant jure que la chose vindiquée est *sa* propriété, *sa* chose.

Rib. 33, 1 : Si quis rem suam cognoverit, mittat manum super eam. Et si ille super quem intertiatur, tertiam manum quaerat, tunc in praesente ambo conjurare debent cum dextera armata, et cum sinistra ipsam rem teneant. Unus *juret, quod in propriam rem manum mittat,* et alius juret quod ad eam manum trahat, qui ei ipsam rem dedit.

Il ne faut pas voir dans la prestation de ce serment un acte probant, car le *défendeur* contrevindiquant vient à la preuve (fournie ici où le titre est dérivé, par la production de son auteur) ; si le demandeur avait eu le droit de fournir la *preuve* par serment, on sait que, d'après les principes de la procédure germanique, par cela même le défendeur *n'aurait* pas *été admis* à fournir la sienne. Le serment de propriété est bien plutôt un élément constitutif de la procédure d'*Anefang* et l'une des formalités préalables qui donnent à cet acte sa puissance *coercitive.* Aussi est-il prêté en même temps que l'objet est saisi : et cum sinistra manu ipsam *rem teneant* [2]. Au moyen âge nous retrouvons ce

sens opposé, Hänel, p. 142. 143. — L'amende d'*Anefang* pour refus de *restitution*, s'est conservée postérieurement dans la coutume puisqu'ici, comme nous l'avons vu, l'invitation : viens avec moi au tribunal est devenue la chose essentielle dans l'*Anefang.* Ce qui prouve que la signification de l'amende n'était plus comprise, c'est que celle-ci était également appliquée même dans l'anefang servant à la preuve. *Richst. Landr.* 16 § 5. 6.

[1] Comp. les paragraphes suivants : — Baj. 4, 3 ne se rapporte pas à ce que nous traitons ici : Si in eum contra legem manus injecerit, quod *infanc.* dicunt, 3 sol. donet, ou Siegel 87 note 2 (se fondant sur une remarque de Homeyer, *Richst.* 441) voit les caractères et le nom de l'anfang. La véritable signification de ce passage résulte de sa comparaison avec Baj. 8, 3 dans lequel le manum injicere liberae, horcrift, est frappé de 6 sol. d'amende. Ces 6 sol. sont (comp. Baj. 4, 29) le double de ces 3 sol. La réparation du fait commis contre l'*homme* (*eum*) est de 3 sol., qui est de 6 sol. lorsque le même fait est commis contre la *femme.* Là comme ici c'est contre la personne et non contre la chose qu'est dirigé le manum injicere. L'ancien nom bavarois de « l'anefangen » se trouve dans le Decr. Tass. IV, 13 (voy. p. 46 note 1).

[2] L'opinion de Walter § 688, d'après laquelle c'était devant le tribunal

serment du demandeur, non plus, il est vrai à l'occasion de l'*Anefang* extrajudiciaire, mais dans la partie de la procédure judiciaire qui en est la reproduction, en qualité d'élément constitutif de l'*introduction* de la procédure, précédant la réplique du défendeur et accompagnée de la preuve de contrevindication [1].

Par sa forme comme sa nature interne, l'*Anefang* est donc un *acte formel* de l'ancienne procédure, par lequel l'individu exerce son droit de coercition. Il joue dans la vindication germanique exactement le même rôle que le premier *testare* dans la procédure d'exécution.

Comme ce *testare*, l'*Anefang* tend encore à la *satisfaction* de droit *privé*; ici c'est la *chose*, là c'est la *solutio* qui est l'objet de la prétention sans que dans les deux cas il soit fait appel aux faits générateurs du droit matériel. L'*Anefang* est l'acte formel de l'action réelle comme le *testare* est l'acte formel de l'action dirigée *in personam* [2].

Le cours ultérieur de la procédure qui suit l'*Anefang* dépend essentiellement du point de savoir si le propriétaire « suivant à la trace » a trouvé sa chose *dans* ou *après* le délai de trois nuits, à compter du moment de sa dépossession. Dans le premier cas le droit du vindicant peut se réaliser immédiatement ; le possesseur n'est pas admis à répondre ; le fait relevant au point de vue procédural, ce n'est pas la contreprétention qu'il pourrait faire, mais seulement son refus de restituer. La procédure formelle unilatérale met le vindicant en possession de sa chose et frappe l'adversaire d'amende *(vindication exécutive)*. Si trois nuits sont écoulées, le possesseur est *admis* à répondre et il y a lieu d'examiner les bases matérielles du rapport juridique dont l'existence est contestée *(vindication contradictoire)*.

que le demandeur devait jurer est en contradiction avec le texte : tunc in *praesente* ambo conjurare debent. La vindication mobilière des lois barbares est dans la première partie (élévation de sa prétention par le demandeur et réplique du défendeur) absolument extrajudiciaire.

[1] Particulièrement dans le droit de Magdebourg, *Magdeburg-Breslauer Recht* a. 1295 (Gaupp) §§ 6, 7 et les passages qui en sont dérivés : *Magdeburg-Görlitzer Recht.* 47. *Sächs. Weichbild* (v. Daniels) p. 101. 102. *Rechtsb. nach Dist.* (Ortloff) IV, 42, 25. *Kulm. R.* (Leman) III, 130. 133) et dans l'*Augsburger Stadtrecht*, v. Freyberg, *Samml. deutscher Rechtsalt.* I p. 60.

[2] Remarquons que l'action salique née du commodat est traitée en procédure comme action *personnelle*, puisque dans ce cas comme dans les constituts unilatéraux (fides facta) l'on emploie la procédure d'exécution débutant par le *testare*, — Cet argument combat l'opinion généralement admise qui aime à identifier aux actions réelles celles des actions personnelles du droit germanique tendant à une restitution.

§ 11.

PROCÉDURE D'EXÉCUTION.

Sal. 37 : Si quis bovem aut caballum vel qualibet animal per furtum perdiderit et eum dum per vestigium sequitur *fuerit consecutus usque in tres noctes,* ille qui eum ducit emisse aut cambiasse dixerit vel proclamaverit, *ille qui per vestigium sequitur res suas per tercia manu debet agramire.* — Si ille vero qui per vestigium sequitur quod se agnoscere dicit, illum alium proclamantem, *nec offerre*[1] *per tercia manu voluerit nec solem secundum legem collocaverit et ei violenter quod* se agnoscere dicit *tulisse convincitur,* — sol. 30 culp. judicetur.

Le *vestigium minans* (A) a trouvé sa chose *dans* le délai de *trois* nuits chez celui *qui eum ducit,* le possesseur (B). Alors même que B produirait le titre de sa possession, A pourrait *agramire per tercia manu.* Cet acte, complété par un *solem collocare* autorise A, au cas où B fait défaut, à réaliser extrajudiciairement son droit en se saisissant de la chose.

C'est ce qui résulte du rapprochement de ces deux phrases de la Lex Salica; la première impose au vindicant le *per tercia manu agramire* et la seconde déclare irrégulière et punissable[2] la saisie de la chose qui n'a point été précédée d'un *offerre (adhramire) per tercia manu* et d'un *solem collocare.* Nous aurons établi le sens de ce passage quand nous saurons tout d'abord ce que signifient *agramire (offerre) per tercia manu* et *solem collocare.*

Grimm[3] et Müllenhof[4] ont fixé le sens étymologique de agramire (achramire, aframire, adhramire) « rendre ferme, consolider. » Siegel p. 44, 45 a admis pour ce passage ce premier

[1] Lex Sal. emendata : *adhramire.*

[2] Siegel p. 46. 90 est le premier qui ait affirmé contre Waitz et Zöpfl la connexion de ces deux phrases (la première et la troisième dans Sal. 37). Avant lui on rapprochait la troisième phrase de la deuxième qui a été omise ci-dessus. La justesse de l'opinion de Siegel résulte de ce que dans la troisième phrase (la seconde ci-dessus), A doit offerre per tercia manu. Or ce n'est qu'avant l'expiration de la troisième nuit que A accomplit cet acte, autrement c'est B (comp. § 12).

[3] *R. A.* p. 123. 844. Préface de la Lex Salica p. VII.

[4] Voy. l'ouvr. de Waitz Sal. R. 276.

sens et traduit *agramire* par tenir ferme, saisir, attirer la chose à soi. Au contraire, Walter § 687, Waitz p. 157 (note), Bruns, *Besitz* p. 287. 301. Homeyer, *Richsteig* 492 voient dans *agramire* l'affirmation solennelle, la prétention (vindicare) du *droit* à la chose.

Ces deux explications ne s'appuient sur aucune preuve tirée des sources. La base étymologique de Siegel ne suffit pas ; il est souvent imprudent, en effet, et peu sûr de conclure du sens (toujours concret et en quelque sorte physique) d'un radical au sens du mot particulier qui en est dérivé. Siegel admet lui-même qu'*agramire* se rencontre avec un autre sens (n'éveillant pas une idée sensible). En faveur de ce sens : « se saisir de la chose » il cite seulement le passage dont il est question ici. D'ailleurs il affirme sans prouver.

Afin de donner à nos recherches une base suffisante, il est évidemment nécessaire de comparer entre eux les textes dans lesquels on trouve *agramire*. Cette expression est particulière aux sources franques. J'ai trouvé vingt-cinq passages dans lesquels ce mot se rencontre. Dans vingt et un d'entre eux, l'identité d'*agramire* et de *fidem facere* (comp. § 5), ou promesse formelle faite avec emploi de la *festuca*, résulte à n'en pas douter, tantôt du sens général (les passages ont presque tous trait à la promesse *procédurale* d'apporter la preuve), tantôt de l'expression : *per festucam adhramire*. Ces passages sont :

Lois : Lex Chamav. c. 16. — Cap. a. 785 c. 32 a. 809. c. 14. a. 817. c. 14 (Pertz, Legg. I, 50. 156. 212).

Chartes : Bréquigny *Dipl.* II, nr. 418. 424. — Vaissette, *Histoire générale du Languedoc* (*nouv. éd.*, Toulouse, 1840) II, nr. 5. 163. — Pérard, *Recueil de plusieurs pièces curieuses servant à l'hist. de Bourgogne* (Paris, 1664), p. 34 nr. 15, p. 35 nr. 18 [1] p. 36, nr. 19, p. 147 [2], p. 149. — Ménard, *Hist. de Nismes* (Paris, 1750), tome I, preuves, nr. 1. 3.

Formules : de Rozière, nr. 454. 472. 479. 481. 486. 498.

[1] Testimonia *remissae* n'a pas de sens. Il faut lire : testimonia *arromisset*, comp. nr. 15 cit.

[2] Ici aussi le texte est altéré dans Pérard : au lieu de *Vualdricus* il faut lire : *Vuidridum* arramivit (il promit le contreserment). Comp. le passage correspondant dans la charte p. 148 : *Vidridum* stipulavit, et ensuite : *Vuidridum* juravit.

Dans les quatre derniers passages :

Lex Cham. c. 48. — Cap. a. 817. c. 15 (Pertz I, 213). Bréquigny, *Dipl.* II, nr. 431. — De Roz. nr. 456,

où il est question d'un *hominem adhramire*, on pourrait hésiter sur le sens du mot, bien qu'à mon avis celui de « promettre » (d'amener quelqu'un au tribunal) soit encore le meilleur [1]. En tout cas, il n'est question dans aucun de ces textes d'une saisie de l'*homo* ou de l'affirmation d'un *droit* qu'on aurait sur lui. Écartons même ces quatre passages à cause de leur sens douteux ; il en reste vingt et un qui donnent avec certitude le résultat suivant : *agramire* signifie « promettre » fidem facere [2].

D'après ce qui précède, ce sens serait donc pour notre passage le seul justifiable par les sources. Or, on peut prouver par le titre même de la Lex Salica qui nous occupe, qu'ici précisément *agramire* n'est pas autre chose que *fidem facere*. La preuve peut être acquise par deux voies différentes. En premier lieu, les phrases par lesquelles commence ce paragraphe : *agramire* per tercia manu et *offerre* per tercia manu s'emploient l'une pour l'autre; ceci est décisif. La Lex Salica emendata a aussi dans la deuxième phrase : adhramire. Siegel (et aussi Waitz) tout en admettant que les deux expressions ont le même sens, se contredit lui-même quand il traduit, là par « saisir, » ici par « offrir ; » le sens « d'affirmer solennellement, par serment, » que d'autres écrivains trouvent dans *agramire* ne peut se concilier avec ce sens « d'offrir. » *Offerre*, dans la langue de nos sources, ne signifie pas seulement « offrir » en général, mais aussi en particulier « *fidem facere.* » Le passage principal qui fixe le sens de ce mot est :

Ed. Chilp. (Merkel Sal. 37) c. 6 ; — quicumque ad mallum fuerit et in veritatem testimonia non habuerit unde se aeducat et necesse est ut mitium *fidem faciant* et non habuerit simili modo qui pro eum *fidem faciat;* et ipse in senextra manu *fistucam teneat* et cum dextera *auferat.*

Auferat est ici, comme ailleurs [3], pour *offerat;* voici le

[1] Surtout dans les deuxième et troisième passages cités.

[2] Zöpfl p. 73 et suiv. donne à ce mot le même sens que nous dans le passage en question, mais les corrections tout arbitraires qu'il se permet en rendent l'explication impossible. Ainsi p. 80 il intercale un « *non* absolument indispensable. » Comp. Walter § 687 note 3. § 688 note 6.

[3] Par ex. Ed. Chilp. c. 7 (Merkel p. 39 lig. 5); et *auferat* per tres mallus

sens : s'il ne peut présenter personne qui promette *pour lui* (fidem faciat), il doit lui-même prendre la *festuca* dans la main gauche et promettre avec la droite (*auferat*[1]). Ici, *offerre* s'emploie concurremment avec fidem facere, comme dans notre passage avec agramire. Offerre a le même sens dans :

> Burg. 45 : Multos in populo nostro et pervicatione causantium[2] et cupiditatis instinctu ita cognoscimus depravari, ut de rebus incognitis sacramenta plerumque *offerre* non dubitent — testibus, qui ad danda *convenerant*[3] sacramenta — testes qui *se promiserant* juraturos —.

Résultat : offerre = fidem facere ; d'ailleurs : agramire = fidem facere ; donc dans le passage en question offerre = agramire. Les deux derniers mots dans Sal. 37 ont le même sens, cela n'est pas douteux, puis qu'ils signifient tous deux fidem facere.

Le sens d'agramire ressort mieux encore de la seconde phrase de Sal. 37, omise plus haut :

> Si vero jam *tribus noctibus exactis* qui res suas quaerit eas invenerit, *ille apud quem inveniuntur, ipse — liceat agramire.*

Dans le délai de trois nuits, c'est A (le vindicant), après ce délai, c'est B (le possesseur), qui doit faire l'*agramire*. Que doit *agramire* B ? Siegel, p. 93 et suiv., l'a montré ; il doit, par *fides facta*, promettre de comparaître au tribunal et d'y présenter sa défense (production d'auteur, serment de disculpation, etc.[4]).

ante rachymburgiis (comp. Pactus pro tenore pacis c. 2 : tribus mallis parentibus *offeratur*). — Lex Sal. texte III (dans Pardessus) tit. 37 § 3. Pact. Alam. II, 46. cap. 803 c. 5 (Pertz I, 117). — De même que l'Ed. Chilp. a *auferat* pour *offerat*, de même il a inversement *odierit* pour *audierit*.

[1] Il est difficile de savoir si la main droite était donnée pour le serrement de main (exemples dans Grimm R. A. 138) ou comme par exemple dans le Decr. Tass. IV, 6, pour prendre le ciel à témoin.

[2] C'est-à-dire « des parties. » Il en résulte que ces *multi* sont précisément les *testes* mentionnés plus bas.

[3] Decr. Tass. II porte la suscription : de *collaudatione* etc. Dans le texte il y a : qualem *convenientiam*. Collaudare (et ici aussi convenire) a le même sens que pacisci, spondere, Merkel Legg. III, 461 nr. 22.

[4] Comp. Sal. 47 : ille, super quem agnoscitur (B) debet *agramire* et — in noctes 40 *placitum faciant*. (Sal. 50, 1 : Si quis alteri *fidem fecerit*, tunc ille cui fides facta est in 40 noctes aut quomodo *placitum fecerit quando fidem fecit* etc.). Le placitum facere, la « convention » de terme est un élément de l'agramire (fidem facere) et non pas comme l'admet Waitz *Sal. R.* 158, incompatible avec lui. — Rib. 33, 4 : (B) de sacramento sibi sep-

Pour B, l'agramire, avec le sens que Siegel lui attribue, est complétement impossible. B ne peut pas saisir la chose, puisqu'elle est déjà en sa possession. L'explication qui ne convient pas à l'agramire de B, n'est pas non plus admissible pour l'agramire de A ; d'après Sal. 37, ce sont les *auteurs* seuls de l'acte qui sont différents, et non pas l'acte en même temps qu'eux. Si l'*agramire* de B est un *fidem facere*, l'agramire de A en est un aussi[1]. Maintenant l'explication de l'expression *per tercia manu* agramire n'offrira plus de difficultés. L'objet de la promesse est d'ordinaire uni à fidem facere par la préposition *de*, par ex.

Rib. 33, 4 : de sacramento — fidem faciat.

Or, dans notre texte *per* tercia manu est pour *de* tertia manu, comme on le voit par des expressions analogues,

Alam. lib. III, 89 : pignus dederit per (variante : pro) aliqua re.

Vaissette *Hist. g. du Lang.*, tome III (Toulouse 1841), preuves nr. 132 : misit — obsides — *per* mille solidos. Comp. aussi Sal. nov. 105 : *de* lege potest se obmallare ut hoc non solvat, nov. 219 : *per* lege se defendere potest ut nihil — solvat. Sal. 52 : *per* singulas vices — 3 sol. — adcrescant[2].

La *tercia manus* est donc l'objet de la promesse que doit faire le vindicant (A). Le sens de cette expression dans la Lex Salica a été déjà fixé par Siegel, p. 87 et suiv. On voyait avant lui dans

tima manu *fidem faciat.* — Burg. 83 : Quicumque res aut mancipium aut quodlibet suum agnoscit, a possidente — *fidejussorem idoneum accipiat.*

[1] Le passage suivant du conseil de Pierre de Fontaines vient confirmer, pour la période coutumière, l'opinion suivant laquelle agramire a le sens de « promettre : » Conseil de P. de F., Marnier, 1846, c. XXII, § 5 : Quant jugemenz est fausez, et cil ne le puet prover par bataille tel come il l'*arami*. Voy. encore *Cout. du Beauv.* éd. Beugnot 1842 c. XXXIX, 19 : Et s'il (le demandeur) faut à prover par cele voie —, il ne pot pas recovrer à une des autres voies de proeve, ançois pert tout ce qu'il avoit *arraini* à prover, —. Ibid. XXXIX, 74 : ne ce ne li (au défendeur) grieve pas qu'il failli a prover ce qu'il *arraini* à prover, — Voy. encore *Assises*, Kausler, p. 398. — et li doit faire assaver que une bataille est *ramie* de II homes, —. Voy. encore *Et. de Saint-Louis*, II, c. 26 —. Comp. une étude de M. d'Arbois de Jubainville sur les formes franques (glosses malb.) *chramnae, chramnis* dans les Mémoires de la société de linguistique de Paris, t. II. 1872, p. 40 et suiv. Il n'est pas exact, comme l'avance M. d'Arbois de Jubainville, qu'adchramire signifie *faire un contrat.* — Voy. enfin Brunner *Enstehung der Schwurgerichte.* Berlin 1872 p. 53. (*Note du trad.*)

[2] Du Cange, s. v. per, donne plusieurs textes dans lesquels per est pour *pro*.

la *tercia manus* « un tiers, dans la main fidèle » duquel on devait mettre en dépôt la chose vindiquée [1].

Mais Siegel a montré que la *tercia manus* indique la procédure de vindication qui *régulièrement conduit* la chose à une *main tierce,* c'est-à-dire à l'auteur. L'expression de la Lex Salica : *rem in terciam manum mittere* signifie donc, de même que l'*intertiare* de la Lex Ribuaria : « vindiquer la chose, » faire la procédure de tierce main. Le demandeur doit en conséquence « promettre la tierce main » (per tercia manu agramire) ; il doit promettre de poursuivre de son côté la procédure de vindication ; l'*Anefang* constitue dans la vindication, comme les *clameurs* (Gerüfte) dans la procédure criminelle « le début de l'action [2]. » Ainsi à l'*agramire* du vindicant répond l'*agramire* du défendeur ; de même que le possesseur (après trois nuits) promet par l'*agramire* d'accomplir les devoirs de procédure qui dérivent pour lui de la litiscontestation, de même A (le demandeur) doit promettre ici de commettre les actes que les règles de la procédure de tierce main lui imposent [3].

Notre texte ne dit pas précisément de quelle nature est cet acte que A doit accomplir. Jusqu'ici, il nous est simplement acquis que le « *sich selbstdritt zur Sache ziehen* » du moyen âge, c'est-à-dire la promesse de prouver, avec deux cojurateurs, sa propriété ou la dépossession furtive de la chose, n'a rien à faire avec le *per tercia manu* agramire [4]. D'après les lois barbares, ou du moins d'après les lois salique et ripuaire, le vindicant n'est tenu de produire aucune espèce de preuve (comp. § 12). Nous sommes, il est vrai, autorisé à voir un acte *judiciaire* dans la promesse que fait A d'accomplir ce que les règles de la procédure de tierce main lui prescrivent. De même, l'agramire de B, c'est-à-dire l'engagement pris de produire son auteur ou

[1] Ainsi Rogge p. 227. Ruepp. 18. Budde 66. 67. Brackenhöft, *Zeitschr. f. d. R.* V, 140, note 28. Cropp, dans *Hudtwalker u. Trummer's Crim. Beiträgen* II, 284. Warnkönig II, 333. — Waitz 156. — Walter §§ 687. 688. Schulte, *Rechtsgesch.* § 153. note 14. — Seul Eichhorn R. g. I. avant Siegel, a trouvé le véritable sens de *in tertiam manum mittere.* Zöpfl, *Ewa Cham.* 75, pense que intertiare et in tertiam manum mittere signifient « affirmer (!), jurer soi troisième (avec deux cojurateurs) que la chose est la *sienne.* » Au contraire voy. Walter § 687 note 6.

[2] Comp. Homeyer, *Richst.* 444 Göschen, *Goslar. Statuten* 380.

[3] J'explique l'accusatif : *res suas* p. t. m. agramire par l'idée de « prétendre » que donne l'ensemble. Comp. le commentaire dans le texte. De même la construction dans Cham. 48 : tunc liceat seniori suo illum adhramire. Par son adhramire, le senior délivre *illum*, son homo.

[4] Contre Siegel 46 et Walter § 687.

de fournir sa preuve, introduit véritablement la procédure judiciaire. Le principe de la procédure de vindication peut donc être ainsi formulé : « *avant* la troisième nuit, A conduit la procédure , *après* la troisième nuit c'est B ; de même que l'agramire est fait *par A seul* ou *par B seul*, de même l'un des deux , à l'exclusion de l'autre, est admis à agir *in judicio ;* de même que par l'agramire de B , le vindicant a perdu sa position d'attaque, de même par l'agramire de A le possesseur perd la position de défense : la vindication qui a lieu dans les trois nuits, qui permet à A d'agramire, et dont il s'agit ici, a donc pour caractéristique d'après le passage lui-même, qu'elle est une procédure absolument *unilatérale.*

Outre l'agramire, ainsi que l'indique le commencement de ce paragraphe , il y a une seconde condition à la prise de possession de A, c'est le *solem* collocare qu'il doit faire.

> Si — nec offerre per tercia manu voluerit nec *solem secundum legem collocaverit* et ei violenter quod se agnoscere dicit tulisse convincitur — .

Cette partie de la procédure aussi a été diversement comprise jusqu'ici. Waitz traduit : « attendre le jour fixé pour la séance judiciaire, » sans dire quel rapport relie cet acte au reste de la procédure. Siegel 47 (comp. Siegel 54, note 15) explique ainsi *solem collocare :* « fixer un jour auquel la preuve (de la propriété) doit être fournie. »

Contre Waitz il faut rappeler que *solem collocare* signifie simplement « attendre une séance judiciaire [1]. »

Contre Siegel, que son opinion n'est pas justifiée par les sources. Comme il le dit lui-même, *solem collocare* signifie partout « attendre une prestation jusqu'au coucher du soleil » sauf dans ce passage seul où il a un tout autre sens.

Nous pensons que le sens habituel de solem collocare convient très bien ici. Nous avons jusqu'à présent dégagé le caractère de cette procédure de vindication : elle est unilatérale : nous voici maintenant au point où sa nature de procédure d'exécution, conséquence de ce caractère, va se manifester. Les §§ 5. 6 ont montré que la procédure *ex fide facta* et *ex re praestita* passe d'un acte judiciaire au *testare* et *solem collocare* extrajudiciaires pour aboutir à la saisie extrajudiciaire. Dans la vindication en

[1] Comp. ci-dessus § 5, page 18, note 6.

question l'*agramire de* A sert de transition à la phase judiciaire. Au commencement de ce paragraphe nous avons établi d'autre part que la procédure se termine par la prise de possession du vindicant, c'est-à-dire par un acte dont le pendant est la saisie extrajudiciaire. Ici, dans le solem collocare, nous trouvons suffisamment indiqué dans ses effets l'acte accompli au milieu de l'évolution de la procédure et qui prépare l'exécution; on ne peut attendre une prestation qu'autant qu'une invitation à la fournir a déjà été faite.

Nous pouvons maintenant embrasser d'un coup d'œil le cours entier de la procédure et aussi la relation de ses différentes parties entre elles.

Le vindicant a trouvé sa chose dans le délai de trois nuits. En présence des témoins qui l'ont accompagné dans ses recherches, il manifeste formellement par le *manum mittere super eam* (comp. ci-dessus, § 10) sa volonté ayant *la chose* pour objet, absolument comme dans le premier *testare* de la procédure d'obligation, le créancier manifeste sa volonté ayant le paiement de la créance pour objet, et dirigée contre la *personne* du débiteur. La réplique du possesseur : j'ai acheté ou échangé la chose ne vaut rien comme *affirmation de fait ;*

> Rib. 47, 1 : Si quis animal suum — *tertio* die — invenerit, liceat ei *absque intertiato* revocare[1],

mais comme *refus* se posant en face de la *prétention* élevée, elle réalise la condition sous laquelle la procédure de coercition peut commencer. Au point où nous en sommes, il y a lieu à comparaître devant le tribunal. Cette comparution n'est point déterminée ici par une *mannitio ad mallum* faite à l'adversaire, mais par l'*agramire* seul du demandeur ; cet acte lui suffit, il peut désormais seul conduire la procédure. Comme le vindicant n'a pas de preuve à fournir, nous sommes autorisé, par analogie avec les §§ 5. 6, à conclure que l'ajournement a pour but d'obtenir du juge la permission qui doit précéder toute exécution extrajudiciaire. Le demandeur attend que son adversaire fasse sa prestation de bon gré, acte lié au *testare ;* l'exécution privée termine la procédure.

[1] Les mots *absque intertiato* ont ici leur sens étroit et primitif : « sans que le possesseur puisse s'autoriser d'un tiers, » de l'auteur.

Rib. 47, 1 : liceat ei absque intertiato *revocare*.

Dans tout le cours de la procédure il ne s'agit pas plus de discuter la question de propriété que la question de vol. Le possesseur chez lequel la chose a été trouvée dans le délai de trois nuits, en face de l'*Anefang* rend la chose et paie l'amende sans que le demandeur ait eu besoin de fournir sa preuve. Cependant l'amende de vol ne se distingue pas, comme dans le droit saxon postérieur (Sachsensp. II, 36 § 5) de l'amende d'*Anefang*: les 35 sol. que le possesseur vaincu doit payer, d'après le droit salique, représentent à la fois la peine pécuniaire atteignant le délit et l'amende procédurale atteignant le refus de restituer la chose lorsque l'*Anefang* a été fait[1].

La fin de Sal. 37 tout en achevant de mettre ces dispositions en lumière, démontre le *formalisme* de cette procédure : celui qui ne fait pas l'acte exprimé par offerre per tercia manu, et ei violenter quod se agnoscere dicit tulisse convincitur, — *sol. 30 culp. jud.* La même amende qui atteint là le possesseur, atteint ici le vindicant[2]. Là, elle est une conséquence de l'emploi régulier de l'acte formel, ici, une conséquence de son emploi abusif[3]. La disposition que nous trouvons dans le passage cité Sal. 37, correspond à celle que nous connaissons déjà (comp. ci-dessus § 5) dans Sal. 74 :

Si quis debitorem suum — *sine judice* pignorare praesumpserit, — 15 sol. culp. jud.

[1] Comp. Sal. 101 : Celui qui dans la procédure contradictoire ne peut pas se disculper de l'accusation de vol paie 35 sol. Il n'y a pas *concurremment* d'amende de vol (comp. § 12). L'amende se fixe ainsi, lorsque le défendeur ne peut se disculper.

[2] Les amendes de 30 et 35 sol. s'appliquent souvent l'une pour l'autre, par ex. comp. Sal. 1, 2 et nov. 270; Sal. 10, 1 et Sal. 26. 39. 2 nov. 36.

[3] L'amende qui atteint le vindicant paraît être à la fois une amende procédurale et une amende *ex delicto*. D'après le droit lombard, le vindicant qui dans une contravindicatio irrégulière a reçu la chose sans preuve (§ 12) doit, en punition, payer neuf fois la valeur de l'objet, si cognitum fuerit quod malum ordine vindicassit, c'est-à-dire l'amende *ex delicto* lombarde, Ed. Roth. 232. Comp. Eichhorn I, 353.

§ 12.

PROCÉDURE CONTRADICTOIRE SANS *contravindicatio.*

Si le propriétaire ne trouve sa chose qu'après le délai de trois nuits, le possesseur est alors admis à faire sa preuve ; il peut se *défendre,* soit en niant, soit en opposant une affirmation positive. C'est là ce qui distingue cette procédure *contradictoire* de la procédure *unilatérale* (§ 11) : la nature de la réplique du défendeur décide de la direction ultérieure de la procédure.

Le vindicant élève une double prétention : l'une vise la restitution de la *chose,* l'autre, le paiement de l'*amende.* Pour se défendre contre la première, la prétention réelle, il faut nécessairement une contreprétention positive, *contravindicatio* (comp. ci-dessus, § 13). La réplique négative : tu n'es pas propriétaire, cet objet ne t'a pas été volé, est sans effet contre la prétention de *propriété.* Le droit du moyen âge permet dans ce cas au vindicant de *prouver* [1].

Au temps des lois barbares, le demandeur a droit immédiatement à la restitution. Le possesseur qui ne peut pas contrevindiquer perd la chose purement et simplement.

Burg. 83, 1 : Quicumque res aut mancipium aut quodlibet suum agnoscit, a possidente aut fidejussorem idoneum acci-

[1] Du moins d'après la littérature qui jusqu'ici a paru sur le Sachsenspiegel (par ex. *Ssp.* II, 36 § 4). comp. Eichhorn R. g. II, 648 note 6. Planck, *Zeitschr.* X, 246 jusqu'à 251. 273. 274. Delbrück *Zeitschr.* XIV, 222-225. *Dingl. Klage* 40 et suiv. Bruns, *Besitz* 313. *Jahrb.* IV, 24. Homeyer *Richst.* 498. 499. Hänel, 138. 143 et suiv. — Toutefois, dans le domaine du droit saxon, le droit de Magdebourg (voy. les passages ci-dessus § 10 note 21) et probablement aussi tout le droit allemand du *Sud* s'écartent du Sachsp. en ceci. D'après eux, le demandeur, *avant* la réplique du défendeur, doit prêter serment en même temps qu'il fait l'*Anefang* (judiciaire) ; s'il n'y a pas de *contravindicatio,* il se met, *sans fournir sa preuve,* en possession de la chose (comp. ci-dessus § 10). Voyez spécialement *Augsbourg* (v. Freyberg, *Samml. teutsch. Rechtsalt.* I p. 60), *Memmingen* (v. Freiberg, *Sammlung histor. Schriften und Urk.* V, p. 250), *Freiburg* § 32 (Gengler *Stadtrecht* 128), *Bamberg* (Zöpfl) XIII, 110, *Mainz*, *Elenchus Waltpodiorum* (Gudenus cod. dipl. II, 498). De même le *Schwsp.* Lassb. 317 (v. 265) n'offre pas de passages parallèles à Sachsensp. II, 36 § 4. De même encore la disposition qui en découle dans *Ruprechtr. Freysing* (v. Maurer) I, 203. — Le droit *français* des coutumes est, suivant Warnkönig II, 336 conforme au droit allemand du Sud. — Comp. Walter *R. g.* § 638 note 5. Brackenhöft, *Zeitsch f. deutsch. R.* V. 143. 144 — et surtout Delbrück, *Zeitsch.* XIV, 250.

piat, aut *si fidejussorem petitum non accipit, res quas agnoscit praesumendi habeat potestatem.*

Le possesseur chez lequel la chose est trouvée doit donc fournir un fidéjusseur ou bien restituer l'objet. La constitution de fidéjusseur répond à l'agramire frank (fidem facere)[1], et se rapporte également à la promesse de prouver, que le possesseur défende sa chose (en produisant son auteur, etc.) ou qu'il la perde. Aussi trouvons-nous dans le passage parallèle de la Lex Rom. Burg. 34, 1 :

> Qui res proprias agnoscit, *nec est qui ei de manu tollat aut aliquid causaticus opponat*[2], res suas praesumendi habeat potestatem.

La réplique négative du possesseur peut donner à la procédure une autre direction, de manière à détruire l'inculpation de délit. A la prétention (personnelle) à l'amende, il suffit d'opposer l'affirmation : « *Je n'ai pas* volé[3]. » Le possesseur est alors admis à *agramire,* c'est-à-dire à promettre de se disculper par serment. Cette défense détruit la prétention *réelle,* mais non la prétention *personnelle* contenue dans l'*Anefang :* le possesseur est dépossédé de la chose, mais ne paie point d'amende.

C'est précisément ce cas que traitent les lois barbares. La Lex Ribuaria suppose qu'un possesseur à titre dérivé ne connaît pas son auteur. Il ne peut donc pas contrevindiquer parce que la contrevindication imposerait l'obligation de nommer l'auteur, mais il peut se disculper du vol.

> Rib. 33, 4 : Quod si in ipsa hora quando res intertiatur (c'est-à-dire immédiatement après la réplique) responderit quod fordronem suum (celui qui le couvre, son auteur) nesciat, tunc *in praesente de sacramento* et super 14 noctes

[1] Comp. ci-dessus § 5.

[2] Ce qui veut dire : Si quelqu'un retrouve sa chose, qu'elle ne soit possédée par personne ou que le possesseur ne puisse pas opposer de *contravindicatio,* qu'il s'en ressaisisse purement et simplement. La chose qui n'est pas défendue par la *contravindicatio* est assimilée aux choses sans maître (ci-dessus p. 43 note 3). Dans les deux cas il n'y a pas de partie adverse. Comp. Planck *Zeitschr.* X, 273. Homeyer *Richst.* 499. 500. — Le serment du demandeur mentionné dans Rib. 33, n'est point un moyen de preuve. Comp. ci-dessus § 10.

[3] Comp. Bruns, *Besitz* p. 280 et suiv.

adjurare studeat quod auctorem vel casam seu postem januae auctoris nesciat[1]) *et ipsam rem sine damno* reddat[2].

Le titre Sal. 101 s'occupe d'un cas analogue. Celui qui veut contrevindiquer en invoquant un titre d'acquisition par voie d'hérédité doit prouver avec trois témoins, quod in alode patris hoc invenisset, et avec trois autres témoins, qualiter pater suus res ipsas invenisset (voy. § 13). *Hoc si fecerit, potest rem interciata vindicare.* S'il ne peut pas,

Si istum non fecerit, mittat *tres juratoris* (cojurateurs), quod in alode patris hoc invenisset. *Si hoc fecerit*, se *de damno causa eliberat.*

Le titre Sal. 101 indique l'amende qu'encourt le possesseur s'il est battu en outre sur le chef personnel de la prétention.

Si hoc (le serment de disculpation) non fecerit, ille qui eas interciaverit suo filtorto sic postea quod lex inter [3] docuit, apud quem eas invenit solidos 35 culp. jud.

Il n'est pas facile de comprendre la première moitié de ce passage [4]; il est néanmoins certain que le sens est celui-ci : le défendeur qui ne peut ni contrevindiquer ni se disculper est frappé d'une amende de 35 sol. Nous avons fixé plus haut (§ 11) le sens de cette composition; elle punit à la fois le vol et le défaut contre l'*Anefang*. La peine correspondante qui atteint le

[1] Comp. *Freiburg. Stadtr.* a. 1120 § 32 (Gengler 128): Si autem herus, in cujus potestate invenitur, dixerit se in publico foro pro non furato vel praedato ab ignoto sibi emisse, *cujus etiam domum ignoret*, et hoc juramento confirmaverit, nullam penam subibit.

[2] De même Ed. Roth. 232, ou le vindicant est *dispensé de la preuve* en termes plus nets encore : — ille qui emit, — si auctorem non habuerit, nec scit de quem comparassit : *preveat sacramentum* emptor *quia nec fur sit nec colliga furoni*, nisi simpleciter cum pretio suo comparassit : et insuper addat in ipso sagramento, si quoquo tempore auctorem invenerit, non negare. Tunc *post prestito sagramentum reddat cavallum*, et sit sibi contemptus.

[3] Corrigez : lex exinde. Comp. Sal. 97, 1 : quicquid exinde Lex Salica docuit.

[4] Il semble qu'il faille séparer les deux membres de phrase, le premier « s'il ne fait pas cela, le vindicant doit alors (payer) suo filtorto, » et l'autre, « et alors le possesseur doit payer une amende de 35 sol. » Le sic postea, « et ensuite » (voy. p. 17 note 3) sépare nettement les deux parties de la phrase. La signification juridique du filtortus salique n'a pas encore été établie d'une manière satisfaisante. Grimm, Préface VII, l'explique par « entouré d'un fil. » Siegel p. 92 note 14 pense que la chose est en sa qualité de « embrouillée » (filtorta) retirée du commerce, et que de plus le titre Sal. 101 a appliqué cette expression au possesseur lui-même.

vindicant, au cas où, par l'emploi de la violence, il dépasse les limites de son droit, est également fixée en matière de procédure contradictoire :

Sal. 61, 2 : Si vero quicumque homo quemlibet rem desuper hominem in tercia manu miserit, sed si haec manum violenter tulerit — sol. 30 culp. jud.[1].

Les droits burgonde et lombard contiennent en outre une disposition d'après laquelle le vindicant était frappé d'une amende lorsqu'il était convaincu, après coup, de s'être approprié au moyen de cette procédure, sans contravindicatio, la chose d'*autrui* [2].

Il est vraisemblable que ces 30 sol. saliques étaient de même, dans la pensée de la loi, destinés à punir à la fois le délit matériel et le défaut de forme.

Au point où nous en sommes de la procédure contradictoire nous voyons donc le droit matériel se réaliser suivant la forme dans laquelle il doit s'affirmer. La conduite de la procédure ne ferme pas toute issue à l'abus ; une peine est nécessaire pour l'empêcher. La procédure bien conduite au point de vue des formes suffit pour gagner le procès, mais elle ne permet pas aux rapports juridiques *matériels* de se développer. Ici aussi le *bien-fondé* de la prétention du demandeur n'est pas la condition *positive* de l'emploi de cette sorte de procédure ; il en est seulement une condition négative.

§ 13.

PROCÉDURE CONTRADICTOIRE AVEC *contravindicatio*.

Sal. 37 : — Si vero jam tribus noctibus exactis qui res suas quaerit eas invenerit, ille apud quem inveniuntur *si eas emisse aut cambiasse dixerit : ipse liceat agramire.*

Sal. 47 : Si quis servum aut ancillam, caballum vel bovem aut quodlibet pecus super alterum agnoverit, mittat eum in

[1] Comp. Siegel p. 90.

[2] Ed. Roth. 232 (comp. p. 60 note 2)—. Ille autem qui se proprius dominus dicit esse, sub tali titulum eum tollat, ut *si cognitum fuerit quod malum ordine vindicassit*, et alter certus auctor venerit qui suum facere possit, ipse cavallus *sibi nonum* (peine du vol) ei *reddantur*. Burg, 83, 2 : Si vero *falsus fuerit in agnoscendo*, rem quam male agnovit, et *aliud tantum* (Lex Rom. Burg. 34, 2 : cum *dupli* satisfactione) cogatur exsolvere.

tercia manu [1] et *ille super quem agnoscitur debet agramire* et — quanti fuerint qui caballum ipsum aut vendiderunt aut cambiaverunt — omnia intra placitum istum commoneantur, etc.

Celui chez qui l'objet cherché a été trouvé, après le délai de trois nuits, est admis à agramire parce qu'il a prétendu avoir un titre de propriété. La promesse qu'il fait lui impose l'obligation procédurale (et en même temps lui donne le *droit*) de prouver que sa réplique est bien fondée en fait. De même qu'avant le délai de trois nuits B est *exclu* par A de l'agramire, de même après trois nuits c'est A qui est exclu par B [2]. Nous avons déjà vu dans le § 12 comment, en conséquence de ce principe, le possesseur peut se disculper du *vol*. Le passage cité de la Lex Salica développe le point qui nous occupe ici : après trois nuits le possesseur a le droit, par sa *contravindicatio* [3], d'empêcher aussi la prétention de *propriété* de A de se réaliser immédiatement.

Afin de mieux comprendre l'importance et la nature de la *contravindicatio*, il est bon de s'adresser aux sources du droit postérieur qui présentent sur ce point un plus grand nombre de dispositions que les indications assez sommaires des lois barbares.

Le contrevindicant doit affirmer qu'il est *propriétaire*. Invoquer tout autre droit sur la chose que celui de propriété ne suffit point pour élever la contravindicatio [4]. Celui qui tient la chose d'un *tiers* à titre de gage ou de prêt doit *répondre* en

[1] C'est-à-dire : qu'il la porte à la tierce main (voy. ci-dessus p. 54 note 1), qu'il vindique la chose, qu'il en fasse l'objet de sa prétention. La Lex Ribuaria 33, 1 préfère indiquer l'acte dans lequel la volonté de vindiquer arrive à se manifeste sensiblement : mittat manum super eam.

[2] Comp. ci-dessus les §§ 11. 12. L'opinion contraire de Siegel d'après laquelle concurremment avec l'agramire du possesseur, celui qui fait l'anefang *doit* pouvoir promettre de prouver sa propriété (Siegel p. 93. 94) se trouve en contradiction avec Sal 37, et ne peut pas s'appuyer davantage sur Rib. 33, 2. Voyez au surplus ci-dessous page 70 note 2.

[3] Ce mot ne se trouve pas dans les sources allemandes; elles parlent seulement (de même que Gajus IV, § 16) du *vindicare* du demandeur ou du défendeur, par ex. Sal. 101 : lorsque le possesseur apporte la preuve de propriété, potest rem intertiata *vindicare*. Comp. Bruns, *Besitz* 287. Dans les coutumes françaises on trouve *aveu* et *contre-aveu*, Warnkönig II, 333.

[4] Bruns, *Besitz* 311 admet qu'un jus in re aliena est capable de servir de base à la contravindicatio; et aussi suivant Planck, *Zeitsch.* X, 251, un droit personnel sur la chose, (comp. Planck. 258. 259).

s'appuyant sur ce fait[1]. Il *prouve* le titre par lequel il est venu en possession de la chose (tandis que le titre de propriété dérivée *ne* se prouve *pas* pour contrevindiquer) et nomme son dominus, son créancier gagiste, son commodant, non pas afin que ce dominus, etc., défende la chose à sa place, comme le ferait l'auteur du contrevindicant, mais afin qu'il (le possesseur) puisse abandonner la chose *sans* la défendre [2]. Le commodataire le possesseur gagiste ne peut pas contrevindiquer, il ne peut que se disculper du vol [3]. Quant à l'affirmation : c'est toi, demandeur, qui m'as donné cet objet en gage, elle conduit à la preuve, opposée seulement à l'action *ex contractu*, c'est-à-dire à l'action personnelle ; opposée à l'*Anefang*, elle est sans efficacité, elle n'engendre pas le droit de prouver [4]. Dans la procédure allemande le droit sur la chose d'autrui ne peut se faire valoir comme tel et n'est point opposable à toute personne. C'est seulement contre son cocontractant que le possesseur gagiste peut affirmer : *ce n'est*

[1] Sur la différence qui existe entre les deux espèces de défense (*Wehren*, *Einlassung*) voy. Planck, *Zeitsch.* X, p. 262 et suiv. *Beweisurtheil* p. 42. 43. Homeyer, *Richsteig* p. 451.

[2] De même Homeyer, ib. (note précéd.).

[3] Ces principes résultent très-nettement de Sachs. III, 5 § 1 : Svat so man enem manne liet oder düt to behaldene openbare, *mach he dat getügen selve dridde*, *man ne mach ine düve noch roves tien dar an.* Dries over viertennacht sal man aver jenen vore laden vore to stande sin gut, of he wille ; ne dut he's nicht, man geweldeget is jenen, die dar up klaget. Richst. Landr. 14 § 1 : But me di tur antwerde umme gut, dat di en ander gedan heft, so spreke din vorspreke sus : her richter, N spreket dat N hebbe desse have eme gedan, des is se noch und *sine nicht,* unde biddet ens ordels, oft he tu rechte vor enes anderen mannes gut *antwerden scole,* dar he enes anderen mannes gut mit vorlisen eddes vorwerken ne moge. So vintme he ne dorve. — Il n'est pas douteux que, sous ce rapport, le créancier gagiste n'ait la même position que le commodataire, comme l'admet Bruns (note 4 p. 62). En effet, ce passage tiré du Richst. Ssp. II, 31 § 3 : Nieman mack verwerken enes anderen mannes gut, of he't under ime hevet est tout à fait général et les passages cités dans la note suiv. placent la preuve (de défense) du créancier gagiste contre l'action du contrat dans l'affirmation suivante : je tiens la chose en gage *du demandeur*, et non pas dans cette autre : *un tiers* me l'a donnée en gage. Comp. Stobbe, *Zur Geschichte des deutschen Vertragsrecht*, p. 89.

[4] Ainsi par ex. *Lüb. Recht* (Hach) Cod. II, 157 : Heuet ieman en pant — *kumt denne en ander* vnde sprect dat et eme vorstolen oder ane gherouet si de it an spreket de eses negher to beholdende up den hileghen mit sines sulues hant den de andere to beholdende, *mer heuel he en pant dat men nicht duflike oder roues an ne sprect* de dat vnser sic heuet de beholtet mit sineme edhe —. Le cas dans lequel le gage n'est pas prétendu *ex delicto* (dieblich ou raublich) se rapporte certainement à une action *ex contractu* (commodati ou depositi), comme l'indique clairement *Kulm. Recht* (Leman) V, 5. — Voyez des passages analogues dans Albrecht *Diss.* I, 4 et suiv. II, 10. 11. Stobbe, *Deutsch. Vertragsrecht* p. 90 et suiv.

pas en qualité de commodat ou de dépôt, mais en qualité de gage que je tiens la chose de toi. Son moyen de défense est ici négatif et non positif comme la contravindicatio.

Les *faits* sur lesquels doit s'appuyer la contravindicatio sont les faits générateurs de la propriété, d'où l'on voit que la position du contrevindicant est autre que celle du demandeur vindicant. Ce dernier ne peut dire que ceci : cet objet est sorti furtivement de ma possession; le possesseur lui oppose comme fait de contrevindication : j'ai acquis en toute propriété cet objet par achat, production, etc. Il faut démontrer maintenant que ces bases de la contrevindication sont utiles en procédure en leur qualité de *faits générateurs* de propriété, et utiles seulement en cette qualité.

Suivant Delbrück[1], comme l'on sait, la théorie des causes acquisitives de propriété est inconnue au droit germanique; les Germains auraient connu la propriété, mais non les différents modes d'acquérir cette propriété. Cet écrivain dit, il est vrai[2], que cette ignorance n'a pas empêché ce droit d'être complet parce que la théorie des modes d'acquisition de la propriété n'existe pas « en droit » mais seulement « *dans la science* du droit; » ailleurs[3] il dit encore qu'en Allemagne, au point de vue objectif, on ne pouvait savoir proprement qui était propriétaire d'une chose; en d'autres termes, en Allemagne la propriété n'existait pas. Ces deux affirmations, le droit germanique a connu la propriété, mais il n'en a pas connu les modes d'acquisition ne peuvent guère, à mon avis, se concilier. Delbrück n'a d'ailleurs pas pu, avec sa théorie, donner la clef des principes qui régissent, d'après la procédure germanique, l'articulation des faits dans la contrevindication. Pour ce qui est de la vindication du demandeur qui, sous la plume de Delbrück, devient une action née d'un *droit préférable* basé sur une possession plus ancienne[4],

[1] *Zeitschr. f. deutsch R.* XIV, 210-213. 219 et suiv. *Dingl. Klage* 27 et suiv. Comp. au contraire Stobbe, *Beitr. zur Gesch. des deutsch. R.* 79 note 35.

[2] *Dingl. Klage* 27.

[3] *Zeitschrift.* XIV,246 : « Si l'on considère le droit du temps, on voit que celui qui jurait n'était pas en état de dire si — dans le vrai sens du mot — il était propriétaire, alors même qu'il avait la parfaite conscience de son droit. » De même *Dingl. Klage.* 74 : « Le droit absolu de propriété, — que nous avons emprunté aux Romains. »

[4] *Dingl. Klage.* 71 : « La cause juridique de l'action est la propriété du demandeur : depuis les travaux de Bruns, ceci n'est pas douteux. » 73 : « Le caractère absolu de la cause de l'action est tout à fait relégué au second plan. » 74 : « Il y a plus; elle (l'action) pouvait même être introduite par quelqu'un qui n'affirmait pas être le véritable propriétaire, pourvu

le possesseur est obligé « d'établir une relation entre la possession passée et la possession présente, » afin que s'appuyant sur la « série d'événements » qui relient la possession passée à la possession présente, l'on puisse décider « non pas laquelle des deux parties est propriétaire, mais laquelle peut, avec plus de droit, affirmer par serment sa propriété[1]. » Or il est certain que la procédure de vindication germanique ne se propose pas d'établir l'existence de « cette série d'événements. »

Au contraire, la tâche du défendeur consiste précisément à produire une cause d'acquisition qui ne *se rattache en rien* à une possession quelconque du demandeur : la défense du défendeur est surtout basée sur la preuve d'un titre *originaire;* le titre dérivé n'est pas prouvé, mais l'auteur est nommé afin que, se supposant au défendeur, il démontre une acquisition *unilatérale* et régulière de propriété.

Primitivement Delbrück pensait (*Zeitschr.* XIV, 220, 221) que, dans ces circonstances, le possesseur, par un privilége tout particulier, était délié de l'obligation « de prouver cette relation avec une possession antérieure, » parce que, disait-il, ici cette relation « a été détruite au profit du possesseur actuel; » il admet cependant ailleurs (*Dingl. Kl.* 39) qu'en général l'affirmation par le demandeur « d'avoir possédé antérieurement ne peut se soutenir un seul instant » en présence de la preuve du titre originaire fournie par le possesseur. L'obligation pour le défendeur de prouver cette « relation » n'existerait donc qu'à la condition inadmissible de tenir pour vraie, par le seul fait de son articulation, l'affirmation du demandeur : cet objet m'a été volé (d'après Delbrück : j'ai possédé antérieurement).

Beaucoup plus près de la vérité que l'opinion de Delbrück serait celle d'après laquelle le défendeur, en produisant son titre (originaire) chercherait à opposer une contre-preuve à l'affirmation du demandeur; la preuve : j'ai élevé cette chose dans mon étable, serait donc principalement dirigée contre l'inculpation de vol enveloppée dans les faits articulés par le demandeur. Bruns[2] a déjà combattu avec raison cette opinion. Il prouve que, lorsqu'il s'est fait justice lui-même (*selbsthülfe*), le possesseur, tout en avouant qu'il a dépouillé l'adversaire (*raublichen Verlust*) peut cependant conserver sa *contravindicatio,* fondée sur son titre de

qu'il fût convaincu d'être plus fondé que le défendeur à posséder la chose. » De même encore *Zeitschr.* XIV, 241 et suiv. 260 et suiv.

[1] *Zeitschr.* XIV, 20. De même *Dingl. Kl.* 39.

[2] *Besitz* p. 295 et suiv. Comp. *Jahrb.* IV, 25.

propriété. Ajoutons encore que, lorsqu'il s'agit d'objets trouvés ou enlevés de force à des voleurs ou à des pillards, le défendeur, bien qu'avouant le fait articulé dans la demande, peut cependant contrevindiquer avec succès l'objet pour partie, si d'ailleurs six semaines se sont écoulées depuis que l'invention etc... a été portée à la connaissance publique dans les formes prescrites (et si le demandeur a son domicile dans une autre circonscription judiciaire[1]). D'ailleurs la *contravindicatio* est encore un moyen de défense admis contre l'action née d'un contrat[2]. Ici donc la preuve du titre dérivé devrait suffire pour anéantir le fait articulé dans l'action : celui qui a acheté une chose d'un tiers ne peut pas l'avoir acquise du demandeur par voie de commodat. Or le titre dérivé se prouve tout aussi peu dans ce cas que dans le cas d'*Anefang;* la saisie doit être établie pour en pouvoir déduire une acquisition originaire, parce que le titre dérivé seul ne suffit pas à prouver la *propriété*. Ce même principe nous fait comprendre pourquoi dans l'action d'*Anefang*, l'affirmation : je tiens cet objet de toi à titre de gage, ne *peut* pas se prouver, pourquoi enfin cet autre principe « la main garantit la main *(Hand wahre Hand)*, » lorsque le défendeur par exemple invoque un garant qui tient l'objet du demandeur à titre de commodat, n'est d'aucune utilité dans la contrevindication [3].

Il résulte de tout ceci que les faits articulés par le possesseur contrevindiquant ne répondent point aux faits délictueux articulés par le demandeur; ils servent seulement en leur qualité de causes acquisitives de propriété. La production de ces faits ne constitue point une réponse à l'action[4], elle a pour but unique de donner une base à la prétention du défendeur. A ce point de vue aussi, la *contravindicatio* n'est pas un simple moyen de défense, c'est encore un moyen direct d'attaque.

[1] *Sachsp.* II, 37. *Richst. Landr.* 12. 15.

[2] *Sachsp.* I, 15 § 1. *Richst.* 16.

[3] Planck, *Zeitsch.* X, p. 265-267 démontre que le possesseur n'a pas ici à contrevindiquer, mais à se défendre.

Comp. aussi Delbrück, *Dingl. Kl.* p. 45; s'il combat Planck c'est qu'il ne l'a pas compris. — Voy. encore Gaupp, *Zeitsch. f. deutsch. R*, I, 135-140. Brackenhöft, *ibid.* V, p. 157-162. Göschen *Gosl. stat.* 500. Hänel 199.

[4] C'est dans ce sens (voyez p. 63 note 4) qu'il faut entendre l'affirmation opposée à l'action née d'un contrat : tu m'as donné cet objet en gage. L'action d'*Anfang* et l'action *ex contractu* se distinguent encore matériellement l'une de l'autre par ce signe que dans la première il ne suffit pas au défendeur de nier, de quelque manière que ce soit, — cette négation eût-elle les apparences d'une affirmation — la *cause* de l'action du demandeur pour être admis à la preuve, il lui faut encore opposer des exceptions pétitoires.

De l'examen, dans les deux lois franques, des faits servant à établir la contrevindication va résulter pour nous la conviction que la doctrine de l'ancien droit en cette matière était la même.

1) *Le possesseur prétend une acquisition à titre originaire*, par exemple il dit qu'il a *produit* ou *fabriqué* la chose (comp. Baj. 16, 11. 14). Il est admis à prouver ce titre par trois témoins[1]. Ce passage de la loi des Bavarois est le seul à indiquer expressément qu'en dehors de l'acte de la production etc., il faille encore affirmer et prouver qu'on est propriétaire de la mère du jeune ou de la matière première. Bruns[2] indique au contraire une disposition du droit suédois qui n'impose pas cette obligation au défendeur; le droit frank semble aussi limiter la preuve du possesseur à la *forme* de l'acquisition de la possession (ainsi : *qualiter* — res ipsas invenisset).

Nous ne pouvons cependant adopter l'opinion de Eichhorn[3], d'après laquelle les lois franques n'admettent pas la recherche de l'existence du droit de propriété sur la mère du jeune ou sur la matière première. Le droit saxon postérieur qui n'impose également au défendeur que la preuve *he hebbe't geworcht laten, he hebbe't in sime stalle getogen* (Sachsp. II, 36 § 3) nous apprend que le *demandeur* pouvait répliquer *dat de wulle dar it af gewracht si eme vorstolen were* (Richst. Landr. 17 § 3). Les divergences des lois barbares entre elles seraient donc purement procédurales, n'atteignant en rien les principes du droit privé; il serait difficile alors d'admettre l'opinion de Bruns[4] : lorsque la question du droit de propriété sur la matière première etc., ne s'agite pas, le possesseur s'attribue « un droit de si peu de consistance, » que ce droit ne mérite pas le nom de propriété. Le principe d'après lequel le *défendeur, au procès* n'a besoin que de prouver le fait de production, de fabrication, ne contient *pas* cet autre : au point de vue du droit *privé* il est indifférent pour l'acquisition du droit de propriété sur le produit d'être propriétaire ou non de la matière première etc. Ces lois ont ceci de commun, qu'invoquant son titre originaire, le possesseur prétend à la *propriété* et non pas simplement à la possession légitime formellement acquise.

[1] Argument tiré de Sal. 101 : l'héritier prouve avec trois témoins qualiter pater suus res ipsas invenisset. Il s'agit ici d'une acquisition à titre originaire comme on le voit par le sens général. Voy. ci-dessous à la fin de ce paragraphe.

[2] *Besitz* p. 293.

[3] *R. G.* I, 350.

[4] *Besitz* p. 293-294.

2) *Le possesseur invoque un auteur.* Un certain délai lui est donné pour le produire au tribunal[1]. Ce délai est d'après le droit salique (Sal. 47) de 40 ou de 80 nuits, selon que le *vindicant et le possesseur* demeurent de ce côté de la *Leye* et de la *forêt Charbonnière* ou de l'autre côté de ces limites de l'ancien pays salique ; d'après le droit ripuaire (Rib. 33, 1), 14, 40, 80 nuits, selon que l'*auteur* demeure infra ducatum, foris ducatum ou extra regnum[2]. De plus, ici comme ailleurs, les délais sont plus ou moins longs suivant la *naissance*. L'homme demi-libre n'a que la moitié du délai qui est laissé à l'homme libre; ainsi par exemple lorsqu'on vindique un esclave dont un tiers a fait, par affranchissement, un *tabularius*.

> Rib. 58, 8 : Et si tabularius est vel regius seu Romanus homo qui hoc facit, *super septem noctes*, si Francus, *super quatuordecim* de manu in manum ambulare debet, quamvis multae venditiones ex eo (sous-ent. servo) factae fuissent, usque dum ad eam manum veniat, quae eum ingenuum dimisit[3].

Le moyen qu'emploie le possesseur pour produire son auteur est la *mannitio*, c'est-à-dire l'invitation formelle faite à l'auteur d'avoir à comparaître au tribunal pour fournir sa garantie[4]. *Si l'auteur fait défaut, il est réputé voleur*,

> Sal. 47 : Ille qui non venerit — ille erit latro illius qui agnoscit.

[1] On connaît la divergence sur ce point des droits saxon et lombard (comp. Eichhorn I, 353) : d'après ce dernier le demandeur doit *suivre* le défendeur chez l'auteur. Le Schwabensp. Lassb. 317 (W. 265) s'accorde avec le droit frank.

[2] Comp. Siegel p. 92 note 13.

[3] Voici la traduction de ce passage : « Lorsque le défendeur est un homo tabularius (hoc facit, c'est-à-dire a affranchi l'esclave; le possesseur est quelquefois désigné comme auteur du délit), l'auteur doit être produit dans un délai de sept nuits, autrement (s'il s'agit d'un Ripuaire libre) dans un délai de quatorze nuits. » Sur les homines tabularii, regii etc. voy. Roth, *Feudalität und Unterthanenverband* p. 289 et suiv. — Davoud-Oghlou, *Histoire de la législation des anciens Germains* I, 608 donne de ce passage une explication qui, pour sa singularité, mérite d'être citée ici : celui qui a affranchi le servus alienus doit se mettre à sa place et passer, par voie de vente, de main en main pendant 7 ou 14 nuits jusqu'à ce qu'il trouve quelqu'un qui l'affranchisse. Comp. le jugement que Stobbe, *Geschichte der Rechtsquellen* I, 13 note 1 porte sur l'ouvrage de Davoud-Oghlou.

[4] Sal. 47 : unusquisque cum negociatoribus alter alterum *admoneat*. Rib. 33, 2 : conjuret quod eum (sous-ent. auctorem) ibidem *legibus mannitum habuisset*.

Le voleur est trouvé. Le vindicant a *droit;* le possesseur lui rend l'objet et l'auteur défaillant doit lui payer l'amende. Au tribunal, le possesseur constate seulement, en premier lieu que le défaillant est vraiment son auteur, en second lieu qu'il l'a invité à comparaître. La Lex Salica tit. 47 exige pour chacun de ces deux faits une preuve par trois témoins ; la loi ripuaire tit. 33, 2 n'exige qu'*un seul* serment avec *six* témoins portant sur les deux faits à la fois.

Pour que le vindicant puisse recevoir l'amende qui lui est due, il lui faut encore *ostendere auctorem,* ce qu'il n'a pu faire cette première fois au tribunal, puisque l'auteur est défaillant. La Lex Ribuaria prescrit dans ce but l'accomplissement d'un acte extrajudiciaire, mais devant témoins. Dans le délai fixé, le possesseur doit être remboursé par l'auteur du prix de vente, en présence de témoins, afin de pouvoir — de même qu'ailleurs judiciairement[1], de même ici, extrajudiciairement et *probabiliter*, c'est-à-dire de façon à enlever à l'auteur la possibilité de nier plus tard[2], — désigner l'auteur au vindicant.

> Rib. 33, 2 : Sic ei (au possesseur) placitum super 14 seu super 40 vel 80 noctes detur[3], ut cinewerduniam[4] suam *in*

[1] Rib. 72, 6 : in praesentia judicis auctorem suum *ostendere* debet.

[2] Rib. 41, 2 : Si quis a contubernio *probabiliter* ligatus super res alienas fuerit, *eum ad excusationem non permittimus.*

[3] Pour recevoir le paiement et pour présenter définitivement l'auteur, le défendeur a donc encore un délai semblable à celui qui lui est accordé en premier lieu pour produire l'auteur au tribunal.

[4] Siegel a présenté de nouveau l'explication de cinewerdunia = pretium p. 254. 255 contre Grimm, préface de la Lex Sal. LXXXVII et suiv. — A mon avis, il se trompe en ce sens que pour lui, cinewerdunia désigne la valeur de l'objet et non le prix de vente. Or le titre Rib. 72, 6 dit : solidum unum de cinewerdunia. 72, 7 quantum eo tempore adpretiatum fuerit, sic de cinewerdunia restituat. Dans les deux cas, (l'animal est mort ou endommagé) l'acheteur doit donc recevoir une *partie* de la cinewerdunia. Cette partie est égale à la valeur (actuelle) de l'objet; il faut donc que la cinewerdunia soit autre chose, c'est-à-dire le prix de vente, eod. 72, 7 : Si autem sanum vel immaculatum restituerit, tunc *omne* pretium *suum recipiat.* De même notre passage : cinewerduniam suam recipiat. Comp. Baj. 16, 12 : pretium *reddat.* Ed. Roth. 231 : *reddat* precium tantum quantum in diae illa quando eam tradedit accipit. — D'après le droit du moyen âge, l'auteur, en cas d'éviction, paie le *prix* et non l'*intérêt*, par ex. Sachsensp. I, 9. § 5. Gosl, Stat. (Göschen) 28, 4 lignes 18-25. *Rechtsb. nach Dist.* I, 46, 12. Comp. Stobbe, *Zur Geschichte des deutschen Vertragsrechts* 32. Au contraire Lewis, *Succession des Erben in die Obligation. des Erblassers,* p. 129, 130. — L'étymologie de cinewerdunia est du reste assez obscure encore. L'explication de Ruepp (p. 30 note 82) : du belge Zyn être et de l'allemand « Werdung, Werth valeur » empruntée à Eccard, Lex. Sal. p. 216 (Budde p. 89 note 1), n'est pas satisfaisante.

praesentia testium recipiat, ut et[1] qui rem suam intertiavit, *probabiliter ostendat.*

Maintenant le possesseur a fait ce qui était nécessaire pour détourner de sa personne sur celle de l'auteur l'inculpation de vol :

et tunc ipse de furto securus sit et ille qui intertiavit, *furtum* et delaturam *ab eo requirat, qui solvere coepit* [2].

Si l'*auteur comparaît*, il a à répondre à l'affirmation du possesseur : tu es celui de qui je tiens cet objet. S'il *nie* et qu'il ne puisse être convaincu de sa position d'auteur[3], le possesseur lui-même est réputé voleur; l'adversaire lui réclame et la chose et l'amende[4].

Si l'auteur *avoue*, — ou bien l'auteur de l'auteur, etc., ainsi de suite jusqu'à l'auteur que personne ne couvre — il est l'homme qui, puisque la chose est venue unilatéralement en sa possession, ou bien l'a volée, ou bien en a acquis la propriété à titre origi-

[1] Herold et Baluze lisent *ei* (sous-ent. au vindicant). Cependant le et des manuscrits ne présente pas de difficultés. Il faut suppléer *ei* par ex. dans Alam. Car 5, 1 : ter novempliciter ista omnia (sous-ent. ei) cujus res fuerunt componi debent : ecclesiae vero —. Cap. 803 c. 12 (Pertz I, 123) : Nullus fidelitatem quam promissam habet domno imperatori infrangat; aut (sous-ent. ei) qui infractam habet non consentiat.

[2] Par ce fait que le vindicant prend à partie l'auteur en qualité de celui qui solvere coepit, nous voyons se justifier notre manière de comprendre ce passage. — Je ne puis admettre l'opinion de Siegel p. 93. 94. 255. 258, d'après laquelle le second délai de 14, 40, 80 nuits est donné à l'*auteur* pour comparaître au *tribunal*. Ei placitum detur se rapporte sans doute au possesseur qui dans la phrase précédente (Rib. 33, 1) est le sujet, et le délai est accordé, comme l'indique notre passage : ut cinewerdunia recipiat in praesentia *testium*, c'est-à-dire *extrajudiciairement*. On ne peut admettre davantage que l'auteur comparaisse (après la deuxième invitation) et qu'alors le vindicant doive prouver sa propriété (probabiliter ostendat), comme le dit Siegel. Comp. ci-dessus p. 62 note 2.

[3] Il semble que d'après le droit antérieur la preuve par témoins fût admissible en la présence comme en l'absence (voyez ci-dessus) de l'auteur. D'après le droit postérieur, cap. in leg. Rib. mitt. a. 803 c. 8 (Pertz. I, 118) la difficulté se tranche au moyen de l'ordalie du duel ou de la croix dans laquelle il ne faut point voir avec Siegel p. 256 note 9 un moyen d'attaquer une preuve testimoniale fournie, mais un moyen d'en tenir lieu, comme l'indique le texte : si auctor venerit, et rem intertiatam recipere renuerit, campo vel cruce contendatur.

[4] Rib. 33, 3 : Quod si auctor suus venerit et rem intertiatam recipere noluerit, tunc ille super quem intertiata est, capitale et delaturam atque furtum solvere studeat. — D'après le Sachsensp. ici aussi (comp. ci-dessus p. 58 note 1) le vindicant ne vient pas immédiatement à la chose, mais à la preuve Sachsp. II, 36 § 7 : Selve dridde sal he sik dar to tien de't anevanget hevet, of jeme burst wirt an deme geweren.

naire. Selon ce qu'il répondra, le cours de la procédure prendra telle direction ou telle autre : s'il affirme un titre originaire, il doit contrevindiquer et fournir sa preuve ; s'il avoue le vol, il doit rendre l'objet, payer l'amende au demandeur et rembourser le prix de vente à son acheteur.

Ainsi la contrevindication fondée sur un titre dérivé tend principalement à opposer au demandeur une cause originaire d'acquisition[1]. Le possesseur n'a pas, comme de nos jours, à prouver *la tradition* par *le propriétaire;* il doit produire l'auteur afin que ce dernier déclare s'il est propriétaire ou non. Le titre dérivé ne sert pas à contrevindiquer, mais vis-à-vis de l'auteur seulement il sert de preuve pour convaincre le défaillant de vol, celui qui se présente de l'obligation de garantir. Nous trouvons la justification de cette manière d'employer le titre dérivé dans la double direction de la vindication vers la *chose* et vers l'*amende :* le demandeur exige du possesseur dérivé qu'il lui restitue sa chose et que de plus il déclare être le voleur. La production d'auteur se faisait *formellement* en lui livrant l'objet vindiqué en présence du tribunal[2] ; l'acceptant, par le seul fait de la réception volontaire de l'objet, manifeste sa qualité d'auteur[3]. Si une série d'auteurs comparaissent, l'objet passe de main en main, de manu in manum ambulare debet, usque dum ad eam manum veniat quae eum (sous-ent. hominem) inlicito ordine vendidit vel furavit (Rib. 72, 1), ou usque dum ad eam manum veniat quae eum ingenuum dimisit (Rib. 58, 8). L'objet suit en sens inverse le chemin qu'il avait suivi jusqu'ici ; le dernier individu de la série qui ne peut plus renvoyer la chose à personne doit en prendre la défense ou expier le vol[4].

[1] C'est la défense à laquelle *Sachsp.* III, 4 § 1 fait allusion : l'acquisition dérivée par le demandeur ne se trouve pas dans les lois barbares et il semble que le Sachsp. n'ait pas en vue l'action d'*Anefang* mais l'action née d'un contrat : Sve so *weder eschet*, daþ he vergeven oder verkoft hevet, et ensuite : *of en ander man* dat gut under ime *anevanget*, passage dans lequel l'opposition est marquée comme dans le passage cité ci dessus, note 8 emprunté au droit de Lübeck.

[2] D'après le droit postérieur il y a lieu ici à un nouvel *Anfang* à faire par le vindicant, par ex. *Goslar. statut.* (Göschen) 100, lignes 2 et suiv. : Bringhet en senne weren an gude dat ime gheanevanghet is, so anevanghet men dat anderwarve unde drittewarve unde also lange bente dat up dene kome de dat van ersten — in sinem stalle ghetoghen hebbe.

[3] Ce qui explique pourquoi l'on peut dire de l'auteur qui nie sa qualité : si rem interciatam *recipere noluerit,* Rib. 33, 3 cap. 803 c. 8 (Pertz I, 118). Comp. Rib. 72, 6 : Quod si auctor *receperit* —.

[4] Si un homo intertiatus est mort par cas fortuit (casus) la *retorta* prise sur sa fosse ou si c'est un animal, sa peau et sa tête peuvent tenir lieu de l'objet, Rib. 72, 1, 6. Comp. Siegel § 37 note 2. 3. — Même forme

3) *Le possesseur a hérité de la chose.* Le point de vue auquel se place ici le droit germanique est caractéristique en ce que l'acquisition par voie d'hérédité est considérée et introduite comme titre de propriété. L'héritier romain a la propriété du *de cujus* , il ne tient pas *sa* propriété *du de cujus :* l'héritier romain occupe la *place* du defunctus, l'héritier germanique occupe un échelon *après* lui : le droit d'hérédité romain donne lieu à une succession *universelle,* le droit d'hérédité germanique donne lieu à une succession *particulière*[1]. Nous voyons ici ces différences fondamentales dans les principes de droit privé exercer leur influence en procédure.

L'héritier germanique qui prétend à un droit de propriété en se fondant sur une cause originaire d'acquisition du côté de son auteur doit prouver deux choses :

> Sal. 101 : debet ille, super quem interciatur, tres testimonia mittere quod in alode patris hoc invenisset, et altera trea testimonia, qualiter pater suus res ipsas invenisset.

Ce qui veut dire que l'héritier doit prouver premièrement *son* titre, et deuxièmement le titre de son *auteur*. Pour ce dernier il s'agit d'une acquisition originaire puisqu'il n'est pas question dans la loi de remonter à un auteur du *de cujus*. Encore bien que ce *de cujus* ait eu un titre originaire, le titre de l'héritier n'en est pas moins dérivé, puisque ce n'est pas celui de son auteur qu'il a, mais le *sien* propre, l'invenire in alode patris. Comme en matière d'acquisition dérivée entre-vifs, ici, en matière d'acquisition par voie d'hérédité, la *contravindicatio* ne peut se poursuivre en se fondant sur le simple titre du possesseur. De même que l'acheteur invoque son auteur, de même l'héritier invoque son *de cujus*, avec cette différence que là l'auteur est

quand il s'agit de fournir la preuve matérielle de la perte fortuite d'une chose donnée par contrat (Sachsensp. III, 5, § 5. Budde, *Zeitschr. f. deutsch. R.* IX, 418. Stobbe, *Vertragsr.* p. 258). Comp. Rib. 72, 5 : l'homo commendatus vel fugitivus doit être enterré *cum retorta* (la saisie de l'homo fugitivus entraîne, comme le contrat, l'*obligation* de le restituer, ci-dessus p. 40 note 3). Baj. 15, 1 : que le commodataire jure que l'animal a péri sans qu'il y ait de sa faute *et reddat corium*. Cet appendice n'existe pas dans l'Antiqua wisigothique 278 (de même Wis. V, 5, 1).

[1] Lewis, *Die Succession des Erben in die Obligationen des Erblassers nach deutschem Recht*, Berlin 1864, cherche, contre Stobbe, *Ueber das Eintreten des Erben in die obligatorischen Verhältnisse des Erblassers nach deutschem Recht* (*Bekker u. Muther, Jahrb.* v. 293 et suiv.) à dégager dans le droit allemand, l'idée de succession à titre universel, mais à ce qu'il semble, il n'a pas réussi.

produit et qu'ici le de cujus est représenté dans la preuve par l'héritier.

L'opinion dominante jusqu'ici [1] traite l'héritier comme un acquéreur originaire. La ressemblance entre eux est toute négative en ce sens que ni l'un ni l'autre ne peut produire un auteur. La nécessité où se trouve l'héritier germanique de prouver denx titres le distingue aussi nettement de l'acquéreur originaire que du successeur universel du droit romain.

§ 14.

CONCLUSION.

Ce n'est pas sans raison qu'entre toutes les parties de la procédure germanique, la vindication mobilière a été l'objet d'une attention et d'une étude toutes particulières. Au point de vue de la procédure et du droit privé elle présente les phénomènes les plus intéressants à étudier.

Tout d'abord la procédure se distingue par la double face de la prétention qui s'y affirme. D'ailleurs, au délit est réservée une procédure spéciale, la procédure judiciaire ; les intérêts de pur droit privé trouvent, comme nous l'avons vu, leur satisfaction au moyen de la procédure d'exécution. Ici délit et propriété, par leur combinaison, donnent naissance à *une* procédure tantôt d'exécution tantôt contradictoire (judiciaire) suivant que domine l'un ou l'autre de ces deux éléments.

La vindication d'exécution est essentiellement un mode de prise de *possession*, une forme suivant laquelle le *droit* de *propriété* s'exerce et se réalise. Les 35 sol., que le possesseur évincé paye sont proprement l'amende d'*Anefang* qui punit le refus de *restituer* et accessoirement aussi la peine frappant le vol qui a pu s'ajouter à ce refus. Nous avons vu, d'un autre côté, que ce qui caractérise essentiellement la vindication contradictoire c'est qu'elle confond les chefs de délit et de propriété. Le propriétaire demandeur s'appuie sur la commission d'un vol pour fonder sa prétention réelle ; le possesseur oppose à cette

[1] Comp. par ex. Eichhorn R. G. I, p. 350, Bruns. *Besitz* p. 291 et suiv. Siegel, p. 196 note 9, induit de la disposition du titre Sal. 101, qui concerne l'héritier, l'obligation de prouver pour l'acquéreur originaire.

prétention du demandeur un fait acquisitif de propriété à la fois pour conserver la chose et se décharger de l'amende. En conséquence de cette combinaison de la prétention de délit et de la prétention réelle, la vindication mobilière fait, croyons-nous, déjà au temps de la Lex Salica, partie de la procédure contradictoire à laquelle elle doit la persistance de ses formes, ce qui la distingue comme l'action *ex delicto*, de la procédure d'exécution.

D'un autre côté la vindication contradictoire ne se distingue pas moins nettement de l'action contradictoire *ex delicto*. Elle occupe une position correspondante à sa double nature, intermédiaire entre la procédure judiciaire et la procédure d'exécution.

De même que l'action *ex delicto*, la vindication contradictoire se déroule suivant deux phases distinctes. La première est représentée par la prétention et la contreprétention, la seconde par la procédure de preuves. Ce qui les distingue l'une de l'autre, c'est que dans la vindication contradictoire il n'y a pas de *jugement de preuve (Beweisurtheil)*. Tout le premier *acte* du procès est extrajudiciaire. En même temps qu'il saisit l'objet, le demandeur dit : cet objet est à moi et m'a été volé ; le défendeur répond : j'ai acheté cet objet, etc [1].

L'affirmation et la contre-affirmation sont immédiatement suivies de la promesse de fournir la preuve faite par le possesseur [2], laquelle, dans l'action *ex delicto*, prend le caractère de promesse *d'exécuter le jugement*. Ce n'est que lors de la conduite de la preuve que la procédure devient judiciaire. En résumé :

[1] Rib, 33, 1 : Si quis rem suam cognoverit, mittat manum super eam. Et si ille, super quem intertiatur, tertiam manum quaerat, *tunc in praesente* ambo conjurare debent cum dextera armata, et cum sinistra rem teneant. Unus juret quod in propriam rem manum mittat, et alius juret, quod ad eam manum trahat, qui ei ipsam rem dedit. L'affirmation et la contre-affirmation sont contenues ou du moins indiquées dans la première phrase et dans la première moitié de la seconde. Elles sont suivies *immédiatement* de la corroboration sacramentelle de sa prétention par le demandeur (comp. ci-dessus p. 47 et suiv.) et de la promesse sacramentelle aussi, faite par le défendeur de produire son auteur. Ce dernier serment (promissoire voy. note 2 et p. 75 n. 1) sert de base à la procédure judiciaire qui va suivre : et — super quatuordecim noctes — ad regis stapplum vel ad eum locum ubi mallus est, auctorem suum in praesente habeat.

[2] La promesse de produire l'auteur (voy. note 1) équivaut à la promesse de fournir la preuve. Si cette dernière n'est pas faite, le possesseur est dans la position d'une partie qui ne se défend pas. Burg. 83, 1. Lex Rom. Burg. 34, 1 (ci-dessus § 12).

procédure *sans jugement,* mais avec *preuve* et d'une nature telle qu'elle porte sur l'existence ou la non-existence des *faits générateurs du droit.* La réponse du défendeur dans la procédure de vindication contradictoire n'a pas, comme dans la procédure d'exécution, le caractère d'un *refus* opposé à la *prétention* du demandeur, mais d'une *négation,* ou d'une contreprétention positive *appuyée sur un fait* se proposant d'anéantir l'action introduite par l'adversaire.

La promesse de preuve de la vindication contradictoire a cependant dans cette procédure précisément la même vertu que le jugement de preuve dans l'action ex delicto. Elle fixe l'obligation procédurale qui résulte pour le possesseur de son engagement dans le procès et en même temps la condition dont l'existence assurera sa victoire, dont la défaillance assurera celle de l'adversaire. Le *aut — aut* strict du jugement de preuve se retrouve aussi dans cette promesse de preuve. Le possesseur doit ou bien accomplir la prestation procédurale promise [1] ou bien satisfaire le demandeur. Celui qui, après s'être engagé à produire son auteur, voit qu'il ne peut pas trouver son vendeur, perd la chose et paye l'amende, in ipsa hora quando intertiatur; il doit répondre, quod fordronem suum nesciat (Rib, 33, 4) pour arriver au serment de disculpation et par suite à se décharger de l'amende.

Nous avons jusqu'ici passé sous silence un cas dans lequel la rigueur de ce principe se dégage de la façon la plus nette. Lors de la production de l'auteur la présence de l'objet au tribunal est nécessaire (voy. ci-dessus § 13). L'auteur a donc l'occasion de voir l'objet et de manifester sa qualité en l'acceptant ou ne l'acceptant pas. Si la chose a péri par cas fortuit, la *retorta* de la fosse de l'homme, la peau et la tête de l'animal peuvent remplacer la chose elle-même (voy. p. 71 note 4). Il se pourrait aussi

[1] Le moyen employé pour promettre cette prestation est ici, comme dans la promesse d'exécuter le jugement, la fides facta (comp. ci-dessus p. 52 note 4); d'après le titre Rib. 33, 1 (p. 74 note 1) il n'y a que la production de l'auteur qui soit promise par serment. Comp. Sachsensp. II, 36 § 5: he mut aver *sveren,* dat he't tie to rechter tücht. Sal 47 prescrit aussi pour ce cas l'agramire. — La fides facta et le serment s'emploient du reste l'un pour l'autre. Voyez dans Merkel Legg. III, 324 note 30 les exemples tirés du droit bavarois. En Souabe on avait coutume d'exiger des témoins la fides facta outre le serment (constitution de cautions) afin d'être sûr de la vérité de leurs dépositions. Comp. Neugart, *Cod. dipl. Alam.* nr. 595 et les formules souabes de Roz. 474-478. — Pendant le moyen âge la garantie en cas de vente était promise soit par serment soit par fidéjusseurs, Walter *R. G.* § 558 notes 12. 13.

que la chose eût disparu sans laisser de traces ; par exemple l'esclave entiercé s'enfuit avant la séance judiciaire ou bien l'animal vindiqué est volé. Dans les deux cas l'accomplissement de l'obligation procédurale est devenu impossible par cas fortuit. Si on applique le principe dans toute sa rigueur, le possesseur doit rendre la chose et payer l'amende.

C'est précisément ce que prescrit la Lex Ribuaria. Le possesseur de l'homme obtient encore un délai pour retrouver le fugitif. Si ce délai s'écoule sans succès, le défendeur est obligé de payer purement et simplement capitale et delatura seu furto vel legis beneficio [1]. Si c'est un animal vindiqué qui a été volé, il n'y a pas même de délai accordé,

Rib. 72, 8 : Quod si furto (s.-ent. animal) ablatum fuerit, tunc ille, super quem intertiatum fuerit, capitale et delatura cum furto culpabilis judicetur [2].)

Le meilleur commentaire de ce texte est fourni par le capitulaire de Charlemagne destiné à en modifier les dispositions.

Cap. in leg. Rib. mitt. c. 13 (Pertz I. 118) : Si interciata res furtu ablatum fuerit, *liceat ei*, super quem res interciata fuerit, *sacramentum se excusare de furtu*, nec suae voluntatis aut conscientia fuisse quod ablatum est, et *aliud tantum sine damno restituat*.

Cette loi était nécessaire pour permettre de se disculper du vol dans le cas où la production d'auteur avait été promise ; le possesseur est admis à se défendre seul contre la prétention personnelle, bien que lui-même ait élevé la *contravindicatio*. Il perd *la chose* purement et simplement, comme tout possesseur qui ne peut pas contrevindiquer (la chose ayant péri il faut ici donner un aliud tantum, le *capitale*) ; dans ce fait qu'en se servant d'un moyen de défense qu'il n'a pas promis d'employer il se décharge de l'amende, dans ce fait qu'il perd seulement la moitié

[1] Rib. 72, 2.

[2] L'explication fournie par Siegel p. 256 ne nous paraît pas satisfaisante : « Cette allégation (qu'il y a eu vol) est traitée de prime abord comme un *faux-fuyant* et l'autre est condamné immédiatement comme voleur. » Or la Lex Rib. suppose ici comme dans 72, 2 le cas dans lequel la chose a *vraiment* disparu par suite d'un vol, ainsi qu'il résulte de la comparaison de ce passage avec le capitulaire cité dans le texte.

de sa gageure bien que la condition fixée par lui-même à sa victoire soit défaillante, on peut saisir la modification apportée aux dispositions primitives et en même temps la preuve de la rigueur du droit antérieur [1].

[1] Pour le droit postérieur voyez Sachsp. II, 36 § 5 : Wert aver ime burst an'me geweren, he mut dat gut mit gewedde unde mit bute laten; *unde tiet man ine düves oder roves dar an, des mut he sik untscüldegne na rechte.*

III. — PROCÉDURE JUDICIAIRE *EX DELICTO*.

§ 15.

INTRODUCTION.

Après avoir étudié la procédure *d'exécution* en matière de *dettes* et contre l'*homo migrans*, et ensuite la vindication mobilière tantôt *d'exécution*, tantôt *contradictoire*, nous arrivons à la forme la plus parfaite de la procédure salique, c'est-à-dire à la procédure *contradictoire* et *judiciaire ex delicto*.

Le concours imparfait du tribunal, que nous avons constaté jusqu'ici, devient un élément constitutif de cette dernière procédure. Ici, point de *testare*, point d'*Anefang* visant la restitution de la chose, mais la *mannitio* au début de la procédure, c'est-à-dire l'injonction faite à l'adversaire de comparaître au tribunal. C'est dans l'assemblée judiciaire que l'action s'introduit tout d'abord ; il ne s'agit pas ici d'un créancier qui réclame 15, 30 solidi, il s'agit d'un délit qu'on prétend avoir été commis par l'adversaire. En face de *ce fait*, l'inculpé doit nier ou avouer et non plus refuser ou payer. Allégation et contre-allégation n'ont point pour effet d'amener un acte d'exécution, ni, comme dans la vindication contradictoire, un pacte entre les deux parties (Sal. 47 : *placitum faciant*), mais un *jugement* trouvé par l'assemblée judiciaire, la *lex* de ce cas particulier en sa qualité d' « établie par les sages pour le peuple [1], » la loi qui s'appliquera dans tous les cas. Nous avons déjà rencontré précédemment une procédure *judiciaire* de preuve, une exécution avec le concours de l'autorité judiciaire ; ce qui donne à la procédure de la Lex Salica un caractère tout particulier c'est qu'elle contient ces éléments divers, qu'elle les accommode d'abord à un acte judiciaire, et avant tout à un jugement.

A travers cette nouvelle procédure on peut constater encore le rôle considérable que jouait alors, en justice, l'individu respecté dans l'exercice de sa libre activité. La procédure judiciaire nous permet de voir que la puissance publique, en tant qu'elle se manifeste sous la forme de coercition judiciaire, en est

[1] Cap. 789 c. 62 (Pertz I, 63) lex a sapientibus populo composita.

encore, au temps de la Loi Salique ses premiers essais de développement [1].

Bien que la procédure soit judiciaire, c'est cependant la partie elle-même (le demandeur) qui met l'inculpé en demeure de répondre, les rachimbourgs présents au tribunal en demeure de trouver le jugement, le comte en demeure de procéder à l'exécution et enfin, au début de la procédure, l'adversaire en demeure de comparaître au tribunal. Au tribunal comme en dehors du tribunal c'est encore l'acte formel dont la partie dispose, qui, dans son application, produit les mêmes effets que l'ordre du juge (§ 1).

Cependant ici il y a une distinction importante à faire : la partie ne peut que mettre la procédure en mouvement, elle ne peut contraindre à faire une prestation matérielle. Le *testare* de la procédure d'exécution, l'*Anefangen* de la procédure de vindication n'ont rien qui leur corresponde dans la procédure judiciaire.

Ici aussi l'invitation faite au comte d'exécuter, qui le met en demeure d'accomplir son devoir d'ordre public, de même que le *tangano* adressé aux rachimbourgs pour qu'ils trouvent le jugement, est avant tout un élément de la procédure mis également en œuvre par le droit privé pour arriver à sa réalisation.

Jusqu'à présent la procédure judiciaire a été considérée comme la *seule* procédure qui existât en droit germanique ; par elle, croyait-on, se réglaient les intérêts nés d'un délit et aussi les intérêts d'une autre nature. Or nous avons démontré que la Lex Salica connaît une série de cas dans lesquels on ne se fait pas justice soi-même et dans lesquels cependant l'on emploie une *procédure autre* que la procédure judiciaire. Nous pouvons démontrer tout aussi bien que ce qui caractérise la procédure judiciaire de la Lex Salica, c'est qu'elle est *procédure ex delicto*.

Il s'agit dans le titre Sal. 56 du défaut contre un jugement prononcé ; ce défaut est indiqué par un tour de phrase un peu différent : si *nec de conposicione* nec de ineo nec de ulla lege fidem facere voluerit ; le jugement, d'habitude, est ainsi conçu, comme on le voit par la suite du texte : ut aut ad ineo ambularet aut fidem de *conposicione* faceret.

[1] Siegel p. 51 : « On peut dire que ce qui caractérise essentiellement et profondément l'ancienne procédure germanique, c'est l'indépendance absolue (vis-à-vis de la puissance judiciaire) avec laquelle la partie fait elle-même triompher son droit. »

Le titre Sal. 50, 2 s'occupe de la fides facta judiciaire; les mots de la fin indiquent qu'il s'agit de la promesse d'exécuter le jugement et qu'en même temps elle est un élément de la procédure de délit : tertia parte grafio freto ad se recolligat [1].

Le jugement, comme la *promesse d'exécuter* le jugement, est un trait distinctif de la procédure judiciaire. Les deux passages ci-dessus montrent que l'un et l'autre se rencontrent exclusivement dans les actions *ex delicto;* le cas dans lequel s'applique la procédure de délit n'est pas cité à titre d'exemple ; la suite du texte ou bien, comme ci-dessus, une expression fortuite nous apprend que, par jugement, la loi entend le jugement en matière *de délit,* et que par exécution de la *fides facta* judiciaire, elle entend la réalisation par voie d'exécution d'une prétention *ex delicto* [2].

Plus tard, il est vrai, ainsi que nous le verrons, cette procédure judiciaire est devenue la procédure usuelle. La haute antiquité de la Lex Salica ressort de ce fait que la procédure judiciaire est *encore* la forme de procédure réservée à un ordre de matières juridiques spéciales ; remarquons encore que cette procédure ne se propose pas de protéger et de faire triompher ce qui est juste *en général,* mais qu'elle se donne seulement la tâche *concrète* d'indiquer à la prétention née d'un délit la forme dans laquelle elle devra se manifester. Plusieurs singularités de la procédure judiciaire salique, si l'on songe au but immédiatement pratique qu'elle poursuit s'expliqueront d'autant plus aisément qu'elles disparaissent aussitôt que la procédure judiciaire s'applique à toutes les espèces juridiques.

[1] Comme nous l'avons vu ci-dessus § 5 Sal. 50, 2 et Sal. 50, 1 n'ont entre eux aucune connexion; nous en voyons ici (avec Siegel p. 250) une nouvelle preuve; il n'est pas possible que le comte réclame pour le fisc (pro fredo) le tiers de la somme due *ex contractu* (Sal. 50, 1).

[2] Notre opinion est encore confirmée par ce fait qu'en matière de vindication mobilière la « *schlichte Klage* » du moyen âge est inconnue à la Lex Salica ainsi qu'aux autres lois barbares. Cette « *schlichte Klage* » est une vindication dans la forme de la procédure judiciaire; c'est dire qu'elle débute non par l'*Anefang* mais par l'ajournement au tribunal. Comp. Budde *De Vind. rer. mob. germ.* p. 71 et suiv. — Voyez aussi ci-dessous p. 84 note 2.

1° Introduction de la procédure.

§ 16.

LA *mannitio*.

Nous avons déjà parlé plusieurs fois de la *mannitio*. Dans la procédure d'exécution, elle est employée pour inviter l'adversaire à prendre connaissance de l'acte judiciaire par lequel celui qui poursuit son droit veut obtenir le *nexti canthichio* du *thunginus* (§ 5. 6.) ou bien l'exécution par le comte (§ 4). En second lieu le possesseur, dans la procédure de vindication contradictoire, ajourne *(mannirt)* son auteur (§ 13) ; enfin la *mannitio* est encore le moyen d'amener les témoins au tribunal (Sal. 49). Ce n'est toutefois que dans la procédure de délit qu'elle nous apparaît avec ses attributs essentiels. En sa qualité d'ajournement de l'auteur et des témoins, elle s'emploie, comme on sait, uniquement à l'occasion des incidents de la procédure ; il en est de même pour la procédure d'exécution (voyez § 7). Ici seulement elle est un élément *constitutif* de la procédure qu'elle introduit ; ailleurs elle se borne à *préparer* tel ou tel acte. Elle est *liée* à la prétention *ex delicto*, comme la *testatio* (§ 5. 6) à la prétention *ex contractu ;* la nature particulière de l'obligation procédurale qu'elle fait naître indique immédiatement le type spécial de la procédure à laquelle elle donne lieu. Celui qui doit procéder judiciairement n'a pas à exiger un paiement ; il a simplement à ajourner par acte formel son adversaire au tribunal.

La *mannitio* [1] « sommation » considérée comme acte intro-

[1] Ancien haut-al. manôn. — Siegel p. 64. 65 indique très-bien les autres expressions latines qui sont admallare (et non pas mallare qui signifie « agir, ester en justice »), commonere, admonere, rogare, condicere, nuntiare, etc. — Je ne puis être de l'avis de Siegel quand il dit que adhramire se trouve une fois avec le sens de mannire. Siegel s'appuie sur de Roz. 456 (Marc. app. 22) : homo alicus — in mallo publico ante vir illo comite — repetebat dum diceret eo quod homine alico (pour : hominem aliquem) — ante ipso comite *aframitum habuisset* — nec ipse ille ad eum placitum venit. Nous avons montré ci-dessus qu'adhramire signifie fidem facere. Ce passage, pour être absolument exact, doit se ranger parmi ceux qui au premier abord ne donnent ni le sens de fidem facere ni aucun autre ; nous avons cependant pour nous une présomption en faveur du sens donné par les autres textes ; si adhramire, comme l'admet Siegel, a ici seulement le sens de mannire que du reste il n'a pas ailleurs, ce

ductif de la procédure judiciaire est la sommation formelle, extrajudiciaire, faite par la partie à celui qui va être l'inculpé, d'avoir à comparaître au tribunal dans un délai fixé (de nuits), afin d'y répondre sur tel chef d'accusation.

La *mannitio* doit, du reste, réunir certaines conditions de forme et de fond.

L'invitant, accompagné de *trois témoins,* se rend à la *maison* du délinquant et *lui* déclare l'ajournement; en cas d'absence il s'adresse à sa femme ou à tout autre membre de sa famille[1]. Il est à croire que la sommation se faisait dans des termes solennels consacrés[2].

passage devrait du moins pouvoir servir de base à cette opinion. Or, à notre avis, le sens de fidem facere peut se justifier ici aussi. De même qu'il y a dans de Roz. 454 (Lindenbr. 108): placitum — quod ipse ille per sua fistuca *ante nos* (c'est-à-dire ante regem) visus fuit adframire, de même nous trouvons ici : *ante ipso comite* aframitum habuisset. Si la traduction « promettre au tribunal du roi » est exacte, cette autre « promettre au tribunal du comte » l'est probablement aussi. Dans le premier cas il est question d'une fides facta judiciaire ayant pour objet la conduite de la preuve, dans le second il en est vraisemblablement de même. L'individu dont il s'agit n'a pas fait l'acte marqué par *aframire* devant le comte, mais cet acte *doit être accompli en présence du comte*. L'accusatif s'explique ici comme dans l'exemple que nous avons déjà vu (p. 54 note 2; comp. aussi Bréquigny dipl. II, nr. 431) par une construction vicieuse; il l'a obligé à comparaître au tribunal en vertu d'une promesse faite par lui (l'adversaire).

[1] Sal. 1, 2 : Et ille, qui alium mannit, *cum testibus ad domum* illius ambulare debet et si praesens non fuerit, sic aut uxorem aut quemcumque de familia illius apellit, ut illi faciat notum quod ab eum mannitus est. Les témoins doivent être au nombre de *trois,* Sal. 56 : tria testimonia debent jurare quod ibi fuerunt ubi eum mannivit; de même Sal. 47. 96, 1. Rib. 33, 2. — La *maison* du frank salien est le lieu où l'on doit procéder extrajudiciairement contre lui. Ainsi, outre l'ajournant, celui qui *teste* (Sal. 45, 50, 52), le comte procédant à la saisie (Sal. 50, 2), le demandeur annonçant au défendeur absent l'amende auquel le tribunal l'a condamné (Sal. nov. 19 ci-dessous § 27) se rendent à la *maison* de celui de qui une prestation est exigée. Nous voyons dans le titre Sal. 96, 1 une disposition exceptionnelle en faveur des antrustions; on peut les mannire ubicumque eum invenire potuerit.— Comp. cap. 864, c. 6 (Pertz I, 489) : quia non habent *domos*, ad quos *secundum legem manniri et banniri* possint, dicunt quod de mannitione vel bannitione legibus comprobari et legaliter judicari non possunt.

[2] Le titre Sal. 73 indique une mannitio faite par le comte dans une forme solennelle qui annonce une formule : Et debet judex nuntiare et dicere : « homo iste in vestro agro vel in vestibulo est occisus (déclaration du fait délictueux) — et de homicidium istum vos admallo, ut in mallo proximo veniatis et vobis de lege dicatur, quod observare debeatis. — Il n'est pas plus étonnant que le comte, c'est-à-dire, l'autorité du tribunal, fasse ici la mannitio que dans l'Ed. Chilp. c. 7. — Dans l'Ed. Chilp. il est lui-même partie, ici il remplace la partie. Il fait la mannitio, si non venerit qui corpus (occisi) cognoscat.

Quant à ce que contient la *mannitio*, on voit immédiatement que la première partie est : viens au tribunal ; différente en ceci de l'*in jus vocatio* romaine, celle-ci doit de plus indiquer la cause de l'action, c'est-à-dire le fait délictueux en question.

Sal. 96, 1 : *rogare* debet, ut ante judicem ad mallobergo *de causa quae imputatur* ex hoc responso dare debeat vel convenire. — Comp. Sal. 73 (p. 82 note 2).

Elle doit encore fixer un *délai judiciaire;* l'inculpé n'a pas à comparaître immédiatement au tribunal. Le droit à un délai pour répondre, comme pour fournir sa preuve, fait partie des « droits fondamentaux personnels de l'Allemand » (Siegel p. 59, note 5). Conféré par la naissance, il est plus ou moins étendu, selon que cette dernière est plus ou moins élevée (comp. ci-dessus § 13).

La Lex Salica indique les délais pour chaque cas, par ex. :

Sal. 56 : Tunc eum debet mannire ante regem hoc est in noctes 14 [1].

[1] Le délai de 14 nuits paraît être le plus ordinaire. D'après Sal. 96, 1 un antrustion est ajourné par un autre devant le tribunal du roi d'abord super 7 noctes, puis trois fois ad 14 noctes, enfin ad noctes 14. — Dans Sal. 73 (p. 82 n. 2) le comte ajourne ut in *mallo proximo veniatis.* — Si un maître doit produire un esclave au tribunal, il doit d'après Sal. 40, 4, 5 avoir un délai de 2 × 7 ou 3 × 7 nuits ce qui est d'accord avec les 20 nuits dans le Pactus Childeb. et Chloth. c. 5 et dans le Decr. Chloth. c. 5 (Merkel, Lex Sal. p. 45. 46), tandis que l'Ed. Chilp. c. 7 donne un délai de 10 + 42 nuits. Dans ce cas, la mannitio d'après la loi salique signifie : envoie l'esclave au tribunal, tandis que d'après le droit ripuaire comme d'habitude, c'est l'ajourné, c'est-à-dire le maître, qui doit comparaître. Comp. ci-dessous p. 93, note 4. — Dans Sal. 40, 4, 5, il est bien question de délais de 7 nuits à l'occasion de la procédure à laquelle le délit d'un servus donne lieu; mais il faut remarquer que la procédure est *ici extra*judiciaire. Ce que désire le demandeur, ce n'est pas que l'esclave soit envoyé au *tribunal*, mais *ad supplicia*, à la torture extrajudiciaire (en présence de témoins, afin de pouvoir *en conséquence* élever contre le maître une action tendant à obtenir soit l'amende d'esclave, soit l'amende d'homme libre. Placitum, mot qu'emploie ce passage n'y signifie d'ailleurs pas plus délai judiciaire que dans Sal. 45 où son sens de *délai pur et simple* n'est pas douteux. L'invitation faite au maître d'envoyer le servus ad supplicia n'est donc pas une mannitio; elle sert à préparer la mannitio et par suite la procédure judiciaire. Ce n'est qu'après l'établissement de l'empire frank que cet acte préparatoire extrajudiciaire de la procédure a disparu en même temps que la procédure extrajudiciaire elle-même. Comp. Decr. Chloth. c. 5. Pact. pro ten. pac. c. 5. Edict. Chilp. c. 7. » C'est dans ce sens que M. Sohm a modifié son opinion première dans son dernier ouvrage *Die altdeutsche Reichs-und Gerichtsverfassung*, vol. I *Die Fränkische Reichs-und Gerichtsverfassung* (Weimar, Böhlau 1871) p. 392 note 6 (*note du traducteur*).

Lorsque la mannitio remplit ces conditions de forme et de fond, elle est, suivant l'expression de la Lex Salica, *legibus dominicis*, et sa vertu d'acte formel se manifeste :

Sal. 1, 1 : Si quis ad mallum *legibus dominicis*[1] mannitus fuerit et non venerit — *sol. 15 culp. jud.*

Cette même amende frappe aussi l'ajournant qui, de son côté, ne satisfait pas aux leges dominicae, par exemple qui, au jour fixé, fait défaut :

Sal. 1, 1 : Ille vero qui alium mannit et ipse non venerit, ei qui manebit (pour : manivit, = mannitus est) — *sol. 15 culp. jud.*

ou qui commet une faute quelconque :

Sal. 96, 2 : Si antrustio antrustionem pro qualibet causa manniret — et cum *secundum legem non rogaverit, sol 15 culp. jud.* excepto quod legem propter causam illius *anno integro nullatenus* teneatur[2].

Waitz *Sal. R.* p. 155, s'appuyant sur l'expression *legibus dominicis* mannire, indique, comme faisant partie des conditions de la mannitio, une certaine « permission royale » qui probablement était donnée par le comte en sa qualité de représentant du roi. Or l'expression *legibus* mannire, qui se trouve aussi par ex. dans Rib. 32, 1, 2 (au contraire dans Sal. 96, 2 : secundum legem *non* rogare), signifie simplement, comme plusieurs passages l'indiquent[3], procéder régulièrement « d'après les lois, » d'où il suit que legibus *dominicis* mannire devrait se traduire par : « d'après le droit royal[4], » ce qui *proprement*, ne peut

[1] De même dans les textes A. B. C, nov. 22 : si quis ad mallum *legibus dominicis* mannitus fuerit, et dans les septem causae (Merkel p. 92) I, 1 : si quis ad mallum *legibus dominicis* mannitus fuerit.

[2] Remarquons qu'ici comme dans Sal. 96, 1 (ci-dessus p. 83) et dans Sal. 73 (p. 82 note 2) la mannitio qui introduit la procédure en matière de délit.

[3] Comp. les expressions : legibus satisfacere (Sal. 73), legibus causam mallare (Sal. 76), se legibus ducere (Sal. 96, 1), legibus sunnia nuntiare (Ed. Chilp. c. 7), legibus bannire (Rib. 65, 1) et encore legitime mallare (Rib. 58, 19), per lege convincere, per legem atendere, audire secundum legem (Sal. nov. 19) etc.

[4] Waitz, *Sal. R.* p. 155 note 2 a déjà montré que dominicus = regius. Comp. dominica ambascia (Sal. 1, 2), racio dominica (Sal. 50, 3), trustis dominica (Sal. 41, 2). — Dans un autre passage nous trouvons une evisio dominica avec un sens analogue à celui de leges dominicae ici, Sal. 81 : Si quis alterum ad calidam provocaverit *praeter evisionem dominicam* —

guère signifier autre chose que legibus mannire. Nous ignorons, du reste, pourquoi les dispositions en matière de mannitio sont désignées par l'épithète de « royales[1]. »

Siegel p. 66-72, au lieu de la condition indiquée par Waitz, en a trouvé une autre, la triple testatio; elle devait, d'après lui, précéder l'ajournement du débiteur qui ne payait pas : Siegel fait ici allusion à la procédure contre l'*homo migrans* et à la procédure en matière d'obligation née d'un contrat (voy. ci-dessus § 4-6). Nous pouvons maintenant nous résumer sur ce point. Cette *mannitio* n'appartient point à la procédure judiciaire, mais à la procédure d'exécution : d'ailleurs examinée dans le détail, l'opinion de Siegel ne peut se soutenir : la *mannitio*, dans la procédure *ex fide facta* et *ex re praestita* n'est point précédée d'une triple invitation à payer mais d'une seule invitation formelle (voy. ci-dessus p. 17, note 2) ; d'un autre côté, la *mannitio* dirigée contre l'*homo migrans* n'est pas seulement précédée du triple *testare,* mais avant tout elle doit être *préparée* par le premier testare qui donne lieu à l'amende de 30 sol. (voy. ci-dessus § 4).

Aux conditions positives de l'ajournement indiquées jusqu'ici vient s'en ajouter une essentiellement négative : l'ajourné ne doit pas être empêché de comparaître au tribunal par une *sunnis*[2], c'est-à-dire par un legitimum impedimentum, autrement la *mannitio* valable en soi perd son efficacité[3]. La force majeure (*echte Noth*) existe d'après Sal. 1, 2, dans le cas de service du roi, dominica ambascia, et, d'après Sal. 98 dans les cas de maladie, de mort d'un proche parent, d'incendie qui laisse l'ajourné et ses biens sans abri, et res quas liberaverit ubi reponat non habeat. On fait valoir la sunnis en envoyant au jour fixé un messager au tribunal[4] *(Sunnebot)*. Nous avons indiqué les con-

sol. 15 culp. jud. Waitz *Sal. R.* p. 155 note 2 voit ici aussi une *permission à obtenir du roi.*

[1] Siegel p. 68. 69 qui fournit des arguments contre l'opinion de Waitz pense de son côté que la Lex Salica s'annonce elle-même comme lex dominica, comme étant une loi « donnée par le roi. » Comp. au contraire Stobbe, *Gesch. der deutschen Rechtsquellen* 1, 37 note 26.—Voyez la nouvelle explication donnée par M. Sohm dans son dernier ouvrage cité p. 54 et 55 note 53. (*Note du traducteur.*)

[2] Sur l'étymologie v. Grimm *R. A.* p. 847, 848. Rapprochez sunnis de l'allemand *Säumniss.*

[3] Sal. 1, 2. 49. nov. 22, Rib. 32, 1.— Dans Sal. 45 la sunnis a une autre fonction : elle s'oppose non pas à la condamnation de l'ajourné à l'amende, ni à l'ouverture de la procédure de contumace, mais elle empêche le commencement d'exécution (voy. ci-dessus § 7).

[4] Ed. Chilp. c. 7 : tres de ipsis pro paris suos sunia nuntiant, de Roz. 443

ditions auxquelles l'ajournement peut se faire ainsi que ses effets. Siegel p. 73 et suiv. pense que la procédure de contumace contre le défaillant « sert à manifester par une autre voie la puissance de la *mannitio*. » Notre opinion est qu'elle ne vient pas prêter son concours à la *mannitio* et qu'elle apparaît seulement après qu'on a fait valoir son droit. Le ban *(Aechtung)* contenu dans Sal. 56 ne frappe pas l'*ajourné* pour le forcer à comparaître au tribunal, mais le *coupable* pour le forcer à payer l'amende : tunc ipse culpabilis et omnes res suas erunt — donec omnia quae inputatur conponat. La procédure de contumace, que ne fait pas naître, mais qu'accompagne la *mannitio* inutile est, *à côté* du mode régulier de procéder, une *autre* manière de réaliser son droit. Elle doit donc comme telle être exposée à part et son existence ne doit pas être subordonnée à celle d'un acte de l'évolution juridique normale.

§ 17.

LE *Binden* EN CAS DE FLAGRANT DÉLIT.

La *mannitio* est le moyen régulier d'amener le coupable au tribunal pour qu'il s'y défende[1]. La contrainte qui en résulte est indirecte en ce sens qu'elle entraîne une peine contumaciale, l'amende qui frappe le défaillant ; les conséquences de la *mannitio* ne sont pas immédiates en ce sens que l'ajourné n'est tenu à comparaître au tribunal que dans un délai fixé. L'individu surpris en flagrant délit perd tout droit à ce délai et est directement et immédiatement contraint. En même temps qu'il pousse son *cri (Gerüft)*[2], l'offensé le saisit et l'amène incontinent, en

(Marc. app. 38) : nec missum in vice sua non direxerit, qui ulla sonia nunciasset, de Roz. 454 (Lindenbrog. 168) : necnulus fuit *testes* qui sonia nunciasset. D'où le titre Sal. 98 : per ista sunnis se homo, *si probatione dederit*, excusare se poterit. Comp. *Sachsp.* II, 7 : Svelke dirre sake (echte not) den man irret, dat he to dinge nicht ne kumt, wird se besceneget alse recht in von eneme sinen boden, sve he si, he blift is sunder scaden. — Homeyer, *Sachsp.* II, 2, p. 295. 296.

[1] C'est pour cela que le titre de mannire est le premier de la Lex Salica qui, avant tout, se propose de fixer le montant des compositions, prologue V (Merkel 94) : ut juxta qualitatem causarum sumeret criminalis actio terminum.

[2] Dans la formule de Roz. 49 (Sirm. 30) il est dit que A attaqué par B qui voulait le voler le tue. Il y a là des voisins qui in initio litis ibidem fuerunt vel qui ad ipsos *uccos* cucurrerunt. Le cri dans l'ancienne France s'appelait *hu, hus* (Grimm *R. A.* p. 878). Siegel p. 79 note 5 pense à tort que le Gerüft ne se trouve pas dans les lois barbares. Comp Lex

employant la violence au besoin, devant le tribunal. Si ce n'est pas un jour de séance, la commune se rassemble sur-le-champ pour juger le délit flagrant[1].

Cette manière d'introduire la procédure de délit est indiquée par le droit salique dans le

> Pactus pro tenore pacis Child. et Chloth., c. 2 : Si quis ingenuam personam pro furto ligaverit et negator extiterit, 12 juratores medios electos dare debet, quod furtum quod obicit, verum sit;

elle est indirectement indiquée dans :

> Sal. 32 : Si quis ingenuum *sine causa* ligaverit — sol. 30 culp. jud.

Rapprochez cette disposition de

> Rib. 42, 1 : Si quis ingenuus ingenuum ligaverit et *ejus culpam cum 6 testibus in haraho non adprobaverit*, 30 sol. culp. jud[2].

L'amende qui punit l'emploi abusif du *ligare* nous indique que nous avons ici affaire à un acte formel. Par analogie avec la disposition indiquée ci-dessus p. 56 en matière d'*Anefang*, il est permis d'admettre que réciproquement, du moins en cas de vol flagrant, le coupable encourait aussi 30 sol. d'amende[3].

Siegel p. 80 et suiv. admet à côté du *ligare* un deuxième moyen d'amener le coupable devant le tribunal, c'est de le tuer.

La Lex Ribuaria 77[4] et d'autres lois barbares (Siegel p. 81. 82) s'accordent sur ce point : si on ne peut pas lier le saisi flagrant (parce qu'il oppose de la résistance),

> Rib. 77 : et non praevaluerit ligare, sed colpus ei excesserit,

Franc. Cham. 38 : Quisquis audit *arma clamare*, et ibi non venerit, in fredo dominico solidos 4 conponere faciat. Cet arma clamare est évidemment le *wâfen ruofen*, l'invocatio armorum, le clamor armisonus du moyen âge (Grimm. p. 876. 877).

[1] La formule citée p. 86 note 2 indique qu'un tribunal se constitue sur le lieu même du meurtre. Au moyen âge, on sait que cette coutume existait encore.

[2] Comp. Siegel p. 78.

[3] Comp. Sachsp. II, 36 § 1 : Sve so over den anderen dach sine düve — under enen manne vint — den ne mach man nener *hanthaften dat* sculdegen.

[4] Comp. les formules de Roz. 491 (Sirm. 30. 31) et 492 (Marc. app. 29), qui confirment cet usage pour le droit salique.

on acquiert le droit de le tuer. La loi prescrit l'accomplissement de certaines formalités[1] qui ont pour but de donner au meurtre de la publicité ; elles sont suivies, au tribunal, du serment de disculpation : j'ai tué un *criminel*, quod eum de vita *forfactum* interfecisset. Le but de la procédure est de permettre au meurtrier de ne pas payer le wehrgeld de l'individu tué, comme l'indique très nettement

Rib. 77 : Si autem ista non adimpleverit, *homicidii culpabilis judicetur*.

Les deux formules citées page 87 note 4 montrent également que la procédure se termine par le serment de disculpation du meurtrier.

Tout ceci contredit directement l'opinion de Siegel. Si la procédure avait pour but d'amener le coupable au tribunal afin de pouvoir lui réclamer judiciairement les 30 sol. qu'il doit, par exemple, pour avoir commis un vol, le meurtrier aurait le droit de prouver le *vol* et non pas *que le meurtre est juste ;* la *poursuite* du délit et non la *disculpation* d'un meurtre injuste serait le devoir et le but de la procédure ; le châtiment sous peine duquel les formalités devraient être accomplies et le serment juré consisterait dans la perte de la chose, c'est-à-dire dans la perte du droit à ces 30 sol. et non pas dans le wehrgeld. Comparez la formule de jugement contenue dans De Roz. 491 (Sirm. 30. 31) : qu'il jure que celui-là l'a attaqué injustement, et in sua movita vel in sua culpa ibidem interfectus fuisset ; *et si hoc facere poterit, de ipsa morte quietus valeat residere*. Comparez encore la loi du roi anglo-saxon Ina (§ 21. Schmid, page 29), texte sur lequel Siegel, p. 85, s'appuie : « *Si on réclame le wehrgeld de l'individu mis à mort*, il (l'adversaire) peut prouver

[1] Rib. 77 : coram testibus in quadruvio in clida eum levare debet, et sic 40 seu 14 noctes custodire. Sur la formalité indiquée dans in clida levare voy. plus loin § 24. Il ne faut pas induire du mot custodire, comme on l'a fait jusqu'à présent, que l'intéressé devait *veiller* le cadavre pendant deux ou six semaines. Le titre Sal. 73 parle aussi d'un in clida levare. Le judex dit : contestor ut usque *in 7 noctes non reponatur*. Dans ce dernier cas comme dans l'autre le mort doit être exposé afin que ses parents, s'il en a, puissent le reconnaître et élever leur action. Pas plus qu'ici la foule des vicini, le lésé ne doit dans le cas qui nous occupe, rester aussi longtemps auprès du mort. Custodire a le même sens qu'observare « et il doit le laisser ainsi pendant etc. » Comp. Decr. Child. c. 6 (Pertz I, 16) : farfalium custodire. On ne voit pas bien ce que signifie *farfalium*, le sens général indique que c'est là un acte de la procédure judiciaire dont la commission est prohibée.

qu'il l'a tué parce qu'il était un voleur ; les parents du tué ou son maître ne sont pas admis à la preuve. Si au contraire le fait est tenu caché et qu'il ne soit connu que longtemps après, la voie du serment est alors ouverte au mort, de sorte que ses parents peuvent le décharger de la dette. » Il est vrai que les parents ont à décharger le mort de la dette, non pas pour *échapper* aux 30 sol. mais pour *arriver au wehrgeld* [1] ; mais il suffit de jeter un coup d'œil sur le passage du Sachsenspiegel II, 14, § 1, cité par Siegel pour se convaincre que la procédure, ici aussi, vise l'amende de wergeld et non pas l'amende de vol. L'*expression* « juger sur le mort, » sur laquelle insiste Siegel, n'est pas très-décisive, à mon avis [2], pas plus que « la nature des choses, » dernier argument qu'il fournit. En somme, la prétention *ex delicto* a reçu déjà *satisfaction* par le meurtre du délinquant.

Baj. 8, 1 : et si in lecto cum illa interfectus fuerit, *pro ipsam compositionem*, quod debuit solvere marito ejus, *in suo scelere jaceat sine vindicta.*

Aussitôt que l'adversaire s'oppose au *ligare* et par suite à sa propre comparution au *tribunal*, l'offensé acquiert le droit d'*exécuter* immédiatement. Cet acte trouve sa justification dans le serment que le meurtrier doit prêter, dont l'effet est rétroactif et ne se produit point dans l'avenir. Wilda, *Strafrecht* p. 159, parle d'un droit de vengeance ; son opinion se confond avec la nôtre. L'exécution contre la personne du débiteur se poursuit d'après le droit germanique en vertu du libre exercice du droit de vengeance ; c'est l'*individu* qui se charge d'infliger le châtiment d'*ordre public* (voy. § 24).

[1] Comp. Ina § 35 (Schmid 37) : « Celui qui tue un voleur peut affirmer par serment qu'il l'a tué comme voleur alors qu'il fuyait ; — si la chose est tenue cachée et qu'elle soit connue plus tard, qu'il en fasse son affaire. » Lex Angl. et Wer. (Merkel) II, 5 : Homo in furto occisus *non solvatur.* Sed si proximus ejus dixerit *innocentem occisum*, campo eum comprobet innocentem, vel (complétez ainsi : que le meurtrier jure) 12 hominum sacramento furem credi *juste occisum.* Voyez sur ce point Gaupp. *Das alte Gesetz der Thüringer* p. 366-368.

[2] *Sachsp.* I, 64 : Süs sal man *ok verwinnen enen doden*——.

2° Procédure en première assise.

§ 18.

GÉNÉRALITÉS.

La première phase de la procédure que clôt le jugement est particulière à la procédure de délit; c'est elle qui donne à cette dernière le caractère de procédure judiciaire de la Lex Salica (ci-dessus § 15).

Le jugement germanique a une tout autre autre tâche à remplir que le jugement romain. Celui-ci décide le litige entre les parties, celui-là fait faire au procès un pas en avant. Celui-ci décide que la prétention du demandeur est ou n'est pas matériellement fondée, celui-là décide que la prétention et la contreprétention sont ou ne sont pas relevantes au point de vue procédural. Il condamne l'inculpé qui avoue à payer l'amende ou l'inculpé qui nie à fournir la preuve. La procédure de preuve se déroule *après*, et non pas *avant* le jugement germanique[1].

C'est ce caractère particulier au jugement germanique qni permet de présenter la *première partie* de la procédure comme distincte de la procédure judiciaire ultérieure. Cette première partie contient simplement la litiscontestation. Le demandeur élève son action en l'appuyant sur les faits qui lui ont donné naissance. La réponse de l'inculpé vient ensuite; c'est un aveu ou une négation; dans le premier cas sans contre-affirmation; dans le second, avec contre-affirmation. Dans la procédure de délit point de réponse positive comme dans la procédure de vindication. Il se

[1] C'est seulement par suite de la nature spéciale des moyens de preuve que le jugement de preuve allemand se prononce définitivement *sur le fond* de l'affaire, Planck, *Die Lehre vom Beweisurtheil* p. 53 et suiv. p. 82 et suiv. Un autre système est soutenu de nos jours par v. Bar, *Das Beweisurtheil des germanischen Processes* (1866) : le jugement de preuve allemand, d'après cet écrivain, décide en principe sur l'affaire elle-même (et non pas seulement sur le fait de la légitimité des affirmations articulées par les parties). Prenant pour point de départ certaines présomptions, on reconnaissait que l'une ou l'autre partie « prima facie devait être considérée comme celle qui avait le droit de son côté. » Cette partie n'en devait, il est vrai, pas moins fournir sa preuve, mais seulement « pour corroborer formellement ses affirmations, » afin d'élever à la hauteur de la certitude la vraisemblance qui dans le procès faisait incliner le droit de son côté.

pourrait cependant qu'une exception (par ex. l'exception de payement) vînt s'adjoindre à l'aveu; les sources n'ont pas prévu ce cas. Cet acte est séparé de la procédure de preuve par le jugement. Comme la procédure est orale, la prétention, la réponse ainsi que le jugement qui suit se produisent dans une seule assise; comme un délai est d'autre part accordé pour l'apport de la preuve, on réserve la procédure de preuve pour une séance ultérieure. La procédure antérieure est donc vis-à-vis de la procédure de preuve une procédure se déroulant dans une première assise vis-à-vis d'une procédure se déroulant dans une seconde.

Alam. Hloth. 36, 2 : *In uno enim placito* mallet causam suam; *in secundo*, si vult jurare, juret secundum constitam legem.

Nous nous bornerons à exposer l'évolution de la procédure (voyez la préface). L'examen des dispositions de la législation en matière de preuves et de jugement ne pourrait se faire convenablement qu'en dépassant les limites que nous nous sommes fixées.

§ 19.

NÉCESSITÉ POUR LE DEMANDEUR D'ÉLEVER SON ACTION.

L'inculpé n'est en possession d'aucun acte formel qui lui permette d'exercer une contrainte contre le demandeur (ci-dessus § 1); toutefois ce dernier est soumis aux conséquences des actes formels que lui-même a commis. Dès son début, la procédure ne peut plus se dégager des actes formels qui ont servi à l'introduire; si d'un côté ils forcent l'inculpé à comparaître au tribunal, de l'autre ils forcent le demandeur à élever son action. Le défaut que fait tout d'abord celui-ci l'expose aux mêmes désavantages que ceux auxquels s'expose l'inculpé lui-même vis-à-vis de l'acte formel d'introduction. Qu'il nous suffise ici de rappeler les principes développés déjà dans les §§ 16 et 17. Comme l'inculpé, le demandeur est tenu par sa propre *mannitio* à comparaître au tribunal sous peine de 15 sol. d'amende (Sal. I, 1, ci-dessus § 15). On peut comparer au défaillant celui qui, tout en comparaissant au tribunal, n'élève pas son action. Dans les deux cas la *mannitio* est faite dans un esprit de chicane;

comme le dit le titreSal. 96, 2 il y a là un non secundum legem rogare. Outre l'amende de 15 sol. qu'il devra payer, avant l'expiration d'une année, il ne pourra pas reprendre son adversaire à partie pour la même cause; c'est l'*absolutio ab instantia* du droit germanique [1].

Si le demandeur a introduit l'affaire non pas par le *mannire* mais par le *ligare* de l'inculpé saisi, et qu'il n'élève pas son action, il est frappé comme le défaillant de preuve (comp. § 17) de l'amende de 30 sol. que son adversaire lui aurait payée s'il avait procédé dans les règles. *Mannire* et *ligare* sont l'*acte introductif d'instance.*

§ 20.

NÉCESSITÉ POUR L'INCULPÉ DE RÉPONDRE.

Ce n'est pas l'injonction du juge, mais l'acte formel du *tangano* [2] accompli par le demandeur, qui contraint l'inculpé à répondre à l'accusation.

Le demandeur, prononçant des paroles solennelles (voyez la formule au § 21), invite l'adversaire à opposer un oui ou un non à l'inculpation de délit qui pèse sur lui. C'est ainsi que dans le cas du § 21, le *hic ego te tangano, ut* — a *dû* être le début solennel de la formule. L'inculpé est tenu de répondre sous peine de 15 sol. d'amende [3].

La Lex Salica, où se rencontre d'ailleurs le *tangano* (voy. § 21), a omis d'en faire mention dans le cas qui nous occupe.

[1] Maurer pense à tort, *Gerichtsverfahren* § 48 que l'inculpé est absous ab actione. Grégoire de Tours IV, 23, comme Maurer lui-même le remarque, dit seulement en parlant d'Injuriosus qui avait attendu sans succès pendant trois jours le demandeur au tribunal du roi : ad propria rediit.

[2] Voyez Grimm *R. A.* 5, Müllenhof dans l'ouvrage de Waitz Sal. R. p. 293.—L'ancien haut al. Zanga, gizengi, angl. sax. gatingan = incumbere, contraindre, gatengan = presser se rapprochent de tanganare.

[3] Il n'y a pas de raison, avec Brunner, *Zeugen und Inquisitionsbeweis* (Wien 1866) p. 44 pour voir *dans l'exclusion de toute exception* l'effet du *tangano*, en sorte que l'inculpé ne pourrait répondre que par un oui ou non. — La justesse de l'opinion de MM. Brunner et Siegel résultait déjà des preuves produites à l'appui (voy. Siegel *Gesch. des d. gerichtsvf.* p. 140 et suiv. 179 note 10, et Brunner *ouv. cit.*). Elle est encore confirmée par le nouvel argument tiré par M. Brunner des *Établissements de Normandie* « contrée où le droit salique s'est conservé le plus pur et le plus longtemps. » *Wort und Form. im altfranzösischen Process* Wien 1868. C'est du reste ce qu'a reconnu M. Sohm dans l'ouvrage *Die frankische Reichs-und Gerichtsverfassung* p. 139 note 108. (*Note du traducteur.*)

La connaissance des règles de la législation franque en matière de *tangano* ne nous a été conservée que par celles des dispositions de la Lex Ribuaria ayant pour objet de l'abolir.

Cette loi présente ceci de particulier que, à côté de l'*injonction judiciaire* d'avoir à répondre (telle qu'elle existera plus tard surtout), elle présente l'injonction *privée* c'est-à-dire le *tangano*. Après que la question judiciaire a été posée, le demandeur a *encore* son *tangano*[1]. Mais ce dernier acte, dépouillé de sa véritable fonction, disparaît de plus en plus[2]. Contre tous ceux qui ne sont pas Ripuaires ingénus, d'après le titre Rib. 58, 19, on ne doit plus appliquer le *tangano*[3]. D'autres passages en interdisent encore dans certains cas l'emploi, même contre un ingénu. Ces dispositions sont du plus haut intérêt pour la connaissance de cette institution.

Lorsqu'un esclave avait commis un délit, il devait *se* défendre, d'après la loi salique; s'il niait, il était produit par son maître au tribunal afin d'y être torturé (Sal. 40) — plus tard afin d'y être soumis à l'ordalie du *sort* (Ed. Chilp., c. 7. Pact. pro tenore pacis c. 5); d'après le droit ripuaire c'était le *maître* qui devait comparaître en personne au tribunal et répondre[4]. Outre l'obligation pure, le maître avait donc aussi contracté par le délit de son esclave une *obligation procédurale;* on voit que le droit ripuaire imposait au maître une charge bien lourde. Il était en effet tenu de répondre par un oui ou un non sur le délit reproché à un tiers, bien qu'il pût n'avoir pas sur le fait des données

[1] Rib. 30, 1 : in judicio pro eo interrogatus respondeat et sine tangano loquatur. 59, 8 : respondeat ad interrogationes et sine tangano loquatur. Comp. Siegel 131 note 1.

[2] Elle ne peut encore servir qu'à une chose, adjuger *une amende à la partie*. Le refus de répondre à la question judiciaire, comme le montrent plus tard les droits saxon, souabe, franconien, français (Maurer, *Gerichtsverf.* § 150) est puni par une amende (*Wedde*) à payer *au tribunal*. Ce que dit Siegel p. 131 note 1 est un peu obscur : le tangano d'après la Lex Ribuaria « n'a plus qu'une signification *formelle*. »

[3] Rib. 58, 19 : Hoc etiam constituimus, ut nullum hominem regium, Romanum vel tabularium interpellatum in judicio non tanganet. — — Ces classes diverses issues de l'affranchissement n'ont que la moitié du wehrgeld d'un homme libre. Comp. Roth, *Feudalität und Unterthanenverband* p. 289 et suiv.

[4] C'est à tort que Siegel p. 66. 67 parle de l'obligation fondée par la mannitio de « comparaître au tribunal seul ou avec un autre individu, *son* homme ou un homme libre in obsequio. » D'après la loi salique, le maître n'avait pas à comparaître lui-même, mais seulement à envoyer le servus au tribunal, comp. par ex. Ed. Chilp. c. 7 : Si ibi illum in illas 10 noctes non *miserit* in praesente. D'après le droit ripuaire, le servus n'apparaissait que dans la seconde assise, Rib. 31 : Propterea eum secundum legem Ripuariam *super* 14 *noctes* ad ignem repraesento.

suffisantes. Aussi la disposition trop dure de l'ancien droit a-t-elle été modifiée dans :

> Rib. 30 : Quod si quis in judicio pro servo interpellatus fuerit, *si servus talis non fuerit, unde dominus ejus de fiducia securus esse possit,* dominus ejus in judicio pro eo interrogatus respondeat, *et sine tangano loquatur,* et dicat : *Ego ignoro* utrum servus meus culpabilis, an innocens de hoc extiterit.

Une modification apportée à l'ancien droit est encore indiquée dans la disposition du titre Rib. 59, 8 visant la vindication d'immeubles. Cette action est basée, du côté du demandeur, sur la prétention : *tu* possèdes *mon* immeuble *malo ordine*, c'est-à-dire injustement. Comme en matière de vindication mobilière, la défense doit présenter une contreprétention positive : *non* malo ordine sed —. Il faut encore produire un *titre* qui permette la *contravindicatio :* j'ai C pour auteur, j'ai hérité de cette chose par mon père etc. Or nous trouvons dans ce titre :

> Si quis interpellatus chartam prae manibus habuerit, nulla ei malo ordine invasio requiratur : quia dum interpellatur, respondeat ad interrogationes, *et sine tangano loquatur,* et dicat : non malo ordine, *sed per testamentum hoc teneo.*

Ici comme plus haut, il est facile de voir qu'abolir le *tangano* équivaut à admettre comme valable une défense qui en soi n'aurait pas suffi. Le « je ne sais pas, » opposé à la prétention *ex delicto,* n'est pas plus une réponse satisfaisante que le « j'ai acquis cet immeuble par telle charte, » opposé à la pértention de vindication; n'est un titre de donation suffisant : la charte peut indiquer, il est vrai, la tradition par l'auteur C, mais elle peut contenir aussi une donation royale ou une confirmation par le roi d'un ensemble d'immeubles, une *apennis* [1]; elle peut fonder l'exceptio rei judicatae [2] etc. ; au lieu d'une *cause* d'acquisition on produit un moyen de preuve.

Nous voyons donc dans le *tangano* le moyen de contraindre l'inculpé à *répondre*, c'est-à-dire à faire une *réponse satisfaisante au point de vue de la procédure* [3].

[1] Comp. sur ce point Roth, *Beneficialwesen* 218. 219.

[2] Par exemple, Form. de Roz. 478 (Sirm. 12).

[3] Siegel pense p. 131 que le tangano oblige « à répondre mot pour mot à la demande (an den Stab.). » La preuve en est fournie par le Decr.

Celui qui n'obéit pas au *tangano* est frappé d'une amende de 15 sol. comme nous le voyons, avec Siegel p. 135, par le c. 12 des Extrav. L. Sal. :

qui mallatus est respondere noluerit — quia retinuit suum responsum et convictus fuerit cum 15 sol. emendet.

Nous savons d'ailleurs que les rachimbourgs (§ 21) et les témoins (Sal. 49) invités par *tangano* encourent la même amende, ce qui confirme notre opinion. Cet effet du *tangano* est indiqué par une autre expression employée aussi pour désigner cet acte : *ferbannire*, c'est-à-dire « ordonner sous peine de... [1]. »

Quelque chose d'analogue au *tangano* se retrouve dans la protestation formelle faite par le demandeur de la vérité de ses allégations ; de là pour lui le droit d'exiger de la part de l'inculpé une protestation semblable. Laissons de côté, à cause de l'incertitude existant sur ce point, le « *sagen an den Stab* » (p. 94 n. 3) dont parle Siegel p. 119, et examinons la fin du Decr. Tass. IV. 6 :

requisito debito dicat (le demandeur) : extendamus dexteras nostras ad justum judicium Dei ; et tunc manus dexteras utrique ad caelum extendant.

Siegel a eu raison de voir indiquée dans ce passage l'*image*, la *traduction en action des affirmations* du demandeur et de l'inculpé et non pas comme on l'a cru jusqu'ici une preuve par l'ordalie de la croix. Nous avons déjà constaté dans le droit ripuaire, à l'occasion de la vindication mobilière, que le demandeur prête un serment extrajudiciaire non pas pour *prouver*, mais seulement pour *protester* solennellement, quod in *propriam* rem manum mittat (Rib. 33, 1).

Ce serment permet en outre d'exiger de l'inculpé qu'il *jure* de son côté, quod ad eam manum trahat, qui ei ipsam rem dedit (ci-dessus § 14).

Tass. IV, 6 sur le stapsaken : voyez sur ce dernier mot p. 40 note 1. On ne peut pas tirer d'induction plus sûre du *in hasla* conjurare (Rib. 67, 5) cité par Siegel parce qu'on ne sait si le *tangano* qui précède est la *cause* de cette formalité. Au contraire les juges invités par le tangano (§ 21) ne rendent pas leur jugement « an den Stab. »

[1] Müllenhof dans l'ouvrage de Waitz Sal. R. 282. — Comp. *Zeitsch. f. Rechtsg.* V, 416, 417. — Tout récemment Brunner, *Zeugen und Inquisitionsbeweis* (Wien 1866) 133, reprenant l'opinion ancienne a vu dans le *ferbannire* de Sal. 49 la bannitio *du juge*.

Une coutume analogue, débris de l'âge païen, se retrouve dans l'ancienne procédure judiciaire franque. Le titre Rib. 58, 19 defend :

> ut nullum hominem regium, Romanum vel tabularium interpellatum in judicio non tanganet *et nec alsaccia requirat.*

Les explications qui, jusqu'à présent, ont été données sur le mot *alsaccia* (variantes : alsacia, alsatia, adcisia) ne sont pas satisfaisantes. Du Cange est muet sur ce point. Graff, *Sprachschatz* I, 250 rapproche ce mot de l'ancien haut all. sahha, goth. sakjo = causa, litige. Siegel p. 135. 136 voit dans alsaccia l'amende qui naît du *tangano :* « il ne doit donc pas employer le *tangano* contre eux ni exiger d'eux l'amende [1], » tel est le sens auquel nous nous sommes arrêté.

Dans la première moitié du mot *al*saccia on reconnaît l'ancien haut allemand alah, anglosax. ealh, goth. alhs qui signifie aula, domus, villa, « mot païen appliqué à l'église chrétienne dans la glosse malbergique *ala*trudua, *ala*trude. Ulfilas ne fait aucune difficulté à désigner par *alhs* le temple judéo-chrétien [2]. » La deuxième moitié *saccia, sacia* se rapporte comme *sace*baro, ga*sacius* à sakan, litigare, causare. *Alsaccia* signifie donc « la procédure dans le temple. » La suite du titre ci-dessus commente et confirme à la fois cette explication. Après ces mots : contre l'homo regius etc, on ne peut pas employer le *tangano* ni exiger de lui la « procédure aux lieux saints, » on lit :

> *Et si in praesente* legitime mallatus fuerit, ea verba commemoret *et non ei* sicut Ripuario *ante altare verba commemoret.*

Le demandeur doit élever son action purement et simplement aux lieux indiqués pour les assemblées judiciaires et non pas devant l'autel ; cela suffit pour contraindre l'inculpé à faire une réponse tout aussi solennelle. Cette disposition ne fait que reproduire la précédente : et nec alsaccia requirat.

Il est probable que le Décr. Child. c. 6 (Pertz I. 10) qui

[1] Suivant Eccard c'est un ornement de cou, Halssache. Voyez encore Davoud Oghlou I, 608.

[2] Grimm, *Préface* à la Lex Salica p. LII. Comp. p. LXIX : *Alach*, vieux mot païen sert à désigner la basilique chrétienne.

prohibe le *farfalium* minare, custodire [1] abolit une ancienne coutume païenne analogue :

De farfaliis ita convenit, ut quicumque in mallo praesumpserit farfalium minare, procul dubio suum widrigildum componat, nichilominus farfalius reprimatur. Et forsitan, ut adsolet, judex consenserit, et fortasse adquiescit istum farfalium custodire, vitae periculum per omnia sustineat.

§ 21.

NÉCESSITÉ POUR LES RACHIMBOURGS DE *trouver* LE JUGEMENT.

Accusation et défense sont suivies du jugement (§ 18) *trouvé*, comme l'on sait, par l'assemblée judiciaire *(Gerichtsgemeinde)* et non par le judex. La *partie* (le *demandeur*) [2] invite elle-même, par l'acte formel du *tangano*, à *trouver* le jugement. La formule qu'elle doit employer nous est conservée en son entier.

Sal. 57 : Si quis rachineburgii in mallobergo sedentes dum causam inter duos discutiunt legem noluerint dicere, debet eis dicere ab illo (comp. note 2) qui cum causa prosequitur : « *hic ego vos tangano ut legem dicatis secundum lege Salica.* »

Ce qui caractérise le droit salique, c'est que le demandeur débute par le *tangano*, c'est-à-dire par *contraindre*. Le *tan-*

[1] Grimm. *R. A.* 848 rattache ce mot à l'ancien nord. forfall qui signifie impedimentum et voit indiqué dans ce décret « un obstacle prémédité et coupable mis à la réunion du tribunal. » Or le passage indique nettement qu'il veut extirper un usage *juridique* fortement enraciné.

[2] C'est sans raison que Siegel p. 111, 145 pose le principe suivant lequel c'est régulièrement la partie qui a parlé la dernière, c'est-à-dire l'inculpé, qui demande le jugement. La Lex Salica attribue expressément le *tangano* au demandeur. Les codd. de Merkel 1, 3, 4 donnent pour Sal. 57 (comp. l'édition de Waitz) la leçon : Si quis rachineburgii — legem noluerint dicere, *debet eis dicere* (au lieu du passif) *ab illo qui cum causa prosequitur* : hic ego vos tangano. — Et plus nettement encore nov. 151, 260 : debet eis dicere *qui causam requirit*, nov. 343 : rachineburgii — admoniti *ab eo qui causam requiret*. Le texte est altéré dans le manuscrit de Wolfenbüttel : Si — lege noluerint dicere vinit dicet ab illo qui cum causa prosequitur, d'où Merkel induit sa leçon que ne justifie pas le manuscrit : veni et dic ad illo qui cum causa prosequitur, et qui donnerait le sens de : viens et dis au demandeur.

gano est la forme régulière dans laquelle se fait l'invitation à juger ; il n'y a pas besoin, comme Siegel p. 145 l'admet (Waitz *Sal. R.* ne s'exprime pas nettement p. 169), qu'une invitation précède le *tangano,* afin de constater le refus et de pouvoir en conséquence contraindre. Comme en matière de procédure d'exécution (§ 4-6), le défaut est constaté et puni par cela seul qu'un acte formel a été accompli. Le commencement du titre Sal. 57 : si — legem *noluerint* dicere présente d'ailleurs une erreur de rédaction et ne justifie certainement pas l'opinion de Siegel. Il suffit, pour s'en convaincre, de rapprocher du texte, d'une part, les novelles qui, bien que faisant précéder le *tangano* d'une invitation pure et simple, débutent cependant en ces termes *si — noluerint*, d'autre part et surtout l'Ed. Chilp. c. 7 qui désigne les rachimbourgs par lesquels le jugement a été *trouvé* simplement par l'épithète de *ferrebanniti*, c'est-à-dire rachimbourgs qu'on a invités par l'acte du *tangano :* comp. page 95 note 1.

L'Emendata et aussi les textes A et B de Merkel ordonnent de faire au préalable plusieurs invitations *sans formes :* dicite nobis legem Salicam, ego vos rogo ut mihi et isto gasationem quo legem dicatis, bis aut tres debet hoc dicere (nov. 151. 152. 260. 343). C'est seulement après ces invitations que le *tangano* doit être fait [1], ce qui montre que la législation postérieure cherchait à restreindre l'emploi des actes formels.

Le titre Sal. 57 indique comme il suit l'amende qui peut résulter de l'emploi du *tangano :*

> Quod si ille (pour : illi) legem dicere noluerint, *septem* de illis rachineburgiis *collocato sole — sol. 3 solvant.* Quod si nec legem dicere voluerint nec ternos sol. fidem fecit, tunc solem illis collocatum — sol. 15 *culp. jud.*

Cette disposition rappelle celle que nous avons rencontrée à l'occasion de la procédure d'exécution : au *tangano* correspond l'amende de 15 sol. qui manifeste proprement la vertu *coercitive* de l'acte formel ; pour le *solem collocare,* c'est-à-dire en réparation du dommage causé par la perte d'un jour, il faut encore payer

[1] Siegel p. 132 note 3 pense que les novelles 260 (texte B) et 343 (texte C) ont entièrement aboli le *tangano* et en ont transporté l'effet à la troisième invitation (*simple*). — Mais il n'a pas pris garde que les mots de la novelle 152 : hic ego vos tangano etc. sont indiqués par Merkel par la façon dont ils sont imprimés, comme appartenant aux trois textes A, B, C. Il suffit de jeter un coup d'œil dans l'édition des différents textes de Pardessus pour se convaincre de l'exactitude de cette opinion.

une amende de 3 sol. (comp. ci-dessus p. 21 note 1). Ici il y a cependant une différence qui consiste en ce que l'amende de 15 sol. est encourue seulement solem collocatum, c'est-à-dire après que le jour judiciaire est écoulé [1]. Dans le premier *testare* de la procédure d'exécution, l'amende est encourue aussitôt que le refus est constaté. Les rachimbourgs, eux, peuvent encore échapper à la peine ; il leur suffit, dans le courant de la journée, de purger leur défaut par le *legem dicere* et par le payement ou la promesse formelle de faire le payement des 3 sol. qu'ils doivent pour le solem collocare. L'existence de ces 3 sol. est donc intimement liée à la *purgatio morae;* ils ont pour effet d'enlever au *tangano* la vertu qu'il a de faire naître par lui-même l'amende, et non pas, comme on l'a cru jusqu'ici, d'en être la manifestation [2].

Siegel a démontré p. 107. 145 que s'il n'y a que *sept* rachimbourgs à encourir l'amende c'est que le *tangano* est seulement dirigé contre *sept* d'entre eux. Tout en prononçant le *tangano*, la partie [3] se serait ainsi réservé de *choisir* parmi les rachimbourgs présents un nombre déterminé de *trouveurs* de jugement. Il semble qu'on puisse fournir à cette opinion un argument historique que Waitz n'a pas indiqué [4]. L'Edict. Chilp. prescrit la forme dans laquelle le demandeur, au tribunal du roi, doit prouver qu'un jugement a été rendu dans le tribunal populaire (comp. ci-dessus, § 27). On y lit :

> Adducat *septem rachimburgiis ferrebannitus* qui antea audissent causam illam — et si *septem* venire non potuerint et eos certa sonia detrigaverit et *toti* venire non possint, tunc veniant tres de ipsis etc.

Le demandeur doit donc produire au tribunal *les* sept rachimbourgs *tanganisés* [5] qui ont déjà jugé l'affaire. Or ces *septem représentent précisément* le nombre des rachimbourgs qui ont

[1] On ne voit pas pourquoi Siegel p. 147 rapporte l'expression : solem collocatum, qui exprime seulement une *seconde fois* le premier solem collocare, à un *second* jour judiciaire.

[2] Waitz *S. R.* p. 169, Siegel p. 147 admettent que le *tangano* fait d'abord naître l'amende de 3 sol. puis si le défaut *persiste*, l'amende de 15 sol.

[3] M. Sohm a abandonné cette opinion dans l'*ouvr. cit.* : « on doit admettre que le collége des rachimbourgs de l'ancien droit salique n'était pas nommé par le *juge*, ni par le *demandeur*, mais par la *centaine.* » *Verfassung des fränkischen Reichs* p. 377, 378 et ib. note 20. (*note du trad.*)

[4] Waitz V. G. IV, 325 voit dans l'opinion de Siegel « une présomption qui peut avoir quelque apparence de vérité, mais que les sources ne confirment pas. »

[5] Voyez sur la signification de ferrebannitus *Zeitsch. f. Rechtsgesch.*

été en fonction, puisque, avec ces mêmes toti, *tous les tanganisés* ont été produits au tribunal. C'est pour cela qu'une condition meilleure est faite au demandeur : en cas de nécessité, la production de trois rachimbourgs suffit, ce qui s'expliquerait difficilement si les *septem ferrebanniti* avaient été sept personnes choisies parmi les membres présents de l'assemblée judiciaire.

Nous pouvons donc dès à présent poser en principe que, d'après la Lex Salica, le demandeur seul, et non pas comme l'admet Siegel, tantôt le demandeur tantôt le défendeur, avait le droit de choisir ceux qui, dans l'assemblée, devaient *trouver* le jugement [1].

§ 22.

PROCÉDURE DE CONTUMACE dans la *première assise.*

Nous avons vu précédemment (§ 19-21) quels sont les dangers divers auxquels expose le non-accomplissement des nombreuses formalités *imposées* par la procédure. — La *procédure* de contumace se propose, non pas de déterminer l'exécution de *tel* acte particulier, mais de *suppléer* à l'instance qui aurait dû se lier, cela afin que le défaut de l'adversaire ne soit pas pour le demandeur un obstacle à la réalisation de son droit ; elle satisfait donc non pas à une obligation procédurale particulière, mais, absolument comme la procédure ordinaire, à une obligation de droit privé. Il suit de là que le défendeur est le seul qui soit exposé à la procédure de contumace, de même que le demandeur est le seul qui soit exposé aux dangers qu'entraîne le défaut.

La première assise, lorsqu'elle suit son cours régulier, a

V. 417. L'opinion de Waitz *S. R.* p. 152 note 2 ne se concilie pas avec ce qui suit : qui ante audissent causam illam.

[1] Remarquons en passant une phrase jusqu'ici restée inaperçue qui montre, chez les Saliens et dès la plus haute antiquité, l'existence de *quatre bancs* sur lesquels s'asseyaient les rachimbourgs (comp. Sal. 57 : rachineburgii in mallobergo *sedentes*). On lit dans les Septem causae VII, 6 (Merkel Lex Salica 96) : Si quis Franco *inter quattuor solia* occiserit, sol. 600. Ces quattuor solia sont évidemment les quattuor *scamna*, *vierschare* des tribunaux postérieurs de Flandre, comp. Warnkönig *Flandrische Rechtsgesch* I, 281. Grimm R. A. p. 812. v. Maurer, *Gesch. der Markverf.* p. 333. Ce qui d'ailleurs s'accorderait avec le principe exprimé dans Sal. 63 : le wergeld du Frank est triple quand il est membre de l'assemblée guerrière, ou de l'assemblée judiciaire.

pour but d'amener le jugement après que le défendeur a répondu (v. § 18). Il y a lieu d'examiner ce qui arrive si le défendeur fait défaut.

Une chose est certaine, c'est que l'amende de 15 sol. frappe le contumace ; telle est en effet la punition du défaut ; mais comment doit agir le demandeur pour arriver à sa légitime satisfaction, et tout d'abord à un jugement ?

Avant les travaux de Siegel, l'opinion de Maurer *Gerichtsverf.* § 44 et suiv., était généralement admise ; suivant cet auteur, après trois invitations demeurées sans effet, on procédait à l'exécution contre le défendeur. Or il a été démontré par Siegel p. 76 que les passages sur lesquels s'appuyait ce système visent soit le triple *testare*, soit l'attente *per triduum* dans le tribunal du roi.

En d'autres termes, dans le premier cas il ne s'agit point d'ajournement devant le tribunal, dans le second, d'une attente pendant trois jours *ininterrompus*. L'explication présentée par Siegel (p. 75 et suiv.) n'est pas non plus exempte d'erreur, à notre avis. D'après elle, une *mannitio* plusieurs fois restée sans effet entraîne tout d'abord la saisie opérée sur les biens du contumace afin de réaliser l'amende qui le frappe ; et même, au cas où ce châtiment ne suffit pas, la mise hors la loi. La première partie de la proposition résulte du titre Rib. 32, 3 [1] où il ne s'agit point d'une peine contumaciale, mais de l'exécution ; la seconde partie de cette même proposition résulte du titre Sal. 56, où il est question du défaut, non dans la première, mais dans la seconde assise (*après* le jugement, comp. ci-dessous, § 25). Cet auteur croit en outre, afin d'accorder ensemble ces deux passages, pouvoir s'autoriser d'un témoignage du droit frison postérieur.

La solution de la question nous est donnée par la Lex Salica pour le cas particulier, il est vrai, dans lequel le *dominus* est actionné à l'occasion d'un délit commis par son esclave. Le demandeur commence par *mannire* en ces termes : « envoie-moi l'esclave au tribunal ». (comp. ci-dessus p. 83 note 1, p. 93 note 4). Le titre Sal. 40, 4, 5, lui, pense au défaut : que si le *servus* est *praesens,* la première *mannitio* doit être suivie d'une seconde *mannitio* concluant au *praesentare 7 noctes* après ; que si le servus est *absens*, une troisième *mannitio* tendant à la

[1] Comp. § 1 d'où il ressort que la fixation de l'amende dans Rib. 32, 3 répond exactement aux dispositions contenues dans Rib. 51, 1, 84. Il s'agit dans les deux cas de l'*exécution*.

même prestation est nécessaire, en sorte que le *dominus* obtient en tout un délai, dans le premier cas, de 14, dans le second, de 21 nuits. Chaque *mannitio* est suivie (après six nuits) du *solem collocare;* en d'autres termes, le demandeur attend au tribunal jusqu'au coucher du soleil que le maître fasse sa prestation. Si le demandeur est frustré dans son attente une deuxième, puis une troisième fois, un jugement est *prononcé* condamnant le *dominus* à payer l'amende pour son *défaut;* cette amende n'est point celle qui a pour objet de punir le délit du *servus,* mais bien celle qu'il (le maître) aurait payée s'il avait commis lui-même le délit.

> Non quale servus sed quasi ingenuus hoc admisit talem composicionem requirentem restituat.

La législation de Chlotaire et de Childebert (Pact. pro ten. pacis c. 5. Decr. Chloth. c. 5) accorde *un seul* délai de 20 nuits; il faut présenter une *sunnis* pour obtenir un second délai. Si le *dominus* ne fait pas sa prestation, il est condamné à l'amende qui dans le Decr. Chloth. c. 5 correspond à celle que fixait l'ancien droit :

> Ipse dominus *status sui* juxta modum culpae inter freto et fedo compensetur [1].

L'Ed. Chilp. c. 7 prescrit deux assignations, la première au bout de 10, la seconde, au bout de 42 nuits; si on présente une *sunnis,* on peut encore obtenir un troisième délai de 84 nuits. Mais,

> Si ad 42 noctis non venerit nec sunnia adnuntiaverit, *tunc servus culpabilis judicetur;* et causa super domino *magis non ascendat nisi quantum de servo lex est.*

Si, comme on voit, les dispositions sur la longueur des délais et sur le montant de l'amende que doit payer le *dominus* varient, le principe suivant n'en subsiste pas moins : après un

[1] Mot à mot : « que le maître paie suivant la gravité du délit le montant de la somme d'argent fixé suivant son *état* et destinée à satisfaire l'ordre public troublé, ainsi que la vengeance de l'adversaire. » (*Friedens-* et *Feindschaftsgeld,* les deux éléments de la composition). Inter dans le sens d' « ensemble » se rencontre encore dans Sal. 35, 5 : inter fredo et faido sunt — sol. 45 c'est-à-dire « le *Friedens* et le *Feindschaftsgeld* font ensemble 45 sol. » Comp. Neugart *C. D. Alam.* 51 a. 772 : accipit inter caballo et alio precio sol. 20 : « Cheval et autres meubles valant ensemble 20 sol. »

nombre déterminé de nuits, le défendeur contumace est condamné par jugement *purement et simplement* à payer.

Dans notre système, ce principe est applicable à la procédure *ex delicto* dirigée contre l'homme libre, bien que cette conclusion ne ressorte pas directement des dispositions légales que nous avons étudiées.

La procédure salique (et non pas la procédure ripuaire, comp. p. 93, note 4) née d'un délit commis par un esclave se distingue en un point très-important de la procédure dirigée contre un homme libre. Dans le dernier cas une affirmation et une contre-affirmation suffisent, dans le premier, la procédure de la première assise remplace la preuve. D'après le droit antérieur (Sal. 40), l'esclave est torturé; d'après le droit postérieur (voyez les lois citées), l'ordalie du *sort* doit décider. L'esclave ne jouit d'aucun délai pour fournir sa preuve. Sa dénégation est suivie de la torture ou de l'ordalie; puis vient le jugement. Le maître doit donc, par le fait, envoyer l'esclave au tribunal non pas pour qu'il y réponde, mais pour qu'il y soit torturé, ad supplicia, ou ad sortem. Si l'esclave fait défaut, ce n'est pas seulement la défense qui fait défaut, mais en même temps la disculpation, en sorte que le maître, par la contumacia, perd en même temps le droit de prouver et son procès. Cette solution est fondée sur ce que le jugement, comme dans le cas d'aveu, conclut purement et simplement au payement de l'amende.

Ces dispositions nous autorisent à conclure à la généralité du principe suivant : contre un absent, un jugement *peut* être prononcé et *doit* l'être pour faire avancer la procédure [1]. Ce qui confirme encore cette conclusion, c'est que le but que se propose toute procédure judiciaire, l'exécution d'une part, la mise hors la loi de l'autre, s'atteint au moyen d'un jugement, et cela tout aussi bien d'après le titre Sal. 56 que d'après les dispositions postérieures qui le modifient (voy. § 27). Il n'y a pas de texte salique qui fasse immédiatement résulter l'exécution ou la mise hors la loi d'une *mannitio* inutile, ce qui démontre, à notre avis, que ce cas ne pouvait pas se présenter.

La pratique postérieure des tribunaux royaux, autant du moins que nous la connaissons, confirme l'opinion d'après laquelle le jugement concluait à un paiement et non pas à une disculpation [2].

[1] Au contraire Waitz *Sal. R.* 183 : « Si l'adversaire ne paraissait pas au tribunal — il devait payer l'amende de 15 sol., mais un jugement ne pouvait être prononcé contre lui. »

[2] Comp. Form. de Roz. 443-445 (App. Marc. 38. Marc. I, 37. Sirm. 33) cas

Si l'inculpé est attendu en vain, il est déclaré coupable, et le demandeur quitte le tribunal avec un ordre royal d'exécution adressé au comte.

Il n'est point ici question d'un ajournement répété analogue à celui que nous avons rencontré précédemment dans la procédure contre un *servus*. Il existe cependant dans l'ancien droit salique comme le prouve le titre 96, 1 : l'antrustion doit être ajourné une première fois *super noctes* 7, et, s'il fait défaut, encore *ad noctes* 14. Le texte dit ensuite : et qui mallatur si ibidem venerit, ce qui montre qu'avec le quatrième ajournement expire le dernier délai dans lequel l'inculpé puisse obtenir un jugement lui permettant de se disculper. On peut donc échelonner ainsi les délais de la Lex Salica : pour le *servus praesens* deux *mannitio*, pour le *servus absens* trois, pour le délit d'un homme libre quatre, avec les délais respectifs de 14, 21, 42, 17 nuits. Chaque *mannitio* est suivie de la *solis collocatio*, comme nous l'avons vu ci-dessus dans la procédure contre le *servus* et comme nous le voyons plus tard dans la procédure des tribunaux de droit commun et dans celui du roi. La première assise, de même que la procédure régulière, se termine donc par le *jugement* qui ménage en outre la transition à la procédure ultérieure dont le but immédiat est de donner satisfaction à l'ayant-droit.

3° Procédure qui suit le jugement.

§ 23.

INTRODUCTION.

L'étude du *fond* du jugement appartient essentiellement à la théorie de la preuve; il ne s'agit ici que de ses *effets*.

Le jugement de la procédure de délit, et en conséquence celui de la Lex Salica en général, est toujours prononcé contre l'inculpé. Celui qui avoue doit payer l'amende, celui qui nie, se disculper *ou* payer [1]. Ce n'est pas à fournir la preuve d'innocence

dans lesquels le défendeur est contumace dans *la première assise*. Le point de savoir si, dans Bréquigny dipl. II nr. 324 la contumace a eu lieu dans la première ou dans la seconde audience, est douteux.

[1] Sal. 56 : rachineburgii judicaverunt, ut aut ad ineo ambularet aut fidem de conposicione faceret.

mais à *payer,* s'il ne prouve pas sa non-culpabilité, qu'est contraint le condamné par l'application des mesures coercitives de la procédure. La procédure de coercition qui suit le jugement est donc, par sa nature, et quelque soit le dispositif de ce jugement, *toute d'exécution* parce qu'elle vise la *solutio* du droit privé. La Lex Salica présente ceci de particulier, que le jugement par lui seul est hors d'état de contraindre directement, et qu'il est suivi non pas d'une procédure d'exécution, mais d'une procédure de *contumace*, c'est-à-dire d'une contrainte indirecte. Pour que l'exécution ait lieu, il *faut*, de la part de l'inculpé, un acte volontaire, la *promesse d'exécuter le jugement.*

§ 24.

PROMESSE D'EXÉCUTER LE JUGEMENT ET EXÉCUTION.

On doit à Siegel (p. 219 et suiv.) d'avoir établi le premier l'existence de la *promesse d'exécuter le jugement* et de lui avoir assigné dans la procédure la place qui lui convient. Nous utiliserons donc dans cette exposition les conclusions auxquelles il est arrivé.

La promesse d'exécuter le jugement est la promesse formelle d'en accomplir le dispositif, c'est-à-dire, suivant sa teneur, tantôt de payer, tantôt de payer *ou* se disculper. Ce second cas est indiqué dans :

> Alam. Hloth. 36, 3 : Et in primo mallo spondeat sacramentales et fidejussores praebeat, sicut lex habet — ut in constituta die *aut legitime juret, aut si culpabilis est componat* [1].

Chez les Franks, la *fides facta,* qui est (voy. ci-dessus § 5) la promesse formelle du droit privé, est en outre la forme que

[1] Pour le droit wisigothique nous trouvons un exemple postérieur dans Ménard *Hist. de Nîmes*, tome I preuves nr. 1 (Placitum a. 876) : après qu'un jugement de preuve a été prononcé, les inculpés promettent sous caution, per manum fidejussori suo Donodeo repromiserunt *quod ita facerent* (c'est-à-dire qu'ils fourniront la preuve exigée); quod si non *fecerint*, Deodonus suam legem componat; et in antea episcopus et ejus advocatus (les inculpés) *faciant quod lex* est. De même la charte nr. 3 (a. 898) : ut in 40 noctes, si ipso A auctore habere non poterat, ipsa ecclesia cum suo dotalicio reddere fecisset, qualiter sua lex est. — Siegel dit avec raison que la promesse faite par l'inculpé d'accomplir le jugement porte sur tout le dispositif de ce jugement (aut juret *aut* solvat) et n'est pas simplement une promesse de *fournir la preuve.*

revêt la promesse faite *in judicio*. Le défendeur fait défaut au jugement

> Sal. 56 : si nec de composicione nec de ineo nec de ulla lege *fidem facere* voluerit ;

la formule du jugement est ainsi conçue :

> ut aut ad ineo ambularet aut *fidem* de conposicione *faceret*[1].

Tout ce qui a été dit sur la forme et la substance de la *fides facta* de droit privé s'applique à cette *fides facta* procédurale. Elle est faite en saisissant la *festuca*, soit par le défendeur en personne, soit par le fidéjusseur pour lui. La constitution de caution est le moyen employé d'ordinaire, comme on le voit par

> Ed. Chilp. c. 6 : Similiter convenit, ut quicumque ad mallum fuerit et in veritatem testimonia non habuerit unde se aeducat et necesse est ut mitium[2] fidem faciant *et non habuerit* simili modo *qui pro eum fidem faciat; et ipse in senextra manu fistucam teneat et dextera manu auferat* (comp. ci-dessus p. 51).

D'après cette disposition, ce n'est donc qu'exceptionnellement que la promesse *de l'inculpé* en personne est admise.

Comme il est facile de le voir, cette *fides facta* procédurale se distingue cependant en un point de la *fides facta* du droit privé. Le fidéjusseur devient par le fait (voy. § 5) *le sujet* de l'obligation dans les liens de laquelle le débiteur était jusqu'ici. La procédure *ex debito* est dirigée dorénavant contre le fidéjusseur et non plus contre le débiteur. La fidéjussion procédurale au contraire ne peut, par sa nature, se proposer d'enlever à l'inculpé le rôle qu'il a joué jusqu'ici dans la procédure ; il n'en reste pas moins l'*inculpé*, le *sujet* de la procédure, l'*actionné*. La fidéjussion procédurale n'est qu'accessoire ; c'est une *sûreté* pour l'adversaire. Nous voyons, en effet, que l'exé-

[1] Voyez, pour l'époque postérieure, des formules de jugement semblables, de Roz. 464, 467 (Bignon 26, Lind. 127).

[2] Roth, *Beneficialwesen* 163, 164 a montré que ce mot est employé dans des sens différents. Ici il se rapporte évidemment à l'obligation de comparaître au tribunal (pour fournir la preuve). Grimm, Préface à la Lex Sal. p. XI et suiv. cherche à rattacher le *mitium* à l'idée de ban judiciaire.

cution qui résulte d'une *fides facta*, malgré l'Ed. Chilp., vise principalement l'inculpé [1]. La constitution de fidéjusseur n'est que la forme dans laquelle le principal obligé s'engage lui-même à payer ce qu'il doit [2].

Le jugement une fois prononcé, si la *fides facta*, la promesse de l'exécuter a été faite, l'inculpé doit comparaître au tribunal, au jour fixé dans la promesse elle-même pour y effectuer le payement [3] ou se disculper. La *fides facta* ménage donc à la fois le passage d'une assise à l'autre (il n'y a pas besoin d'une seconde assise) et le passage de la première à l'assise de preuve ou d'exécution.

Le demandeur doit aussi, de son côté, comparaître à la seconde assise, [4] soit pour recevoir la prestation de l'inculpé, soit pour procéder à l'exécution.

Si son adversaire ne comparaît pas à la seconde assise pour tenir sa promesse, le demandeur attend en observant les formes jusqu'au coucher du soleil et prend des témoins dont l'attestation pourra être nécessaire. C'est du reste la forme dans laquelle, nous le savons, le défaut de l'adversaire est formellement constaté [5]. Alors l'inculpé est, suivant l'expression de la Lex Salica,

[1] Il ne faudrait pas se laisser induire en erreur par ce fait que la Lex Salica emendata dans la nov. 330 désigne par le mot *fidejussor* celui contre lequel l'exécution se poursuit. *Fidejussio* désigne primitivement toute prestation de fides facta. C'est ainsi que le capitulaire, cité ci-dessous dans l'appendice I, dit en parlant du *débiteur principal*: et ipse per se *fidejussionem faciat*. Le fidejussor est donc celui qui a presté une *fides facta*.

[2] Comp. la charte citée p. 105 note 1. Ménard, nr. 1. Platner, *Die Bürgschaft* p. 61 et suiv.

[3] Payer l'amende constitue un acte judiciaire absolument comme fournir sa preuve. D'après le titre Sal. 56 le demandeur attend *au tribunal* que l'inculpé se soumette à l'épreuve de l'eau ou paie l'amende. Il suit de là qu'une partie de la composition était réclamée par la puissance publique en qualité de *fredum*. De là encore la défense souvent renouvelée de recevoir une composition quelle qu'elle fût, *occulte, sine judice*. Celui qui contrevient à cette disposition est traité comme le criminel lui-même (par ex. Pactus pro ten. pacis c. 3). La prétention née du délit doit donc s'introduire *nécessairement par voie judiciaire*. — Siegel, p. 241, se trompe quand il croit que, dans le cas d'aveu, le paiement devait s'effectuer immédiatement après le jugement. Les formules citées p. 106 note 1 qui condamnent à *promettre de payer* visent précisément le cas d'aveu.

[4] D'après la Lex Salica, habituellement 40 nuits après la première assise Sal. 56, 96, 1.

[5] L'emploi de cette forme est d'après le titre Sal. 56 expressément prescrit dans le cas où l'inculpé a refusé la *fides facta*. Le demandeur doit, 40 nuits après le jugement (en conséquence dans la seconde assise), revenir au tribunal pour y faire le *solem collocare*. Voyez § 25. Il

legitime jactivus admallatus[1], et la seconde condition requise par le titre 51, en dehors de la *fides facta*, est remplie.

Si quis grafionem ad res alienas tollendum invitaverit — et *legitime illum jactivum admallatum non habuerit*; ille qui eum rogat ut injuste tollat *antequam legitime admallatus fuerit aut fides ei facta fuerit* — sol. 200 culp. jud.

La voie de l'exécution est maintenant ouverte, que le jugement et avec lui la promesse de s'y conformer aient d'ailleurs conclu au payement *pure* ou seulement sous la condition suspensive que la disculpation ne serait pas fournie : cette condition suspensive est réalisée dès que l'inculpé a fait défaut à la seconde assise. Le titre Sal. 50. 2 décrit cette procédure : Si quis ad placitum legitime fidem factam noluerit solvere[2] —.

La procédure débute par l'acte formel au moyen duquel le demandeur invite le comte à poursuivre l'exécution ; il s'agit ici en effet (et non pas comme ci-dessus § 4) de la perception de la composition[3] et en conséquence d'une *saisie judiciaire*. Les formalités sont indiquées assez nettement :

ille cui fides facta est, ambulet ad grafionem loci illius, in cujus pago manet, et *adprehendat fistucam* et dicat verbum : « tu grafio, homo ille mihi fidem fecit, quem legitime habeo jactivo admallatum in hoc quod lex salica continet : *ego*

suffit de comparer avec Sal. 51 (voy. dans le texte) pour se convaincre que cette même procédure s'appliquait dans le cas présent. De même Siegel p. 245.

[1] Siegel a trouvé le vrai sens de cette expression p. 245, 246 (voy. surtout note 2); voy. au contr. Wilda et Waitz.— Jactivus signifie contumace, comme on le reconnaît généralement aujourd'hui. Ce n'est pas cependant une expression technique ou spéciale à la langue judiciaire (voy. la littérature dans Maurer § 41 et aussi Siegel p. 52, Waitz Sal. R. p. 181). Dans les formules de De Roz. 453. 464. 483 (Marc. app. 4. Bign. 26. Lindenb. 169) jectivus signifie l'esclave récalcitrant vis-à-vis de son maître.

[2] Siegel a le premier indiqué la différence des cas traités dans Sal. 50, 1 (ci-dessus § 5) et 50, 2 et par suite donné l'explication de ce passage § 36. Contre l'opinion de v. Meibom (*Deutsch. Pfandrecht* 71-73, 194, 195) voyez ci-dessus § 5.

[3] Nous ne pensons pas avec Siegel p. 246. 247 qu'une somme d'argent « soit fixée » comme objet de prestation, ni que les sources voient dans ce cas « le cas ordinaire. » Comp. ci-dessus § 15. — Pardessus Loi Salique p. 605 rapporte le Sal. 50, 2 à la procédure civile; aussi se plaint-il de l'insuffisance des renseignements touchant la procédure en matière criminelle.

super me et super furtuna mea pono quod tu securus mitte in furtuna sua manum. » et dicat de causa et de quantum ei fidem fecit.

Il est intéressant d'examiner de près les solennités de cet acte. Le demandeur se présente à l'assemblée judiciaire [1], devant le comte [2], saisit la *festuca* comme signe *sensible* d'une affirmation solennelle et dit les mots : *tu grafio* etc. La loi salique a été observée, la *fides facta* faite, mais la prestation a été attendue en vain, tel est le sens de la première partie de la proposition. Puis vient l'invitation proprement dite : « Je me constitue en gage, corps et biens, afin que tu puisses en toute sécurité mettre la main sur sa (celle du débiteur) fortune. Qu'il dise ensuite quel délit a été commis *(causa)* et quelle somme a été promise. » Le point important dans cet acte est le : *ego super me et super furtuna mea pono.* A cette promesse d'attirer sur son corps et ses biens la responsabilité de la régularité de l'acte se rapporte la saisie de la *festuca :* cette saisie donne à l'acte son caractère formel, emportant obligation stricte ; il tire de la *festuca* son nom et aussi le pouvoir de contraindre [3]. Il n'est d'ailleurs question — et nous reconnaissons ici la nature de l'acte formel — d'aucune enquête préalable sur les conditions matérielles ou procédurales de l'exécution [4].

Les paroles solennelles du demandeur en tiennent lieu. Elles

[1] Comp. les dispositions de l'époque postérieure, Ed. Chilp. c. 7, Rib. 32, 3. — Rien dans ce texte n'indique que le demandeur va trouver le comte *dans l'assemblée judiciaire* pour l'inviter à exécuter. Cet acte du demandeur est *extrajudiciaire*. Sal. 50, 2 : Si quis ad placitum legitime fidem factam noluerit solvere, tunc ille cui fides facta est *ambulet* ad grafionem loci etc. M. Sohm a rectifié cette erreur légère. *Fränkische Reichs-und Gerichtsverfassung* p. 80. (*Note du trad.*)

[2] Le *grafio loci* n'est pas le comte de la centaine ou *thunginus* voy. ci-dessus p. 11, note 4.

[3] Dans l'Ed. Chilp. cet acte est ainsi désigné : cum fistuco mittat super se, dans Sal. 45 (ci-dessus § 4 : super furtuna sua ponat.

[4] Si dans les espèces examinées, Sal 45 (invitation au comte d'exécuter contre l'*homo migrans*, ci-dessus § 4), Sal. 50, 1 (demande du *nexti canthichio* adressée au *thunginus* contre le débiteur *in mora*, ci-dessus § 5), Sal. 56 (mise hors la loi par le roi, ci-dessous § 25) l'exécution est precédée d'une *mannitio* du défendeur, c'est parce que jusque-là, la procédure s'était déroulée en dehors du tribunal (§ 4. 5) ou devant un autre tribunal (§ 25). C'est aussi pour cela que l'accomplissement des actes préparatoires doit être établi par témoins. Ici au contraire, la procédure se déroule devant le même tribunal ; il n'y a donc place ni pour une *mannitio* ni pour une preuve testimoniale. D'après le titre Rib. 32, 3 la septième *mannitio* est suivie d'une preuve par six témoins.

suffisent pour contraindre, sous peine de mort, le comte à accéder à l'invitation qu'elles contiennent.

> Sal. 50. 3 : *Si ibi grafio rogitus fuerit* et sunnis eum non tenuerit aut certa racio dominica *et distulerit se* ut non ambulet neque aliquem in rem mittat qui cum legem et justitiam exigere debeat, *de vita culpabilis esse debet aut quantum valet se redemat.*

Le *châtiment* dont est frappé celui qui *abuse* de l'acte formel[1] remplace ici aussi la garantie positive, matérielle de la régularité de la procédure. Comme le comte, le demandeur doit payer son propre wergeld ; s'il ne peut payer (comp. Sal. 58) *se redimere*, il est puni de mort,

> Sal. 51 : ille qui eum (s.-ent. grafionem) rogat ut *injuste* tollat — sol. 200 *culp. jud.*

Par cette déclaration : super me et super furtuna mea pono, le demandeur prend sur lui la responsabilité des suites de l'acte formel et fournit, au lieu de preuve, la *sûreté* qu'exige le droit salique : la base de la procédure est donc uniquement formelle, la garantie purement indirecte ; elle accuse, dans l'histoire de la procédure, un état primitif, embryonnaire et offrant encore peu de ressources [2].

Le comte accède à l'invitation. Il réunit sept rachimbourgs et se rend avec eux à la maison du débiteur. Tout d'abord, si ce dernier est *présent*, l'injonction lui est faite d'avoir à *payer de bon gré.*

> Tunc grafio collegat septem rachineburgius idoneos et sic cum ipsis ad casa illius qui fidem fecit ambulet et roget illum *si ibi praesens est* qui fidem fecit et dicat : « qui ad praesens es *voluntate tua solve* homine isto quod ei fidem fecisti

[1] La forme dans laquelle doit se faire l'opposition à cet acte est indiquée dans Ed. Chilp. c. 7 ; comp. ci-dessus § 7.

[2] La nature de cet acte est imparfaitement comprise par Wilda, *Das Pfändungsrecht* (*Zeitschr. für deutsch. R.* I, 183). Il s'exprime ainsi : « Le comte est ici l'assistant juridique de l'impétrant qui, au nom de ce dernier, et non pas au sien propre (son pouvoir ne va pas jusque-là) fait la saisie. » Il fallait dire : pour *mettre en mouvement* le pouvoir public qui lui est confié, le comte, c'est-à-dire l'*autorité*, doit y être invité par la *personne intéressée.* — Et Siegel p. 248 : « bien qu'il (Wilda) n'ait pas motivé son opinion, le reproche de Waitz (*Sal. R.* p. 182 note 2) qu'elle n'est pas fondée, n'est pas mérité. » Comp. Waitz *Sal. R.* 182, dont v. Meibom, *Das deutsche Pfandrecht* p. 126 et suiv. adopte les conclusions.

et elege tu duos quos volueris idoneos. *cum rachineburgius istos de quo solvere debeas adpreciare debeant* et hoc quod debes secundum justum precium satisfaciatis.

Nous reconnaissons ici la procédure dont nous avons déjà (§ 5) constaté l'existence à l'occasion de la *fides facta* du droit privé. De même que le créancier, lorsqu'il invite pour la première fois à payer, se transporte cum illis qui precium adpreciare debent, de même le comte s'adjoint ces sept rachimbourgs dont la fonction est précisément de precium adpreciare (voyez sur ce point p. 14 et s.). L'inculpé est invité à *payer*, car le comte exige la désignation de deux rachimbourgs qui doivent estimer les meubles et par suite rendre la prestation possible. On ne voit pas clairement si les deux rachimbourgs que le débiteur doit désigner sont pris parmi les sept ou en dehors des sept[1]. En tout cas, ce qui donne au paiement un caractère volontaire, c'est que le débiteur concourt pour sa part à la nomination des rachimbourgs estimateurs[2]. Leur acceptation, dans le paiement germanique, remplace, dans la translation de propriété, l'accord des volontés sur les objets donnés en paiement. Comme de nos jours l'exécution, même sans la volonté de faire la tradition de la part du débiteur, l'exécution germanique, même sans l'acceptation des estimateurs par le débiteur, *transfère* la propriété sur les meubles et effectue le paiement refusé.

Si le débiteur est absent, de sorte que l'invitation à payer ne puisse pas se faire, ou s'il se refuse à payer, les sept rachimbourgs que le comte a amenés avec lui exécutent le *precium*

[1] Les mots : elege tu — *cum* rachineburgius istos rendent les deux explications admissibles. Waitz Sal. R. p. 181 et Siegel p. 250 admettent la seconde : « choisis deux personnes qui *de concert* avec ces rachimbourgs feront l'estimation; » *cum* dans le latin du temps, s'emploie dans les sens les plus divers. On le trouve exprimant le rapport indiqué d'ordinaire par le datif par ex. nov. 155 à Sal. 57, 2 : sol. 15 illi septem singulatim*cum* illo culp. jud. ou au lieu de *secundum* : Rib. 57, 2 : *cum* lege eum adducat. Ordinairement il est mis pour *ad, ante*, Ed. Chilp. c. 9 : nobis*cum* adcusent (« *devant* nous »); Fredeg. c. 58 : ut etiam ipsum *cum* Dagoberto conarentur facere odiosum, « *devant* Dagobert » les Austrasiens voulaient rendre Pépin odieux. Greg. Tur. VII, 47 : Sicaire apprend que les objets volés *cum* (*devant*, en *présence* ou *par*) Annone et filio — retinerentur. Voyez encore les form. de Roz. 43 (Marc. I, 20) : eo quod — nulla justitia vobis*cum* (*par* vous) ob hoc possit consequere, etc. Il est donc très-possible qu'ici *cum* soit mis au lieu de *ex* (comme le fait présumer le voisinage immédiat de elege); voyez encore Frédég. c. 112 : *cum* Francis in Bajoariam admovere exercitum.

[2] L'Emendata (nov. 331) a, dans l'invitation à payer effacé le : elege tu duos etc.; il n'y a que : hoc quod debes secundum pretium legitime pretiatum satisfacere stude.

adpreciare, c'est-à-dire au lieu de l'acte de paiement, l'acte d'exécution. Ils désignent, comme dans le cas de paiement volontaire, combien de meubles et lesquels sont nécessaires pour éteindre la dette.

Quod si audire noluerit (le débiteur) praesens aut absens, tunc rachineburgii adpreciando precium quantum valuerit debitum quod debet hoc de furtuna illius tollant[1].

Ici, comme les deux parties dans le cas de paiement, le comte est absolument soumis à l'arbitrage des rachimbourgs. Lui-même fait le *tollere*[2], mais il ne doit pas, sous peine de mort, dépasser la mesure fixée par les rachimbourgs,

Sal. 51, 2 : Si vero graphio invitatus supra legem aut debitum aliquid *amplius tollere praesumpserit, aut se redimat aut de vita conponat.*

De ces meubles saisis qui représentent le montant de la composition due, deux tiers appartiennent au demandeur, le dernier tiers est perçu par le comte à titre de *Friedensgeld*, à moins toutefois que cette somme n'ait été déjà payée volontairement par l'inculpé :

et de ipsa (s.-ent. furtuna) secundum legem quae debet *duas partes* ille cujus causa est ad se revocet, *tercia parte* grafio freto ad se recolligat; si tamen fretus jam ante de ipsa causa non fuerit solutus.

Cette tradition de meubles emporte naturellement avec soi le droit de propriété et non pas seulement le droit de gage; les meubles *sont* de l'argent et ne sont pas simplement un moyen d'arriver plus tard aux *solidi* dus.

Il peut arriver que la fortune mobilière de l'inculpé ne suffise pas à éteindre la dette.

[1] Le de furtuna *tollere* prouve que si on payait en meubles (ci-dessus § 5 note 11) on ne pouvait de même exécuter que sur les meubles. Celui donc qui n'avait que des immeubles était insolvable. Sal. 58 voy. ci-dessous. Comp. v. Meibom, *Das deutsche Pfandr.* 55, 56. — Sur les traces que ce principe a laissées dans le droit du moyen âge, comp. Orenbrüggen, *Alamannisches Strafrecht* p. 103, 104. Thudichum, *Altdeutscher Staat*, p. 113, v. Meibom p. 56, 57, 97 et suiv.

[2] Le : *rachineburgii* — tollent de notre passage (Sal. 50, 2) n'est qu'une expression inexacte, Sal. 51, 1 : qui eum (s.-ent. *grafionem*) rogat ut injuste tollat. De même Sal. 51, 2 (ci-dessous dans le texte). Ed. Chilp. c. 7 dit en parlant des rachimbourgs : praetium faciant et quod *graphio* tollere debet.

Régulièrement, d'après la Lex Salica, le droit du demandeur reste purement et simplement non satisfait [1]; dans un cas seulement, lorsque l'objet de la demande est le wergeld, l'exécution passe outre et se poursuit contre la *personne* de l'inculpé, ses biens ne suffisant pas. Les principes qui règlent l'exécution personnelle ne sont pas développés dans ce passage bien qu'il traite de l'exécution (Sal. 50, 2), il en est seulement question à l'occasion du paiement volontaire de l'amende. Ce paiement doit aussi, comme nous l'avons vu (ci-dessus p. 107 note 3), se faire judiciairement. Contre le délinquant qui doit encore après avoir tout donné, on procède de la même façon que contre celui qui reste encore débiteur après qu'on lui a tout pris [2].

Le titre dont il s'agit est le célèbre titre Sal. 58, *de chrene cruda : Si quis hominem occiderit* et totam facultatem datam *non habuerit unde tota lege impleat* etc. L'insolvable doit jurer avec 12 cojurateurs quod nec super terra nec subtus terra plus de facultate habeat quam donavit. Puis il rentre dans sa maison [3], ramasse aux quatre coins de la terre dans sa main, se met sur le seuil de la porte le visage tourné vers l'intérieur de la chambre et jette cette terre de la main gauche par-dessus son épaule sur ses plus proches parents ; avec la terre il *jette* (transporte) sur eux l'obligation de payer. Le débiteur lui-même, en chemise, déceint, les pieds nus, un bâton à la main, doit franchir la haie de la maison pour indiquer qu'il abandonne tout derrière lui. Il n'y a qu'une série déterminée de parents qui puissent, par la solennité de la *crene cruda*, être mis en demeure de payer [4].

Si la fortune de ces parents s'épuise aussi sans parvenir à acquitter le wergeld, l'inculpé est adjugé au demandeur, d'abord *in fide* c'est-à-dire sous sa foi, provisoirement, avec l'*obligation* pour ce dernier de présenter son débiteur au tribunal et de le rendre le cas échéant [5]. La présentation doit avoir lieu

[1] Il n'est pas encore question dans la Lex Salica de l'esclavage à temps du droit postérieur.

[2] Comp. Ed. Chilp. c. 9 ci-dessous § 27.

[3] La maison, ainsi qu'il résulte de ce passage, ne fait pas partie de la *facultas*. L'immeuble n'est pas donné en paiement au demandeur, mais au plus proche parent du débiteur afin qu'il paie pour lui, comp. ci-dessus p. 112 note 1.

[4] L'explication de cette partie du titre Sal. 58 est en dehors de notre sujet.

[5] Comp. le récit de Grégoire de Tours, *Hist. Franc.* IX, 8 : le roi Childebert donne Gontran Boson à garder à l'évêque Agéric de Verdun : Sit penes te, Sancte Sacerdos, donec in praesentiam Guntchramni Regis

publiquement à quatre assemblées judiciaires (in mallo praesentare) « et l'on peut prendre le débiteur sous sa foi » (et sic postea eum — ad suam fidem tollat), c'est-à-dire toute personne peut exiger la tradition du débiteur sous l'*obligation* de payer l'amende pour lui [1]. Si ces quatre présentations demeurent sans résultat, le demandeur acquiert sur son débiteur le droit de vie et de mort :

Et si eum in conposicionem nullus ad fidem tullerit, hoc est ut eum redimat de quod non persolvit, *de sua vita conponat.*

La poursuite de la créance de wergeld conduit donc finalement à l'exécution sur la *personne* du coupable.

C'est au demandeur qu'appartient le droit d'exécuter :

Ed. Chilp. c. 7 : cui malum fecerit tradatur in manu et *faciant exinde quod voluerint.*

La vengeance *(Blutrache)* est donc ici un *moyen* de procédure, ainsi qu'on le voit encore par l'

Ed. Chilp. c. 5 : dominus — servum ipsum *det ad vindictam* — (parentes occisi) de ipso *quod voluerint faciant.*

Ainsi la procédure judiciaire ne cherche pas à supprimer la vengeance, comme on l'a cru jusqu'ici, mais seulement à en restreindre l'exercice au cas où la satisfaction légitime est devenue *impossible* par suite de l'*insolvabilité* du débiteur [2].

adveniat. Puis on lit IX, 10 : Guntchramnus — Boso, quem Agericus Viridunensis Episcopus *sua in fide susceperat :* — Pontifex ille, qui *pro eo fidem fecerat.* — Il l'a in fide (Lex Sal. : sub fide) parce que, par rapport à lui, il a fait la fides, la promesse de le présenter encore au tribunal. Comp. von Meibom, *Das deutsche Pfandrecht* 80, qui dans l'expression correspondante *to borge dun* du Sachsenspiegel (*Sachsp*, I, 70 § 2. II, 9 § 3. III, 9 § 4) voit le sens de donner un prisonnier en garde à quelqu'un sous l'obligation de la *custodia* et de la représentation au tribunal. — Waitz *Sal. R.* p. 177 a prouvé que celui qui eum sub fide habuit, qui doit donner caution, est le créancier et non pas un tiers quelconque.

[1] Voyez le sens de *to borge geren* dans Sachssp. I, 70 § 2. — Dans un autre sens, Waitz *Sal. R.* p. 177.

[2] Ce principe se rattache aux bases mêmes du droit germanique, Alam. lib. III, 105, 5 : la violation d'une maison étrangère est punie, nisi *homicida suus* ei in curte aut in casa fuerit et *pro ipso nullus offerit derictum, si sequenter eum currit*, non est ad requirendum. Offerre derictum

La forme dans laquelle cette exécution par la partie intéressée doit se faire est l'homicide légal réglé par le droit commun ; la publicité doit donner à cet acte son caractère juridique :

Decr. Tass. IV, 3 : Sed tamen ea tria genera homicidiorum (que les dispositions précédentes indiquent comme étant permis) debita signa vicinis suis et his qui adsistunt insignet.

Chez les Franks, le cadavre était exposé sur le *bargus*, la *clida*, c'est-à-dire sur une sorte d'échafaud[1], afin que chacun pût s'approcher et le voir[2]. Le *quadruvium*, le carrefour, est d'après le titre Rib. 73, le lieu où l'on expose celui qui a été tué légalement (ci-dessus § 17), le lieu où les *inimici*, d'après le titre Sal. 41, 4, laissent le cadavre *sine manus et sine pedes*. L'accomplissement de cette dernière formalité indique aussi qu'un homicide a été commis par *droit de vengeance*, et se justifie comme le *clida levare*. C'est ainsi que Grégoire de Tours VII, 47, raconte qu'un certain Sicaire avait été blessé par un de ses esclaves :

Quo (Sichario) in terram ruente, currentes amici adprehensum servum crudeliter *caesum*, *truncatis manibus et pedibus, patibulo* (comp. note 1) damnaverunt.

L'esclave n'a pas été « d'abord mutilé puis pendu, » mais son corps a été exposé sans mains ni pieds sur le *bargus*, pour que chacun vît bien que cet endroit avait été le théâtre de l'exécution d'une peine et non pas d'un meurtre clandestin.

Citons encore, comme se rapportant plus directement à l'exécution procédurale, les dispositions qui punissent le *de bargo tollere*[3], si l'acte est accompli sans la permission de l'autorité ou

pour : directum franç. droit) signifie justitiam offerre, reddere, c'est-à-dire offrir le paiement (ci-dessus § 8, p. 29 note 5). — Burg. 12, 3 : Quod si raptor (le ravisseur) solutionem suprascriptam *unde solvere non habuerit*, puellae parentibus adsignetur, *ut faciendi de eo, quod ipsi maluerint, habeant potestatem.*

[1] C'est le sens de bargus suivant Grimm, Préface p. LI : Merkel Legg. III, 36 n. 59 remarque que bargus et clida sont identiques. Dans Sal. nov. 273 on trouve *de bargo vel de furca*, et *de palo*, de même dans Sal. 67[a] : *de furcas* — aut de *ramum* ubi incrocatur, comp. nov. 355; dans Sal. 67[b]. 97, 2 : de furca; dans le passage de Grégoire VII, 47 dont il va être question : patibulum, dans un autre (Greg. IX, 19) : in saepis stipite. Sur ce dernier passage comp. Pardessus, *Loi salique* p. 657, 658.

[2] Sal. 73 : debent facere bargo *quinos pedes in altum*, c'est-à-dire à une hauteur qui permet de voir commodément le cadavre.

[3] Comp. sur ce point Pardessus, *Loi salique*, p. 657. 658.

contre la volonté de celui cujus causa est, qui eum ibidem misit, par ex.

Sal. nov. 273 : Si quis hominem de bargo vel de furca abattere praesumpserit *sine voluntate judicis* — sol. 45 culp. jud. Si quis caput de homine, quem suus *inimicus* in palo misisset, aliquis eum exinde *sine permisso judicis aut illius qui eum ibidem misit*, tollere praesumpserit, — sol. 15 culp. jud.

De même,

Sal. 97, 2 : Si vero de furca jam mortuo *sine consilio judicis aut voluntate ipsius cujus* causa est tulerit ——.

Comp. Sal. 67, nov. 355.

Le dernier acte de la *procédure* s'accomplit dans la même forme que l'exercice du droit de vengeance.

§ 25.

JUGEMENT ET PROCÉDURE DE CONTUMACE.

Comme nous l'avons vu (§ 22), la procédure, dans sa première phase d'évolution, se termine toujours par un jugement qui condamne le contumace et celui qui avoue purement et simplement à payer la composition ; celui qui nie ne la paiera que s'il ne parvient pas à se disculper.

Le jugement, par lui-même, n'est pas exécutoire. C'est là un principe que nous allons établir. S'il n'y a pas de promesse d'exécuter le jugement (§ 24), par laquelle l'inculpé s'y soumette *volontairement*, il ne peut être question, pour la prétention du demandeur, de réalisation mais seulement d'une peine infligée à celui qui a troublé l'ordre public. La procédure emploie ici un moyen de coercition *indirect*.

Le titre Sal. 56, de eo qui ad mallum venire contemnit, est le point de départ de cette exposition. Il est tout d'abord nécessaire de montrer qu'il vise le cas qui nous occupe (voyez § 22) et qu'il *ne* vise *que* lui.

On a cru généralement jusqu'ici [1] que la loi salique traitait à la

[1] Comp. Rogge 21. 22. Maurer § 47. Waitz 183. 184. Siegel 76, 77.

fois du défaut fait au jugement et du défaut fait à la *mannitio ;* les dispositions contenues dans ce titre seraient donc applicables à la contumace dans la seconde assise et à la contumace dans la première ; d'où la théorie dominante conclut que, même *sans jugement,* un ou plusieurs ajournements restés sans effet justifient l'application du mode de procéder indiqué dans le titre. Siegel paraît avoir douté de la justesse de cette opinion, car il est le seul qui ait tenté de la défendre. — Quant à la preuve de la nôtre, elle se trouve dans le titre et les premiers mots de Sal. 56. — Nous voyons tout d'abord : de eum qui ad mallum venire contemnit — puis : Si quis ad mallum venire contempserit. Nous n'avons pas besoin d'indiquer combien on doit avoir peu de confiance dans les rubriques de la Loi Salique [1] ; il est évident qu'ici la suscription a été composée non pas d'après le contenu même du titre, mais seulement avec les mots par lesquels il commence ; il est très probable d'ailleurs que le texte primitif n'avait point de rubrique. Sur les quatre manuscrits du petit texte en soixante-cinq titres [2], deux (codd. 2. 4 de Merkel) n'ont rien ; parmi les textes postérieurs, le texte A de Merkel (Pardessus texte III) porte la suscription : de dispectionibus (comp. ci-dessous p. 119 note 1) qui a passé dans l'édition de Hérold, tit. 59, et qui, dans le manuscrit de Wolfenbuttel (le code 2 de Merkel), forme la suscription du titre précédent (Lex Sal. Merkel, nov. 19 [3]). — De deux difficultés, une seule nous reste donc à vaincre. Le titre débute ainsi :

> Si quis ad mallum venire contempserit *aut* quod ei a rachineburgiis judicatum fuerit adimplere distulerit.

Au point de vue de la langue, il faut montrer tout d'abord que, dans les sources germaniques, *aut* s'emploie non dans un sens disjonctif, mais habituellement copulatif [4] et pour relier ensemble

[1] Comp. Roth, *Beneficialwesen* 84. note 165.

[2] Comp. Stobbe, *Gesch. der deutsch. Rechtsquellen* I, 35 et suiv.

[3] Comparez le titre Sal. 15. Ici aussi les manuscrits n'ont pas de rubrique ou présentent des variantes : celles qui nous sont parvenues ont été formées avec les premiers mots du titre. Aussi Waitz, à propos de la rubrique qu'il a admise dans son édition, dit-il : Antiquus legis codex *nullam* inscriptionem habuisse videtur. L'édition de Merkel n'en a pas.

[4] Par ex. Sal. 46 : ante teoda aut thunginum. 11, 5 : Si vero in domum ingressus fuerit aut exinde furtum aliquid tulerit. 11, 6 : Si vero nihil tulerit aut fugiens evaserit. 105, 2 : Si antrustionem interfecerit aut talare (pour : celare) voluerit. De même Pact. Alam, II, 46 etc.

deux membres de phrase présentant le *même sens*[1]. La Lex Sal. emendata (Pardessus texte V) présente *et* au lieu de *aut*. La suite du titre indique que le sens spécial à cette particule convient très bien ici. Il s'agit en effet, non pas de deux éventualités, mais d'une seule. Le demandeur doit attendre l'accomplissement du *jugement;* les témoins doivent déposer que le jugement n'a *pas été accompli*. Les mots qui suivent : si nec de conposicione nec de ineo nec de ulla lege fidem facere voluerit rendent la double expression simplement par : s'il ne veut pas *accomplir* le jugement. D'autre part, il est dit de celui qui ne vient pas au tribunal du peuple, qu'il doit être ajourné au tribunal du roi : Si nec tunc venerit—, et la fin du passageporte : Tunc si ille — ad *nullum placitum* venire voluerit. On voit clairement que ce titre désigne de deux manières le défaut fait au *jugement :* si nec de ineo etc., fidem| facere voluerit, et : si ad placitum venire noluerit. Les premiers mots :

> Si quis *ad mallum venire* noluerit aut quod ei a rachineburgiis *judicatum fuerit adimplere* distulerit,

combinent ces deux manières d'exprimer la même idée. Il s'agit donc ici d'*un seul* cas présenté sous *deux* aspects différents et non pas de deux cas distincts l'un de l'autre. Il arrive d'ordinaire en effet que celui qui veut faire défaut au jugement fait défaut aussi à l'assise où doit s'accomplir ce jugement. Celui qui ad mallum venire contemnit est précisément celui qui ne veut pas judicatum adimplere. Siegel lui-même a admis que dans le titre parallèle Sal. 96, 1, il ne s'agit que du défaut contre un jugement et non pas d'une mannitio inutile[2]. Le titre qui nous occupe ne diffère point par le fond, mais seulement par la façon dont il s'exprime.

Ainsi le jugement est prononcé, mais la promesse d'en accomplir le dispositif n'est pas faite. Le demandeur attend (dans la première assise) jusqu'au coucher du soleil la prestation de l'adversaire (et d'abord la prestation de la *fides facta*). 40 nuits après, il comparaît encore au tribunal et fait le solem collocare.

[1] Voyez les exemples fournis par Roth, *Beneficialwesen* p. 284 note 31 : comes aut grafio, thunginus aut centenarius etc. Comp. ibid. p. 230 note 117, où *vel* « ne sert pas à unir deux idées différentes, mais identiques. »

[2] On lit en effet ici aussi : *Et si ad ipso placito venire* aut manum suam ad aeneum mittere noluerit. — — si nec tunc *venerit* — si ad nullum *placitum venire* voluerit.

Cette seconde assise est destinée à l'apport de la preuve d'où résultera la disculpation (comp. ci-dessus § 18). Si l'attente est vaine, la condition sous laquelle l'inculpé échappait à la dette, est défaillante. Il y a donc lieu à commettre un acte par lequel se poursuive la réalisation du droit : cet acte n'est pas, comme en matière de dettes *ex contractu* (§ 5. 6), la demande de son nexti canthichio faite au *thunginus;* ce n'est pas non plus, comme dans les § 4. 24, l'invitation faite au *comte* d'avoir à exécuter. Le demandeur ajourne son adversaire devant le *roi* et amène avec lui ses témoins qui doivent certifier le légitime admallare. Dans cette nouvelle instance, l'inculpé ne peut que *détourner* de lui la procédure *sans y prendre part*. Les témoins du demandeur ne produisent point de preuve contre l'inculpé qui nie ; leur présence sert de base formelle à l'acte de contrainte qu'accomplira le tribunal suprême (comp. ci-dessus p. 11). Douze témoins, trois pour chaque formalité, doivent être produits d'après le titre Sal. 56 ; trois fois, trois témoins ont à s'exprimer sur les actes qui ont précédé la procédure à poursuivre devant le roi. En même temps que leur témoignage, le titre Sal. 56 indique reproduit encore une fois la procédure tout entière :

> et ibi 12 testes erunt qui per singulas vices tres jurati dicant, (1°) quod ibidem fuerunt, ubi rachineburgii judicaverunt ut aut ad ineo ambularet aut fidem de conposicione faceret, et ille dispexerit[1]. (2°) Iterum alii tres jurare debent quod ibidem fuissent post illo die quando rachineburgii judicaverunt, ut aut per ineo aut per conposicione se educeret, hoc est de illa die in 40 noctes in mallobergo iterum ei solem collocaverit et nullatenus legem voluerit implere. Tunc eum debet mannire ante regem hoc est in noctes 14 et tria testimonia jurare debent ; (3°) quod ibi fuerunt ubi eum mannivit.

Après ces neuf dépositions, trois témoins affirment en outre que l'acte du solem collocare a été accompli par le demandeur au tribunal royal. Cette attente jusqu'au coucher du soleil servait à constater si l'inculpé comparaissait ou non et échappait,

[1] C'est l'expression technique pour désigner le défaut au jugement. Comp. 96, 1 : Et si ad ipso placito (dans la seconde assise) venire *dispexerit* aut manum suam ad aeneum mittere noluerit. Nov. 19 : Si quis — fidem facire *dispexerit* aut pretium solvere. De là les rubriques ci-dessus : de *dispectionibus*.

en faisant ce qu'il devait faire, c'est-à-dire en payant l'amende, à la procédure définitive[1].

Si nec tunc (au tribunal du roi) venerit, ista novem testimonia jurati sicut superius diximus dicant. Similiter illa die si non venerit, collocet ei solem et illa tria testimonia (4°) qui ibi fuerunt ubi solem ei collocavit.

Le ban prononcé par le roi contre le contumace met fin à la procédure,

Tunc si ille qui eum admallat ista omnia impleverit et ille qui admallatus est ad nullum placitum venire noluerit, tunc rex ad quem mannitus est *eum extra sermonem suum ponat*[2].

Le ban a pour effet la mise hors la loi :

Tunc *ipse* culpabilis et *omnes res suas* erunt[3].

[1] Ceci montre que ce *mannire* comme celui de la procédure d'exécution n'a pas pour but de faire concourir l'inculpé à la procédure judiciaire; il ne se propose pas d'obtenir un jugement, mais de préparer l'inervention de l'autorité. La procédure devant le tribunal du roi, production des témoins etc. suit également son *cours normal*, même en l'*absence* de l'adversaire : elle atteint son but dans l'extra sermonem ponere qui est une disposition *unilatérale*. L'inculpé est averti par la *mannitio* de l'instance introduite contre lui afin qu'il puisse, s'il le peut, s'*opposer* à son cours.

[2] Comparez l'exposition de la procédure à suivre contre un antrustio, Sal. 96, 1 : A la quatrième mannitio l'inculpé a comparu et le jugement concluant à la disculpation (par cojurateurs ou par épreuve de l'eau) ou au paiement a été prononcé. Et si ad ipso placito venire dispexerit aut manum suam ad aeneum mittere noluerit, quicumque antrustio ille de causa superius comprehensa per sacramenta absolvere non potuerit aut manum suam ad aeneum pro leude mittere dispexerit aut in placito venire distulerit : tunc ille qui eum rogatum habet solem illi colligat ad ipso die in mallobergo in noctes 40. Si nec ibi se non duxerit, tunc ipse qui eum rogatum habet solem illi collectum postea illum in praesentia regis ad noctes 14 rogare debet et ibi 12 testes ponat. Puis viennent les dépositions des témoins comme dans le titre Sal. 56 : Tunc si ista omnia impleverit qui eum admallavit, et ille qui eum admallatur ad nullum placitum venire voluerit et per legem se non duxerit, tunc *rex* ad quem mannitus est *eum extra sermonem suum ponat.* — Plus tard, la mise hors la loi ne s'applique qu'en matière de délits publics. Rien ne nous autorise avec Maurer § 47 (comp. Rogge 22 note 32. Eichhorn. *R. g.* § 76) à admettre qu'il en était déjà de même au temps de la loi salique. D'après Siegel 76. 77 on pourrait croire, il est vrai, que le commodataire *in mora* était traité comme le coupable se refusant à payer l'amende.

[3] Nov. 150 (Texte A. C.) : in fisco aut cui fiscus dare voluerit.

Le banni et ses biens sont désormais en dehors de toute protection légale,

Ed. Chilp. c. 9 : ut quicumque eum invenerit quomodo sic [1] ante pavido interficiat.

Il est *expellis* (nov. 254, dans Sal. 69 : *aspellis*) *expulsus de eo pago* (nov. 336), « chassé du pays, » on doit obtenir de nouveau pour lui, ut ei inter homines liceat accedere (Sal. 55, 2). C'est un *wargus* (Sal. 55, 2) un « loup sauvage, » il erre dans les forêts, semblable au brigand [2], au *malus homo* que dépeint Ed. Chilp. c. 9 :

malus homo, qui male in pago faciat et non habeat ubi consistat nec res unde conponat et per silvas vadit.

Celui qui lui donne à manger ou à boire ou qui le reçoit sous son toit est puni, fût-ce sa propre femme,

Sal. 56 : et quicumque eum paverit aut hospitalem dederit etiamsi uxor sua proxima — sol. 15 culp. jud.

« Il n'a rien à lui, ni maison, ni femme, ni famille ; il ne peut se reposer deux nuits sous le même toit ; il n'a point de lit, pas de nourriture, il ne boit que de l'eau [3]. »

Cet état dure donec omnia quae imputatur conponat. La purge de contumace qui résulte du paiement de l'amende y met fin. De même dans

Sal. 55, 2 : wargus sit usque in die illa, quam ille cum parentibus ipsius defuncti conveniat.

Ainsi la procédure judiciaire de la Lex Salica se termine par l'exécution ou par le bannissement. L'exécution se retrouve aussi dans la procédure dite *d'exécution,* (§ 4 — 6), avec cette différence que, dans cette dernière, on y arrive nécessairement, tandis que la procédure judiciaire n'y conduit qu'à de certaines

[1] C'est-à-dire « qu'il le tue ensuite sans crainte. » Sur *sic* voyez ci-dessus p. 17 note 3. Quomodo a la même signification que ut, français que (voyez Pott dans *Höfer's Zeitschrift f. Wiss. der Sprache* III, 142) ; dans une charte de Flandre a. 1303 : que comme (Warnkönig *Flandr. R. g.* II, 1 *Anh.* 118).

[2] Grimm *R. A.* 396. 733.

[3] Voyez un manuscrit de la Lex Alamannorum Karolina Legg. III, 144 note f (sur le c. 40).

conditions dépendant du hasard. L'inculpé est maître de décider si le demandeur recevra satisfaction ou non. Le moyen de coercition particulier à la procédure judiciaire, le bannissement, est en même temps le seul qu'elle possède, le seul qui ait une vertu propre et non empruntée à l'accomplissement d'un acte volontaire par l'adversaire qu'il s'agit de contraindre. Rapprochée de la procédure d'exécution, elle est essentiellement une procédure *qui n'exécute pas*. Cette singularité s'explique si on se rappelle que la procédure judiciaire est la procédure criminelle de la Lex Salica (ci-dessus § 2. 15). De même que la disposition qui refuserait au créancier *ex contractu* ou au propriétaire de la chose mobilière la voie de l'exécution serait peu pratique, de même la pensée qui a présidé aux règles dont il s'agit ici a été fort juste en indiquant que le premier devoir de la procédure de délit n'est pas de procurer au demandeur tant de solidi, mais de courber le coupable sous la règle fixée par la *loi*. Voilà pourquoi il ne s'agit pas de poursuivre contre lui la procédure d'exécution, mais la procédure de contumace ; voilà pourquoi cet acte volontaire du coupable, la promesse de faire ce qu'exige la loi salique, est nécessaire afin que le bannissement ne lui enlève pas son existence juridique et que l'exécution lui prenne seulement cette somme d'argent fixée d'avance. Dans la procédure judiciaire de la Lex Salica, l'exécution est un *avantage* que l'inculpé peut se *ménager* en faisant la *fides facta*. La *procédure* criminelle vient ici corriger ce que le *droit* criminel a d'excessif. La peine privée qui est ici au premier plan disparaît là derrière la peine publique ; même dans le cas où la procédure par voie d'exécution donne au demandeur les 15 ou 30 sol., on peut voir la reconnaissance formelle du droit du demandeur ainsi que la satisfaction donnée à la loi : l'obligation à laquelle se soumet *volontairement* l'inculpé de payer l'amende contient l'aveu : j'ai agi contre le droit et je suis coupable.

Wilda [1] se fondant sur les sources juridiques noroises a pensé qu'en droit germanique tout délit était puni de la mise hors la loi et que plus tard seulement la législation avait admis qu'on pût expier son crime en payant l'amende. Si cette opinion pouvait se justifier aussi pour les autres législations germaniques, l'opposition entre la procédure et le droit matériel s'expliquerait historiquement. Ce qui au point de vue du système des composi-

[1] *Strafrecht* p. 268 et suiv. 284 et suiv. Comp. Waitz *V. G.* I (2e éd.) 398.

tions est pour nous procédure de contumace, ne serait, au point de vue de cet ancien système criminel, que l'*exécution* de la procédure primitive de délit. La *fides facta* serait nécessaire pour remplacer l'ancienne et dure exécution par la nouvelle beaucoup plus douce et se bornant à poursuivre l'amende. La procédure deviendrait le moyen d'imposer l'obéissance à la loi parce que c'était dans le délit lui-même que primitivement la peine publique prenait naissance.

CHAPITRE II.

PÉRIODE DE TRANSITION AU DROIT POSTÉRIEUR.

§ 26.

GÉNÉRALITÉS.

A l'époque de la rédaction de la Lex Salica succède l'époque de l'établissement de l'empire frank sur le sol romain. Au développement extérieur de la puissance franque correspond à l'intérieur un développement politique considérable. En même temps que la puissance publique prend de l'extension, la procédure se modifie. Les termes du rapport dans lequel se trouvaient le tribunal et l'individu en cette matière se renversent : le tribunal joue le premier rôle, celui de l'individu s'efface; il s'ensuit que la procédure judiciaire l'emporte sur l'extrajudiciaire. Dans les cas douteux, toute affaire s'introduira dorénavant dans les formes exigées jusqu'ici seulement en cas de délit. Avec la procédure extrajudiciaire disparaît la procédure d'exécution et avec cette dernière, le *testare forçant* à payer ; la mannitio est à l'avenir le seul acte formel dont disposent le créancier *ex contractu* et le créancier *ex delicto*.

Du rapprochement de la Lex Ribuaria et de la Lex Salica ressortent nettement les modifications essentielles qu'a subies la procédure.

Ce qui caractérise la deuxième partie de la Lex Ribuaria (tit. 32-64), c'est qu'elle est un remaniement de la Lex Salica, une exposition du droit ripuaire en prenant pour modèle la rédaction salique ; elle a eu cette dernière sous les yeux à partir du titre premier ; elle a emprunté, rejeté ou modifié les titres suivants. Absolument comme l'emprunt, l'omission d'un titre indique, si l'on prend garde à ce qu'il contient, une intention bien arrêtée et non pas la main du hasard[1].

Dans cette partie, la Lex Ribuaria a omis les passages de la Lex Salica se rapportant à la procédure d'exécution. Nulle part il n'est question de *testare*, ni de saisie extrajudiciaire, ni du *nexti canthichio* qu'elle appelle nécessairement. Le titre Sal. 45 de migrantibus (ci-dessus § 4) est laissé de côté, de même Sal. 50, 1 (ci-dessus § 5), dans lequel il s'agit de la procédure née de la *fides facta* de droit privé[2]. Seul, le titre Sal. 52 de rem prestitam (comp. ci-dessus § 6), a dans Rib. 52 de re praestata son correspondant ; mais il suffit de rapprocher les deux titres pour s'apercevoir très clairement des changements introduits.

Le titre Sal. 52 s'occupe principalement de la *procédure* qu'il faut conduire contre le commodataire (ou le débiteur par suite d'un prêt) in mora ; la fin indique l'amende *procédurale* de 15 sol. qui, ainsi que nous l'avons vu ci-dessus, correspond au premier *testare :* Il y a au contraire très succinctement dans Rib. 52 :

> Si quis rem suam alii praestiterit, et placitum indixerit, quod si super placitum rem praestitam retinere praesumpserit, *15 sol. multetur.*

De tout l'échafaudage procédural que Sal. 52 nous présente, il n'est plus rien resté que l'amende encourue par le débiteur in mora. Et encore, avec son ancienne base, a-t-elle perdu sa signification primitive. Les 15 sol. dans le titre Rib. 52 n'appartiennent plus à la procédure mais au droit privé ; ils ne naissent plus du *testare* mais du simple retard apporté au paiement ; de procédurale qu'elle était, la peine est devenue moratoire[3]. On peut constater une évolution semblable dans l'histoire de

[1] Comp. Sohm dans la *Zeitschr. f. Rechtsg.* V, 384 et suiv. 404 et suiv.

[2] Au contraire l'exécution exposée dans le titre Sal. 502 (ci-dessus § 24) l'est aussi dans le titre Rib. 32, 2 et suiv. 51, 84.

[3] C'est ce qui explique que le testare de l'époque postérieure (ci-dessus p. 14 note 2) n'est plus un moyen de contrainte procédurale, mais simplement le moyen de mettre le débiteur in mora. Comp. aussi *Schwsp.* Laszb. 84 (W. 69). — A mon avis, on peut expliquer historiquement la fixation légale de la peine moratoire. Comp. Stobbe, *Vertragsr.* 32. 37. Neumann, *Geschichte des Wuchers in Deutschland* (1865) 942 et suiv.

l'amende de 15 sol. que primitivement (ci-dessus § 5) le débiteur contumace doit payer après le testare, dans la procédure *ex fide facta*.

Extravag. Leg. Sal. (Merkel p. 100) c. 6. Et si vivent ambo (débiteur et fidéjusseur), quod spopondit qui wadium dedit det (le débiteur principal). Et si domo non dat, fidejussor quantum spopondit pro neglectu debitoris det. Si non, *proiectos*[1] *conponat 17 solidos*[2] et supra quod spopondit.

« Comme peine de contumace » le fidéjusseur paie 15 sol. et de plus le montant de la dette[3].

Sauf ces débris, rien de la procédure d'exécution ne s'est conservé.

Quant à la vindication mobilière, elle a eu une autre fortune. Déjà nous avons, en l'exposant, rapproché la Lex Ribuaria de la Lex Salica. Pour cette dernière, il est toujours vrai qu'elle ne connaît point de *procédure judiciaire*. La « *schlichte Klage* » moyen âge n'existe pas encore. Le *vestigium minare* suivi de l'*anefang* visant la *chose* et non pas un acte procédural est maintenant encore la seule manière d'introduire la vindication (Rib. 47. 33, 1[4]). L'adversaire n'est pas *mis en demeure* de répondre au tribunal; il a (dans la procédure contradictoire) le droit, en se défendant, d'empêcher l'acte formel du demandeur de produire ses effets.

La *procédure judiciaire* est la procédure de l'époque postérieure. Le principe de la Lex Salica d'après lequel chaque affaire doit être conduite suivant le mode qui lui est particulier, n'existe plus. La vivante variété des formes procédurales disparaît et fait place à un système unique qui, plus fortement constitué et reposant sur des bases plus larges est destiné à se développer.

[1] Corrigez : pro jectus, « comme jectus. » Comp. c. 1. eod : jectum de 15 sol. ei det. Jectus est évidemment identique à jectivus.

[2] Il faut très certainement : 15 solidos. Comparez le passage cité dans la note précédente.

[3] Comp. ci-dessous Appendice I, p. 146 note 1.

[4] Comp. Gregor. Tur. *de Gloria confessorum* c. 81 i. f. : Alterius hominis malitia furis boves abstulerat, qui *adprehenso vestigio*, *et* inter infusos aqua viarum tramites— *perdito* ad Sancti recurrit sepulcrum, fusaque oratione — — advertit hominem — qui boves illos ante se prosequens adducebat : — *cognoscit* que vir ille boves quos perdiderat; hos *recipiens* hominem absque calumnia (sans élever d'action contre le vol) redire permisit. — Translatio Filiberti c. 77 (Mabillon, *Acta SS. ord. Ben.* IV, 1., 552) : quidam namque rusticus — suum perdiderat bovem, quem *per diversa requirens loca*, et minima reperiens etc.

La puissance créatrice de l'époque postérieure se réserve presque exclusivement le domaine de la procédure; en cette matière la Lex Salica va subir de profondes modifications.

D'un côté, il se produit dans ce domaine le même phénomène que dans celui de la procédure d'exécution extrajudiciaire; l'activité individuelle disparaît pour faire place à la puissance publique. La contrainte procédurale émanant du tribunal l'emporte sur celle qui émanait de l'acte formel; c'est le juge qui ajourne au tribunal, c'est le juge qui ordonne au défendeur de répondre, c'est encore le juge qui enjoint aux témoins de déposer et aux *trouveurs* de trouver le jugement [1].

D'un autre côté, ces changements ont eu de l'influence sur le développement interne de la procédure judiciaire. Ce qui jusqu'ici s'adaptait à un litige pris isolément ne pouvait pas s'adapter sans modification à tout autre litige. Dorénavant, c'est dans la forme de la procédure judiciaire que les affaires litigieuses, non-seulement *ex delicto*, mais quelles qu'elles soient sauf la vindication mobilière, s'introduiront en justice. C'est par la voie judiciaire que devront agir à l'avenir le créancier *ex fide facta, ex re prestita*, et le membre de la commune dont le *migrare* d'un étranger lèsera les intérêts. Des relations juridiques plus fréquentes vont introduire dans la pratique, à côté de ceux qui existaient déjà [2], des rapports nouveaux que protégera la loi. Enfin il va être fréquemment question d'une action que ne connaît point encore la Lex Salica, nous voulons parler de la vindication immobilière [3].

[1] Ces changements se sont naturellement introduits peu à peu et non tout d'un coup. L'ajournement par le juge (*bannitio*) se rencontre par exemple chez les Franks pour la première fois à l'époque karolingienne; au contraire le titre Rib. 50, 55 a aboli déjà le *tangano* dirigé contre les témoins et les juges. Comparez *Zeitschr. f. Rechtsgeschichte* V, 416-418.

[2] Comp. les formules de Rozière 463 (Bign. 13) : actio depositi; 488 (Andeg. 30) : actio pignoratitia en restitution d'un immeuble donné en gage, 489 (Andeg. 29) : actio commendati.

[3] Un seul passage de la Lex Salica fait allusion à la vindication immobilière. Dans le titre 46 de adfathamire, après que la forme dans laquelle les donations pour cause de mort doivent être faites, a été indiquée (comp. Beseler *Lehre von den Erbverträgen* I, 96 et suiv.), on lit : *et si contra hoc aliquis aliquid dicere voluerit*, debent tres testes jurati dicere — —. L'affaire concerne ici aussi (comp. de Roz. 216, Marc. I, 13) des immeubles, comme on le voit par les mots : in *casa* ipsius manere debet (le fidéicommissaire) — quod in *casa* illius mansisset. — Nous ne savons rien sur la forme de la vindication immobilière d'après la Lex Salica.

La procédure judiciaire doit se modifier si elle veut satisfaire aux exigences du nouvel organisme juridique.

Nous avons vu [1] que la procédure judiciaire de la Lex Salica a donné naissance à une espèce particulière de contrainte procédurale, la peine qui frappe le contumace. Tandis que dans la procédure d'exécution, c'est la prétention de droit privé qui est avant tout satisfaite, dans la procédure de délit, c'est l'obligation d'intérêt public dont tout d'abord l'exécution est poursuivie. Si l'adversaire ne s'y soumet pas volontairement [2], la procédure ne peut que donner naissance à la peine contumaciale ; elle n'a pas le moyen de procurer au demandeur ses solidi. La condition des prétentions de droit privé s'améliore depuis qu'elles se soutiennent dans la forme de la procédure judiciaire, depuis que l'instance a son point de départ dans les bases matérielles du litige et non plus dans ses bases formelles, depuis enfin qu'au lieu d'exécuter sur un refus, on doit, après litiscontestation préalable, fournir sa preuve. D'ailleurs, la contrainte procédurale née de la procédure judiciaire ne peut, en aucune façon, donner à ces prétentions leur satisfaction légitime : ce qui importe d'abord, c'est moins la réparation exigée par le droit public, la punition de l'inculpé, que la réparation exigée par le droit privé, la prestation : ce n'est pas le défaut et ses suites, mais l'exécution, que la prétention du demandeur se propose avant tout de poursuivre. C'est ce qui explique que la procédure judiciaire a dû se débarrasser en premier lieu des formalités spéciales qu'exigeait primitivement le champ assez restreint de son action. Remarquons toutefois que les dispositions du titre Sal. 96 de antrustione ghamalta sur la procédure à suivre par un antrustion, lorsqu'il agit contre un autre antrustion, reproduisent fidèlement celles du titre Sal. 56 (ci-dessus § 25) [3]. Déjà dans l'Edictum Chilperici (Merkel, Lex Salica tit. 77), nous voyons la législation s'engager dans la voie que nous avons indiquée.

Nous allons essayer d'interpréter ce remarquable édit.

[1] Voyez ci-dessus § 25.

[2] Comp. ci-dessus § 24.

[3] Il semble que l'ancien principe d'après lequel on ne peut exécuter sans *fides facta* préalable se soit conservé pour les antrustions comme privilége de naissance. Comp. Brunner, *Zeugen und Inquisitionsbeweis* p. 47.

§ 27.

EDICTUM CHILPERICI C. 7.

La loi suppose qu'un maître est actionné pour un délit commis par son esclave.

Quale convenit modo, ut si servum sors nunciata fuerit de furtum, tunc dominus servi inter decem noctes mittat servum ad sortem.

« Nous avons encore ordonné (d'après le chapitre 1 : cum viris magnificentissimis obtimatibus vel antrustionibus et omni populo nostro) que, lorsque le maître a été invité (par la *mannitio*) à produire son esclave au tribunal afin que l'épreuve puisse être faite, il doit satisfaire à son obligation dans le délai de 10 nuits[1]. »

Si ibi illum in illas decem noctes non miserit in praesente, tunc in 42 noctis eum mittat, et eum ibi servus ad sortem venire debet, et illi qui furtum pertulit jus sit cum sex videre.

« Si le dominus ne produit pas son esclave dans le premier délai de 10 nuits, il a droit à un second délai de 42 nuits. Puis (au lieu de et eum lisez *et tum*) l'esclave doit subir l'épreuve judiciaire, et le demandeur à qui (au lieu de : qui, lisez : *cui*) il a volé l'objet, doit cum sex videre. » Le sens des derniers mots ressort de ce passage rapproché du Pact. Child. et Chloth. c. 5. 8. et du Decr. Chloth. c. 3. Dans ces trois textes, il est question d'une ordalie, avec cette distinction, que l'inculpé dans le c. 5 est un esclave, dans le c. 8 un lite, dans le c. 3 un homme libre. Les trois espèces ont ceci de commun que l'issue défavorable de l'ordalie ne décide, en droit, contre l'inculpé, qu'autant que le demandeur jure avec six cojurateurs choisis pour moitié par l'adversaire : quod lex salica habet fuisse completum, que « ce qu'exige la loi a été accompli. » Le serment a le caractère d'un serment de *véracité* et a pour but d'empêcher une falsification possible de l'ordalie (ne conludius fieri possit). Ce serment est indiqué par ces mots *cum sex videre;* ceci ne paraît pas douteux puisqu'ici aussi il s'agit de

[1] Comp. sur ce point § 16. § 20 et § 22.

convaincre le servus au moyen d'une ordalie. Il faudrait donc rétablir le texte ainsi : et illi — jus sit cum sex *videredum dare*. En mettant *videre* le copiste a cru qu'il avait déjà écrit *dare*[1].

Si le maître ne produit pas son esclave dans le second délai sans présenter une *sunnis*,

> Et si ad 42 noctis non venerit nec sunnia adnuntiaverit, tunc *servus culpabilis judicetur*, et causa super domino magis non ascendat nisi quantum de servo lex est, aut ipsi (pour : ipse) servus decidat[2] aut dominus pro servo conponat hoc est solidos 12 et capitalem et dilaturam.

Nous trouvons ici, conformément aux principes développés dans le § 22, un *jugement* pur et simple condamnant à payer l'amende. Le maître doit céder l'esclave au volé[3] ou bien payer 12 sol., c'est-à-dire la valeur de l'esclave[4] avec le *capitale* et *dilatura*.

> Et si in 42 noctis legibus sunnia nuntiaverit, in 84 noctis postea placitum intendatur. Et si ibi se non eduxerit, sicut supra scriptum est, culpabilis judicetur. Nam ad 42 noctes sunnia adnuntiaverit, lectus 15 sol. conponat.

Si le dominus présente au tribunal une *sunnis* après 42 nuits, on lui accorde un nouveau délai de 84 nuits ; s'il ne se défend pas alors (se non eduxerit)[5], il est déclaré culpabilis, avec cette aggravation qu'il paie en sus une amende contumaciale, comme ayant fait traîner le procès en longueur (84 nuits) après avoir présenté une *sunnis* à l'assise qui suit le délai de 42 nuits : lectus (corrigez : *iectus*)[6] 15 sol. conponat.

Le jugement met fin à la procédure. Il est suivi, 40 nuits après, comme nous l'avons vu dans les §§ 24. 25, de l'assise

[1] Videredus indique partout le serment que doit prêter le *demandeur*. Comp. Ed. Chilp. c. 9 (videredum donet). Sal. 96. et la charte dans Pérard comp. ci-dessus p. 50 note 2) p. 147 i. f. 148 i. f. — Sur les diverses opinions émises sur ce point voyez Grimm *R. A.* p. 906. Zöpfl, *Ewa Chamav.* p. 30. 32. Siegel p. 268 note 5.

[2] Pour decedat = cedat, l'actif avec le sens du passif.

[3] Comp. Pactus Childeb. et Chloth. c. 5. Decr. Chlothr. c. 5 Ed. Chilp. c. 5.

[4] Comp. Merkel Legg. III, 48 not. 14. — Gregor. Tur. *Hist. Franc.* III, 15 : Léon se vend comme esclave pour 12 sol.. Baj. 9, 3 ; 12 sol. valentem mancipium.

[5] Comp. Ed. Chilp. c. 6 : testimonia — unde se aeducat. Sal. 56 : ut aut per ineo aut per conposicione se educeret.

[6] Comp. ci-dessus p. 127 note 1.

dans laquelle il doit s'exécuter. L'inculpé doit payer ou fournir la preuve de son innocence. Avec ce délai expire le délai de preuve et de paiement ; la procédure de coercition s'applique désormais au cas où le jugement conclut *pure* au paiement tout aussi bien qu'au cas où il conclut au paiement ou à la disculpation. L'Ed. Chilp. suppose que l'inculpé fait défaut à la seconde assise.

Et si inter ipsas 42 noctes nec fidem facere nec conponere voluerit.

Dans l'ancien droit salique, la procédure de contumace que termine la mise hors la loi trouve ici sa place (ci-dessus § 25). *Il en est autrement d'après l'édit.* Les formalités qui ont pour but d'amener l'*exécution* s'accomplissent sans qu'elles aient besoin d'être précédées de la *promesse de se soumettre au dispositif du jugement.*

Toutefois, ici comme ailleurs, il n'est fait emploi de la contrainte qu'autant que l'invitation répétée de payer de bon gré est demeurée sans effet :

tunc rogat ille qui consecutus est, ut de legem inter 40 noctes solvat quod antea dictum est. Et si adhuc inter ipsas 14 (corrigez : 40) noctes noluerit solvere, rogit inter septem noctis.

Si la dernière invitation est inutile,

Et si inter ipsas septem noctis nec fidem facere nec conponere voluerit,

à la prochaine réunion du tribunal, le comte est invité à saisir :

tunc in proximo mallo ante rachymburgiis sedentes et dicentes quod ipsi illum ante audierit, sic *invitetur grafio*, cum fistuco mittat super se, ad res suas ambulet et praendat quantum rachymburgii antea odierit. et grafio cum septem rachymburgiis antrutionis bonis credentibus aut quis sciant accionis a casa illius ambulent et praetium faciant et quod graphio tollere debet. Et si graphio ante rachymburgiis sedentes non fuerit invitatus, non ibi praesummat ambulare. Et si invitatus fuerit et ibidem noluerit ambulare, de vita sit culpabilis. Et si graphio super praetium aut extra legem aliquid tollere praesumpserit, noverit se vite suae periretis dispendium[1].

Sur la plupart des points nous reconnaissons les dispositions de l'ancien droit : le demandeur doit mettre le comte en demeure d'exécuter au moyen du *cum fistuco mittere super se* (ci-dessus § 24); l'exécution se poursuit avec le concours de sept rachimbourgs qui ont à *pretium adpretiare*[2], et cela chez le débiteur. Le *tollere* est encore comme auparavant l'œuvre du comte qui est encore obligé, sous peine de mort, d'obtempérer à l'invitation du créancier et, lors de la saisie mobilière, de s'en tenir à la limite fixée par les rachimbourgs.

Il y a cependant dans cette loi une condition mise à l'exécution dont il n'a point encore été question. Le comte ne doit obtempérer à l'invitation du demandeur que lorsque les rachimbourgs présents au tribunal témoignent, quod ipsi illum ante audierit[3]. Le sens de cette disposition ressort de deux autres passages qui s'occupent d'une manière générale de la nouvelle procédure d'exécution. L'un est le titre

Sal nov. 19 : *De dispeccionibus.* Si quis in mallum alterum per lege convinxerit[4], ad (pour at) fidem facire dispexerit aut precium solvere, *tunc racineburgiis debent de eum ante audire secundum legem qualis causa est* et ille qui eum mallavit ad causa (pour casa) sua ei nunciare debit pre-

[1] Au lieu de *periretis dispendium* il faut évidemment lire *perire* (= subire) dispendium.

[2] Les mots antrutionis bonis credentibus aut quis sciant accionis semblent indiquer par une périphrase l'expression employée d'ordinaire : boni viri. Antrutio a de grandes ressemblances avec trût qui signifie amicus, fidelis (par ex. drudi atque vassi dans v. Maurer, *Fronhöfe* I, 148 note 4. 5. Comp. Diez, *Etymologisches Wörterbuch* I s. v. drudo. — Voyez l'explication singulière qu'en donne Gfrörer, *Zur Geschichte deutscher Volksrechte im Mittelalter* (1865) I, 102. 113. — Plus tard on trouve encore homines *credentes* par ex. ad Dei judicia homines credentes dans cap. 782 c. 8 (Pertz I, 43), comp. Waitz *V. g.* IV, p. 368 note 4, Dove *Zeitschr. für Kirchenrecht* IV, 34; on trouve encore dans notre passage boni credentes comme plus tard boni et Deum timentes (Waitz II, 184 note 4). L'adjonction de credentes donne suivant Gfrörer un sens particulier p. 114 et suiv. — Aut quis sciant accionis signifie donc simplement : « qui ont connaissance de cette affaire » (comme assesseurs du tribunal). Gfrörer 113. 114 rapporte cette épithète aux rachimburgii *adstantes*.

[3] Rapprochez-en la suite de notre loi : praendat (grafio) quantum rachymburgii antea *odierit* — — rachymburgiis qui antea *audissent* causam illam — — graphio ad legem que antea *auditus est* invita elegitur.

[4] Pour convicerit, comp. Pott dans *Höfer's Zeitschr. f. Wiss. der Sprache* III, 119. 120.

cium antedictum. et tunc ei solvere noluerit, tunc per legem debit atendere et postea grafionem ad casa sua invitare, ut quod lex est de ipsa causa de res suas secundum legem debiat revestire.

Les premiers mots indiquent qu'ici aussi il est question de la contumace du défendeur après le jugement prononcé. On doit, aux termes de ce texte, avant de procéder à l'exécution, obtenir des rachimbourgs un *second jugement* pour que, *s'appuyant sur lui*, le demandeur invite l'inculpé à payer le praecium *antedictum*. De même, lors de l'exécution, les rachimbourgs, d'après l'Edictum Chilperici doivent attester, quod ipsi illum *ante* audierit, et le demandeur, exiger du défendeur, ut solvat quod *antea dictum est*. Le deuxième jugement se place *après* la connaissance première de l'affaire et *avant* la première invitation à payer, c'est-à-dire au moment où se doit accomplir le jugement. Nous avons déjà vu qu'il ne faut pas laisser passer ce moment sous peine de voir s'éteindre le délai dans lequel la preuve (ou le paiement) doit être fournie. Ce deuxième jugement déclare qu'il y a désormais lieu à exécuter. Contre le défaillant de preuve (si le premier jugement était un jugement de preuve), et contre celui qui ne paie pas, il fixe le montant de la somme jusqu'à concurrence de laquelle on peut exécuter, afin qu'elle puisse être exigée par le demandeur et ensuite poursuivie par le comte.

Nous retrouvons les mêmes dispositions dans le passage annoncé plus haut,

Ed. Chilp. c. 9 : Si quis causam mallare debet, et sic ante vicinas causam suam notam faciat, et sic ante rachymburgiis videredum donet, et *si ipsi hoc dubitant ut malletur causam*. nam antea mallare non praesummat. et si ante mallare praesumpserit, causam perdat.

On a cru jusqu'ici que cette loi réglait un rapport juridique tout différent de celui qui nous occupe[1] ; or, la suite[2] indique

[1] Elle indique d'après Waitz *Sal. R.* 133. *V. g.* II, 268. 269 que toute personne, avant de présenter sa chose au tribunal devait la présenter devant les membres de la *marche* rassemblés. Cette opinion n'est pas justifiée par le mot vicini, car les vicini ont la qualité de rachymburgii : les vicini font aussi bien partie du tribunal que de la commune. Pardessus, *Loi salique* 601 traduit vicini par *parents*.

[2] Il s'agit, dans la suite, de l'homo malus, qui non habeat ubi consistat

qu'il s'agit ici de la procédure d'exécution. Elle s'applique à la double condition de ante vicinas causam suam notam facere, c'est-à-dire de faire déclarer judiciairement son affaire (mûre pour l'exécution) et de fournir le videredus [1]. C'est alors seulement que le jugement peut conclure : ut malletur causam, « qu'il soit procédé dans l'affaire ainsi que de droit. » Nous avons donc acquis la confirmation de l'opinion exprimée déjà suivant laquelle le second jugement donne à l'exécution son libre cours. Celui qui n'en accomplit pas les dispositions perd par ce seul fait son procès.

Ainsi, tandis qu'auparavant l'exécution avait son point d'appui dans la fides facta du défendeur, on ne peut exécuter maintenant que sur un jugement de la commune. La suite de l'Ed. Chilp. c. 7 s'occupe d'abord de l'*opposition* à l'exécution commencée.

> Et si dixerit illi (pour ille) cui res tolluntur, quod male eum destruat [2] et contra legem et justitia [3], tunc maniat graphio eum inter noctes 42, et ille (pour illo, accus), et suo contractorem qui eum invitavit similiter maneat. Et si non negaverit ille qui invitavit, adducat rachymburgiis ferrebannitus qui antea audissent causam illam, *nobis praesentibus erit.* et si septem venire non potuerint et eos certa sonia detrigaverit et toti venire non possint, tunc veniant tres de ipsis qui praeside (Pertz corr. : per fide) sua dicant et pro paris suos sunia nuntiant. Et si rachymburgiis nec septem nec tres dare potuerit nec dat, graphio et ille qui accepit res illius, quem contra legem et justitiam extruderit, et ille qui male invitavit solvat cui res fuerunt.

D'après le titre Sal. 56, c'était la procédure de contumace, ici c'est la procédure d'exécution qui se poursuit en dernier lieu devant le roi. Le défendeur opposant et le demandeur sont ajournés par le comte à comparaître au tribunal du roi dans le délai de 42 nuits. Le comte ajourne non pas en vertu des

nec res unde conponat, en sorte qu'à défaut d'objets exécutables, si le malus homo s'enfuit, on doit procéder contre lui à la mise hors la loi.

[1] Le videredus devait ici comme nous l'avons vu ailleurs (p. 131 note 1) contenir ces mots : quod Lex Salica habet fuisse completum.

[2] Comp. ci-dessous : extruderit. Rib. 32, 3. 4. strudis legitima, strudem contradicere. Comme la saisie extrajudiciaire (Wilda, *Strafr.* 909) la saisie judiciaire est désignée par le mot vol (raub)— fait sur les biens du débiteur. Grimm, *R. A.* 635. 866.

[3] Comp. ci-dessus p. 25 note 2.

pouvoirs dont il dispose, mais en qualité de partie : l'opposition faite à la saisie contient implicitement le reproche d'un acte injustement commis. La parole est, devant le roi, tout d'abord donnée au comte. Il prétend contre le demandeur : tu m'as invité par acte formel à opérer la saisie. Si ce dernier avoue (si non negaverit ille qui invitavit), la responsabilité de la saisie passe du comte au demandeur. De son côté, le demandeur doit présenter septem rachymburgiis ferrebannitus qui antea audissent causam illam, c'est-à-dire les sept rachimbourgs qui ont prononcé le jugement concluant à l'exécution [1]. Le demandeur doit donc prouver que sa demande d'exécution est régulière. Dans la période d'exécution, la preuve n'a pas, au reste, à établir que la prétention du demandeur est matériellement fondée, mais seulement (absolument comme dans *la procédure d'exécution*) que les conditions procédurales auxquelles sa demande d'exécution est valable ont été remplies : il ne s'agit point d'exposer les *merita causae ;* pour que le demandeur mette à néant la prétention du défendeur il lui suffit, avec les assesseurs du tribunal, de prouver la régularité de la procédure au point de vue de la forme [2], pro paris suos sunia nuntiant.

Si la preuve testimoniale [3] du demandeur n'est pas fournie, le comte et le demandeur doivent rendre les objets saisis [4], et le demandeur (ille qui male invitavit) paie en outre l'*amende* pour avoir fait une invitation irrégulière au comte (d'après le titre Sal. 51. 1 : 200 sol.).

La procédure décrite ici suppose le cas : si *servum* sors nunciata fuerit de furtum. La phrase qui suit en généralise l'application :

Et quicumque ingenuus de actione et vi rejecte malla-

[1] Les rachymburgii ferrebanniti sont les rachimbourgs invités par tangano à trouver le jugement, comp. *Zeitschrift für Rechtsgesch.* V. 417, ci-dessus § 21.

[2] Le moyen employé par le demandeur pour produire ses témoins (les rachimbourgs) au tribunal est ici, comme dans la preuve testimoniale en général (Sal. 49), la mannitio. De là la sunnis que doivent présenter, pour s'excuser, les défaillants : et eos certa sonia detrigaverit. Les trois rachimbourgs qui comparaissent au tribunal peuvent déclarer l'essoine : pro paris suos sunia nuntiant.

[3] Ici aussi *trois* témoins sont nécessaires pour fournir la preuve testimoniale : si toti venire non possint, tunc veniant *tres* de ipsis. Comp. Sal. 46. 47. 56. 101. Rib. 50, 2. Siegel 202.

[4] Il semble qu'après les mots : graphio et ille qui accepit res illius quem contra legem et justitiam extruderit, il faille ajouter *restituat* formant opposition avec la phrase qui suit : et ille qui male invitavit *solvat* cui res fuerunt.

verit de qualibet causa, *simili modo ubi habet lege directa sic facere debet.*

Quelques explications suffiront pour faire comprendre le sens de ce passage. *Rejecte* est l'adverbe de jectus, jectivus [1]; rejecte est ici employé comme ailleurs adjectus, abjectire [2]. De actione et vi signifie « à l'occasion d'une chose ou d'un délit [3], » et l'actif mallaverit est ici pour le passif [4]. Seule, l'expression lege directa facere présente quelque difficulté. A notre avis, il faut voir dans les deux mots réunis, directa facere, le sens donné par directum facere, justitiam facere, c'est-à-dire « satisfaire [5]. » Lege directa facere signifierait donc : « donner satisfaction comme l'exige la loi. » Peut-être aussi faut-il corriger : lege *directo* facere [6].

Voici donc le sens de ce passage : alors même que la procédure est dirigée contre un homme *libre* « par défaut » à l'occasion d'un délit commis par *lui* ou de tout autre cause, s'il possède (ubi habet), il est de même tenu de *satisfaire* son adversaire : in contumaciam on peut *exécuter*.

La disposition finale de la loi tire la conséquence du principe posé, pour le cas où le défendeur est insolvable :

> Et si homo malus fuerat qui male fecit et si *res non habet unde sua mala facta conponat,* legibus consecutus super illum nihilominus graphio ad legem que antea auditus est invita elegitur (corrigez : *invitetur*).

Alors même que le défendeur n'a pas de biens qui puissent servir à payer l'amende « après que les formalités de la procédure ont été accomplies » le comte peut être invité par le deman-

[1] Comp. ci-dessus p. 131 note 6 et p. 127 note 1.

[2] Par ex. Form. de Rozière 444 (Marc. I, 37). 445 (Sirm. 33).

[3] Rapprochez par ex. Pact. Child. et Chloth. c. 6 : dominus servi 3 sol. solvat et servus ille 300 ictus accipiat et Sal. 40, 1.

[4] Par ex. Sal. 1, 1 : manebit (= mannivit) pour : mannitus est. Ed. Chilp. c. 7 : servus decidat pour (de) cedatur (ci-dessus p. 131 note 2). Eod. i, f. : lex faciat pour : lex fiat. Cap. 802 (Pertz I, 102 ligne 51) : Regula memoriter teneat et firmiter custodiat. Cap. 804 c. 2 (Pertz I, 130) : Et si quis ea nunc non teneat aut vapulet aut jejunet. Comp. Waitz Sal. R. 301.

[5] Par ex. Beyer, *mittelrheinisches Urkundenbuch* I, nr. 24 : agentes ipsius ecclesie sic ubicuique — directum facerent. Comp. ci-dessus p. 29 note 5.

[6] La désinence *o* (pour om, um) pour l'accusatif est, comme on sait, habituelle à la Lex Salica, comp. Pott dans Höfer *Zeitschr. f. Wiss. der Sprache* III, 129. 130. Waitz. *Sal. R.* 301.

deur à appliquer la peine (la saisie) « à l'exécution de laquelle le jugement a précédemment conclu. » Conformément aux principes développés ci-dessus § 24, l'exécution va se tourner contre la personne du débiteur.

et auferat (pour offeratur) per tres mallus ante rachymburgiis, ut ea nisi voluerint parentes aut de suis rebus redimant, aut se sciant si noluerint *in quarto mallo nobis praesentibus veniant : nos ordinamus, cui malum fecit tradatur in manu, et faciant exinde quod voluerint.*

En deux points seulement, ces dispositions dérogent à l'ancien droit.

D'après la Lex Salica, le débiteur insolvable n'est livré au demandeur (pour qu'il applique la peine de mort) que lorsqu'un *wergeld* dû n'a pu être payé ; cette loi abandonne la personne de l'inculpé au demandeur à l'occasion de tout délit quel qu'il soit. Cette modification correspond exactement aux dispositions du droit postérieur sur la *chrenecruda*.

Sal. nov. 164 : At praesentibus temporibus si de suis propriis rebus non habuerit unde transolvere aut se de lege defensare possit, *omnis causa superius conprehensa ad caput suum pertinet observare.*

De même que l'exécution sur les biens, si elle ne produit aucun résultat, le délit, si par le paiement volontaire le demandeur n'est pas satisfait, entraîne toujours l'application de la peine de mort [1]. Nous trouvons ici confirmée l'opinion émise ci-dessus § 24, d'après laquelle il faut compléter la description de la procédure d'exécution dans Sal. 50. 2 par la disposition du titre *de chrenecruda* (Sal. 58) où il s'agit de la *solutio*.

L'autre modification consiste en ce que ce n'est plus *quatre* fois devant le tribunal *du peuple* (Sal. 58 : eum per quatuor mallos ad suam fidem tollat), mais trois fois devant le tribunal du peuple, et la quatrième et dernière fois devant le tribunal *du roi*, qu'il faut faire l'offerre, l'invitation à l'inculpé de se racheter [2].

Les pouvoirs du peuple assemblé en tribunal ici sont dimi-

[1] Comp. aussi *Zeitschr. f. Rechtsgesch.* V, 411-415.

[2] Comp. Pact. pro ten. pac. c. 2 : si facultas deest, *tribus mallis* parentibus offeratur, et si non redimitur de vita conponat.

nués. Seul, le *roi* a le droit de disposer de la vie de l'*homme libre*[1].

Quant aux lignes qui suivent :

> Nam agens et qui mallat ipsum ad nos adducant, et adtrutionis secundum legem consecutus habuerit inter octuaginta et quatuor noctes ipsa invitatio, et lex faciat (pour : fiat) sicut superius scriptum est,

elles indiquent évidemment la procédure à suivre devant le tribunal royal lors du premier offerre. Le comte (agens)[2] et (ou?) la partie (qui mallat) ont à produire l'inculpé devant le roi.

Ce qui suit est assez obscur. En nous appuyant sur les principes que nous connaissons d'ailleurs, peut-être pourrons-nous découvrir le sens des mots et adtrutionis etc. Lorsque la procédure, après s'être déroulée devant le tribunal du peuple, se déroule devant le tribunal du roi, le demandeur doit en exposer par témoins le cours régulier tel qu'il a eu lieu, soit par exemple que l'exécution ait été attaquée (voyez ci-dessus), soit que la mise hors la loi ait été prononcée au tribunal du roi contre le contumace (ci-dessus § 25). Tandis qu'aujourd'hui, par l'expédition des actes, un tribunal connaît ce qui s'est passé dans un autre tribunal, jadis le même but s'atteignait au moyen de la déposition des témoins. Or il est visible que cette production de témoins avait lieu dans le cas qui nous occupe, et les expressions de notre texte indiquent très bien cet apport de preuve par le demandeur. Voici le sens du passage, à notre avis : « après avoir obtenu, conformément à la loi, le jugement des boni viri (adtrutionis)[3] — c'est-à-dire le jugement qui autorise l'exécution, — et après avoir ensuite fait l'invitation au comte dans le délai de 84 nuits[4], on peut satisfaire à la loi de

[1] Comp. Rib. 79 : Si quis homo propter furtum comprehensus fuerit, et legitime superjuratus et *judicio principis pendutus* etc. Decr. Childeb. 596 c. 8 (Pertz I, 10) : si *Francus* fuerit (sous-ent. latro). *ad nostra praesentia dirigatur*; et si debilioris personas fuerit, in loco pendatur.

[2] Le mot agentes désigne plus tard tous les fonctionnaires royaux, Waitz *V. g.* II, 403.

[3] Comp. ci-dessus p. 133 note 2.

[4] D'après les dispositions de l'Edict. Chilp. c. 7 commentées plus haut, le second jugement des rachimbourgs est suivi d'un premier délai de 40, puis d'un deuxième délai de 7 nuits (avec les deux sommations de payer); après quoi il y a lieu à faire in proximo mallo l'invitation au comte.

la manière qui a été indiquée. » Avant le in manu tradere, il faut rechercher au tribunal du roi si les conditions auxquelles se peut introduire la nouvelle procédure sont réunies, en un mot, par analogie avec les cas précédents, le demandeur doit fournir sur ce point la preuve par témoins.

§ 28.

CONCLUSION.

Nous avons commenté toutes les parties de l'Édict. Chilp. c. 7. En voici en résumé les dispositions :

Le défendeur est ajourné au tribunal dans le délai de 10 nuits ; s'il fait défaut, deuxième ajournement dans le délai de 42 nuits ; un troisième délai de 84 nuits est accordé à celui qui présente une sunnis. Si le défendeur fait une seconde fois défaut (ou une troisième suivant les cas), un *jugement* déclare sa culpabilité et fixe en même temps le montant de sa dette.

Le demandeur doit attendre 42 nuits après le prononcé du jugement que l'adversaire en accomplisse le dispositif. Si ce dernier n'accomplit pas, *deuxième jugement* des rachimbourgs concluant à l'exécution.

Le demandeur somme ensuite le défendeur de *payer* dans le délai de 40 nuits ; si le défaut persiste, autre sommation suivie d'un délai de 7 nuits. Si le paiement n'est pas encore fourni, le juge, au prochain tribunal du comté, est invité à procéder à la saisie. Les rachimbourgs attestent que le jugement concluant à l'exécution a été prononcé.

Si la saisie est attaquée, elle doit être justifiée au tribunal du roi.

Si le délinquant défendeur est insolvable, il est livré au demandeur qui le présente trois fois au tribunal du peuple puis au tribunal du roi afin de donner à quelqu'un (de ses *parentes*) la facilité de payer la dette pour lui. Si personne ne veut payer, le roi adjuge le coupable (débiteur) au demandeur, « pour qu'il en fasse ce qu'il voudra. »

Ce qu'il faut remarquer ici, c'est que l'on passe à l'*exécution* in contumaciam sans aucune *promesse préalable d'exécuter* le jugement. La satisfaction du droit du demandeur ne dépend plus de la volonté de l'adversaire. La procédure judiciaire exécute maintenant en principe et régulièrement. L'application de l'ancienne peine contumaciale, de la mise hors la loi, se borne dorénavant au cas où le défendeur, coupable *insolvable* s'est *enfui*, en sorte que par ce fait, l'exécution sur sa personne est devenue tout aussi impossible que l'exécution sur ses biens,

Ed. Chilp. c. 9. i, f. : Nam si certe fuerit malus homo qui male in pago faciat *et non habeat ubi consistat nec res unde conponat* et per silvas vadit *et in praesentia nec agens nec parentes* [1] *ipsum adducere possunt,* tunc agens et cui male fecit nobiscum adcusent, *et ipsum mittemus foras nostro sermone,* ut quicumque eum invenerit quomodo sic ante pavido interfitiat (comp. ci-dessus p. 12 note 1).

La disposition ordonnant l'exécution sans promesse préalable d'accomplir le jugement trouve son contrepoids dans la disposition suivant laquelle la promesse de la *partie* est remplacée par un jugement de la *commune* concluant à : ut malletur causam ; on peut procéder à l'exécution.

Nous voyons s'introduire dans la procédure un principe absolument inconnu à l'ancien droit salique.

Toute influence directe de la part du pouvoir judiciaire sur la procédure est inconnue à la Lex Salica ; à sa place nous voyons l'acte formel qu'accomplit le demandeur. D'où il suit que la *cognitio* judiciaire procédurale y fait absolument défaut. Le bon plaisir du demandeur (limité seulement par le chiffre légal des amendes) décide seul en cette matière. La sphère d'activité de l'*autorité* judiciaire est limitée à sa coopération lors de l'*exécution* (le nexti canthichio du *thunginus,* la saisie par le *comte,* la mise hors la loi par le *roi*, qui n'est qu'une autre voie d'exécution) ; les *assesseurs* du tribunal ont seulement à prononcer le jugement — correspondant à la *litiscontestation* — concluant au *paiement* pur et simple ou sans condition. Le pouvoir de déclarer et d'exécuter du tribunal ne s'exerce que sur la prétention matérielle et de droit privé du demandeur. Néanmoins la *cognitio* judiciaire et l'emploi de la coercition ne sont pas le moins du monde liés l'une à l'autre. Ce qui détermine en procédure le thunginus à donner son nexti canthichio, le comte à saisir, et probablement aussi le roi à interdire ce n'est pas un jugement rendu par les rachimbourgs, mais seulement l'*invi-*

[1] Il s'agit évidemment ici d'un meurtre.

tation faite par la partie (rogo te thungine, ut nexti canthichius gasacio meo ; tu grafio mitte in furtuna sua manum), acte dont la régularité n'est garantie que par la peine qui peut frapper le *demandeur*.

Dans le jugement des rachimbourgs indiqué dans Ed. Chilp. c. 7 : ut malletur causam, nous trouvons pour la première fois dans le droit salique une *cognitio procédurale*, pour la première fois aussi un jugement qui conclut à l'évolution ultérieure du procès, et non à la satisfaction du demandeur ; nous y trouvons encore la trace du premier effort pour faire du juge un élément organique du tribunal. Ceci explique l'insistance avec laquelle l'Edict. Chilp. et d'autres passages encore appuient sur la nécessité de se conformer à cette disposition procédurale nouvelle. L'acte formel du demandeur ne suffit plus désormais pour mettre le pouvoir judiciaire du comte en mouvement ; il faut avant tout qu'un jugement lui ait permis et aussi fait un devoir d'exécuter. Le comte n'est plus soumis à la volonté de la partie ; il est le bras, l'instrument coercitif du tribunal.

Toutefois l'influence de l'ancien droit se manifeste encore dans l'Edict. Chilp. c. 7. Lorsque le défendeur promet d'accomplir le jugement, il est procédé à l'exécution sans que la commune en connaisse préalablement. D'un autre côté, *à côté* du jugement des rachimbourgs, nous trouvons maintenue l'invitation du demandeur. La *cognitio* du tribunal dans Ed. Chilp. c. 7 paraît n'être encore que l'acte parallèle à la *fides facta* du défendeur dans la procédure de *contumace* [1].

L'ancien droit n'a pas été abrogé d'un seul coup, mais seulement accommodé aux besoins nouveaux. L'évolution ultérieure peut désormais se produire.

La procédure d'*Ordelen* qui caractérise le Sachsenspiegel [2] et aussi les législations mérovingienne postérieure et karolingienne s'annonce et a son point de départ dans la disposition de l'Edict. Chilp. c. 7 que nous venons d'étudier.

[1] Comp. Rib. 51, 1 : Si quis judicem fiscalem ad res alienas injuste tollendas, antequam ei fidem fecerit aut ad strudem admallatum habuerit, invitare praesumpserit, 50 solidis multetur. Ici aussi l'exécution par la voie de la fides facta du défendeur est l'exécution normale à côté de laquelle nous trouvons l'exécution in contumaciam, conformément aux dispositions contenues dans Rib. 33, 2.

[2] Comp. Homeyer, *Richtsteig* 430. *Sachsensp.* I, 489. II, 1. 601.

APPENDICES.

APPENDICE I.

LA FIDÉJUSSION D'APRÈS LE DROIT FRANK.

Nous avons (ci-dessus § 5) avancé, à propos de la fidéjussion franque, qu'à la *fides facta* faite par le fidéjusseur *ne* venait *pas*, en général, se joindre une promesse également formelle de la part du débiteur principal [1].

Ce principe résulte de la disposition contenue dans Ed. Chilp. c. 6 :

Similiter convenit, ut quicumque ad mallum fuerit et in veritatem testimonia non habuerit unde se aeducat et necesse est ut mitium fidem faciant, et *non habuerit* simili modo *qui pro eum fidem faciat : et ipse in seneaxtra manu fistucam teneat et eum dextera manu auferat* [2].

Elle indique positivement qu'à *défaut* d'un fidéjusseur (qui *pro* eum fidem faciat), le débiteur *lui-même* doit promettre en employant la *festuca*.

De même, dans une charte de Bréquigny II, nr. 424 le fidéjusseur est désigné comme celui qui a reçu le wadium *pro* A episcopo [3] sans qu'il soit question d'une *fides facta* faite par le débiteur principal.

La Lex Franc. Cham. c. 16 dit, en parlant du fidéjusseur : qui *propter alium hominem* wadium adhramivit, et indique le rôle du débiteur principal par ces mots : qui *precatur* adhramire. Il ne preste pas *lui-même* la fides facta, mais il *prie* le fidéjusseur de *prester pour lui*.

Le capitulaire de Louis le Pieux qui, comme l'on sait, traite

[1] Voyez principalement Siegel p. 223. Zöpfl, *Ewa cham.* p. 39.

[2] Comp. ci-dessus p. 51 note 3.

[3] — — quod itemque venerabili viro E. Abatti (le fidéjusseur) — vuaddio — pro A. episcopo ipsi Ch. Abba (le créancier) ei commendassit, et taliter ipsi, E. ei spondedisset. Il semble que la festuca a l'occasion de la fides facta était tantôt donnée par le promettant à celui auquel la promesse était faite, tantôt (et c'est ce qui arrivait d'ordinaire), par le créancier au débiteur.

de la tradition des immeubles s'exprime aussi clairement que possible sur ce point :

Cap. 817. c. 16 (Pertz I, 211) : En premier lieu indication des formalités qui doivent être remplies lors d'une tradition à faire extra comitatum, sive in exercitu, sive in palatio etc ; on doit produire des témoins ; de plus : *fidejussores vestiturae donet*, ei qui illam traditionem accipit vestituram faciat.— —*Insuper et ipse per se fidem jussionem faciat*[1] *ejusdem vestiturae*, ne heredi ulla occasio remaneat hanc traditionem immutandi [2].

Cette disposition porte expressément que, *dans ce cas*, pour donner à l'acceptant une sûreté *particulière*, à la *fides facta* du fidéjusseur doit se joindre celle du débiteur principal [3]. Il n'est, au reste, dans les chartes de tradition et à l'occasion de la fidejussio vestiturae, question que d'une promesse du fidéjusseur et non pas en même temps d'un *fidem facere* que ferait l'auteur de la tradition [4].

Les textes qui suivent confirment ce principe [5] en même temps que cet autre posé par nous, suivant lequel, d'après le droit frank, l'*action* du créancier s'intente principalement et non subsidiairement contre le fidéjusseur. Il n'en est pas moins vrai, comme le fait justement remarquer Stobbe [6], que d'après ce

[1] Ce qui équivaut a : fidem faciat. Comp. les glosses dans Merkel Lex Sal. p. 102 ligne 30 : fidem fecerit, id est fidejussor extiterit.

[2] Comp. Ansegis IV, 18 (Pertz I, 314) et la traduction allemande dans Pertz I, 261.

[3] Beseler, *Lehre von den Erbverträgen* I, 25 voit dans le *et ipse* l'héritier de celui qui fait la tradition ; or dans la phrase dont il s'agit, le *ipse* est *opposé* à l'heres. Sandhaas, *Germanist. Abhandlungen* p. 9 est du même avis.

[4] Comp. par ex. de Courson, *Histoire des peuples bretons* (1846) I, 400 nr. 14. 403 nr. 20. 404 nr. 22. 405 nr. 24. 406. nr, 25 etc.

[5] Il n'y a aucune contradiction dans Extravag. Leg. Sal. c. 6. où le débiteur principal est représenté comme celui qui uuadium dedit. Les Extravagantes viennent d'un manuscrit d'Ivrée (Merkel p. XCVII) et ont été écrits par un Lombard, comp. c. 5 : ita tenent Franci, *nos tamen* in Italia — —. C'est ainsi que dans le droit franck nous trouvons des idées et des expressions lombardes. D'après le droit lombard (comp. Walter R. g. § 567), toute constitution de caution est accompagnée d'un wadium (wadiam) dare par lequel le débiteur s'engage formellement, non pas à *payer*, mais à fournir un fidéjusseur. Aussitôt que ce dernier est constitué, le wadium est retiré.

[6] *Vertragsrecht* p. 124 et suiv. De même Platner, *Die Bürgschaft* p. 87 et suiv. — Comp. Beseler, *System des deutschen Privatrechts*. § 128 note 3. Gengler, *Lehrbuch des deutschen Privatrechts*, 763. Sur le droit norois Müller, *Zeitschr. f. deutsch. Recht* I, p. 321 et suiv. — Paulsen, ibid. IV, p. 24 et suiv.

même droit frank, il faut d'abord mettre *in mora* le débiteur principal.

La fidéjussion de droit privé germanique a, comme la fidéjussion procédurale, essentiellement pour objet d'*amener* le *débiteur* à payer au jour fixé. Elle n'oblige pas, comme la fidéjussion romaine, à *payer pure* tant de solidi ; mais, si le débiteur ne paie pas, elle oblige à prendre sur soi les *conséquences du refus* de payer de ce dernier. C'est pour cette raison que ce refus du débiteur, d'après les autres législations germaniques comme d'après le droit franck, doit être tout d'abord constaté, avant que le fidéjusseur puisse être pris à partie ; c'est pour cette même raison que la contrainte procédurale à laquelle donne lieu le refus s'exerce *principalement* contre le fidéjusseur et non contre le débiteur. Le droit burgonde permet expressément de saisir extrajudiciairement le *fidéjusseur* quand le *débiteur* a été trois fois inutilement invité à payer [1].

De même, plus tard, lorsque la procédure judiciaire devint la procédure normale, le créancier eut le droit d'agir contre le *fidéjusseur* en vertu de l'action née du refus du débiteur de payer. L'*exceptio excussionis* est inconnue au droit germanique [2].

La charte déjà citée (Bréquigny II, nr. 424) indique que dans la pratique l'action s'intentait directement contre le fidéjusseur.

On peut en rapprocher :

Lex Franc. Cham. c. 16 : Qui propter alium hominem wadium adhramivit, et ipse homo eum damnum incurrere dimittit, *ille qui suum wadium adhramivit, de suo omnia componat super noctes septem.*

Extrav. L. Sal. c. 6 : Et si vivent ambo (débiteur et fidéjusseur), quod spopondit qui uuadium dedit (le débiteur principal, comp. p. 144 note 5) det. Et si domo [3] non dat, *fidejussor*

[1] Burg. 107, 7 : Si quis fidejussorem acceperit et ante eum pignerare praesumpserit, quam auctorem suum, cum quo causam habet, praesentibus testibus ter admonuerit, pignera quae tollere præsumpserit in duplo restituat. Comp. Burg. 19, 10. Il n'est pas douteux qu'à défaut de fidéjusseur, il ne pût être procédé contre le *débiteur* d'abord à une triple invitation, ensuite à la saisie extrajudiciaire (ci-dessus § 8). Le fidéjusseur s'engage à détourner *du débiteur sur lui* la saisie extrajudiciaire.

[2] Voyez surtout Stobbe p. 124 et suiv. qui admet même (p. 128) que la discussion du débiteur principal n'était pas nécessaire d'après le droit germanique.

[3] Pour homo? Comp. Lex Franc. Cham. cit : et ipse homo.

quantum spopondit pro neglectu debitoris det. si non, proiectos conponat 17 sol. et supra quod spopondit. (Comp. ci-dessus p. 127. note 1. 2.)

Et comme le débiteur par son refus « cause du dommage » au fidéjusseur, il doit en punition le récompenser au double :

Lex Franc. Cham. c. 16 : ille qui precatur adhramire duplum componere faciat. Cap. 785 c. 27 (Pertz I, 50) : Si vero fidejussore diem statutum non observaverit, tunc ipse *tantum damni incurrat quantum manus sua fidejussoris exstitit. Ille autem* qui debitor fidejussori *extitit*, *duplum restituat pro eo quod fidejussorem in damnum cadere permisit.*

Parmi les chartes, citons :

Vaissette, *Hist. du Languedoc* (nouv. éd. Toulouse 1840) II, preuves nr. 109 (a. 878) : Une transaction ayant des immeubles pour objet intervint entre l'abbesse Fulcrade d'une part et Segarius (en qualité de tuteur de sa femme), Hictarius, Ingilbaldus, Alidulfus (pour lui et son frère Waldus) d'autre part. Ces derniers abandonnent le fonds à l'abbesse et s'engagent l'un après l'autre à deux choses, 1° à ne plus troubler la possession de l'abbesse, 2° à signer une charte reconnaissant les droits de cette dernière. Segarius, Hictarius, Ingilbaldus contractent la première obligation en faisant personnellement une *fides facta.*

Segarius vero talem fecit fidem de partem uxori suae et sua vel de parte Petroni suum heredem, ut si post hunc diem exinde contra Fulcradane aut suis successoribus pro ipsas res ulla repetitione removebat, *Segarius suam legem conponat,* et inantea ipse et uxor sua seu et Petrus idem simul se taceant. *Hictarius similiter fidem fecit vinculo legis suae, et Ingilbaldus secundum legem suam fidem fecit* [1], quod in contra Fulcradane aut suis successoribus de ipsa causa reparare non se praesumant.

Sur l'autre objet de l'obligation chacun des trois autres fournit un fidéjusseur :

Unde Segarius incontra Fulcradane *fidejussorem talem*

[1] La Lex à laquelle ils s'engagent tous deux est la peine moratoire légale, au cas où la fides facta n'est pas remplie ; de même on trouve : Segarius suam legem componat. Comp ci-dessus § 26.

dedit de parte G. uxore sua, *Leoni homine,* ut si Fulcrada notitiam inde ostendebat, et eam Segarius pro parte suae uxori firmare nolebat, *Leo suam legem componeret, et Segario ad hoc permittat* (pour perducat), *ut ipsam notitiam ei firmare faciat.*

Simili modo *Hictarius* pro ipsam notitiam *fidesjussorem alium opposuit, Deotimio nomine,* ut eam Hictarius firmare non renuat ; et si hoc facere noluerit, *Deotimius suam legem componat, et inantea ipsam notitiam Hictario firmare faciat.*

Iterum vero *Ingilbaldus alium fidejussorem* de sua parte dedit, *Rostagno nomine*, ut si Ingilbaldus ipsam notitiam non firmabat, *Rostagnus suam legem componat, et ipsam notitiam Ingilbaldo firmare faciat.*

Enfin Alidulfus promet (pour lui et son frère) par *fides facta* de signer la charte et donne deux fidéjusseurs en garantie de l'engagement qu'il prend de ne pas troubler l'abbesse dans la possession de l'immeuble.

Ita vero de hac predicta causa aliquis homo *Alidulfus* nomine illorum..... *fidem talem fecit, sua fistuca iactante incontra Fulcradane,* ut ipsam notitiam suam manibus firmare fratri suo Vualdo faciat, et ut ipse Alidulfus eam manibus firmet, et si hoc facere contempnunt, suam *Alidulfus legem componat,* et fratri suo Vualdo eam firmare faciat, et ipse Alidulfus manibus eam firmet, et hanc convenientiam stare et adimplere faciat.

Unde jamdictus *Alidulfus duos fidejussores ipsius Fulcradane dedit, Segario et Hictario,* ut post hunc diem nec Alidulfus, neque frater suus Vualdus, de quantumcumque de R (l'immeuble litigieux) Fulcrada a sua parte receperit, ut nulla inquietudine removere non praesumat; et si quis ullus ex ipsis hoc fecerit, *Segarius et Hictarius unusquisque legem suam componat, et postea inantea ipsas fidesfactas adimplere faciant.*

Nous voyons toujours se confirmer le principe suivant : il n'est pas nécessaire de constituer un fidéjusseur lorsqu'une obligation a été contractée par un débiteur au moyen d'une *fides facta;* et inversement la constitution d'un fidéjusseur ne suppose pas une *fides facta* de la part du débiteur principal. Par là s'explique l'usage juridique tel qu'il ressort de la charte citée : le fidéjusseur, au cas où le débiteur refuse de faire sa prestation, doit payer pour lui l'amende contumaciale (legem suam componat), tandis que le débiteur, lorsqu'il fait lui-même la *fides*, doit supporter en outre les conséquences de son opposition au contrat. Le fidéjusseur doit se *substituer* au débiteur et faire à sa place la prestation (et ipsam notitiam Ingilbaldo *firmare faciat*); il est tenu par cette raison, de toutes les suites du défaut du *débiteur*[1].

Citons encore une charte intéressante de l'année 858 dans

De Courson, *Hist. des peuples bretons* II, 416 nr. 48; Anavan (Anan) fait au monastère de Redon (S. Salvatoris) en Bretagne, tradition d'un vignoble pro redemptione manus suae dextrae, quam judicaverunt incidere eo quod voluit occidere A. presbiterum. — Et postea *dedit ipse Anan alios fidejussores*, quorum ista sunt nomina: Ratfred etc., quod numquam faceret malum hominibus S. Salvatoris et monachorum ejus — et quod numquam consentiens facienti, et si sciret alium facere volentem in quantum posset prohiberet, et abbati aut monachis cito indicaret, *et si hoc mutasset ipsi fidejussores pretium ejus* (le wergeld de celui dont il s'agit) *abbati et suis monachis reddant*, et illum usque ad mortem persequantur.

Dans deux chartes postérieures, les fidéjusseurs s'engagent également à prendre sur eux les conséquences de la résistance que le débiteur oppose à l'exécution du contrat, et concèdent en même temps au créancier le droit de les saisir.

Cartulaire de Saint-Victor, dans *la Collection de documents inédits, Cartulaires* VIII, 558 nr. 565 (a. 1055): Durand avait, pour arrêter un procès criminel, donné un immeuble à un moine de Saint-Victor. Et ipse Durandus guerpitionem palam fecit, et *fidejussorem Poncium Amelium dedit*, ut si ipse Durandus aut homo aut femina per

[1] Pour le cas d'une fidéjussion donnée afin garantir la prestation d'un acte *procédural*, voy. Pérard, recueil 35 nr. 18: Dedit Maurinus (le défendeur) *fidejussorem nomine Antardo* de sua presentia. — — Et si Antardo jam dicto Maurino non repraesentaret, *faciat* partibus Fredelono (le demandeur) *pro fide facta sicut lex est*. De même Ménard, *Hist. de Nîmes* I, preuves nr. 1 (a. 876): et per manum *fidejussori suo Donodeo* repromiserunt, quod ita facerent (de fournir la preuve de l'authenticité de la charte); *quod si non facerent, Deodonus suam legem* componat. — Comp. pour le droit postérieur Stobbe p. 118. 119. Platner *Die Bürgschaft* p. 74 et suiv. — Sur la législation en matière de gage v. Meibom, *Pfandr.* p. 255. 256.

illum aut propter illum in ipsa villa B. (l'immeuble donné) — aliquid tulerit aut adprehenderit, *ipse Poncius de suo proprio emendet aut monachi S. Victoris de dominio ipsius Poncii Amelii apprehendant,* quamdiu ipse Poncius vixerit.

De même VIII, 80 nr. 53 (a. 1057) : Stephanus de Massilia — vendidit totam suam partem et fratrum suorum — et recepit inde 5 sol. de Ottonensibus. Et G. et N., suus consanguineus, *fecerunt fidem,* in tali tenore, quia *si sui fratres de Stephano non se tenent in isto mercato* de ista terra, aut (pour et) non volunt reddere istos 5 sol., *ipse* G et N *reddant ipsos* 5 sol. *S. Victori* et si ita non fecerint, *licentiam dederunt B. monacho ut disvadient eos* infra treugam et foras treugam, aut ipse B. monachus aut aliquis homo pro S. Victore.

Dans tous ces exemples, le fidéjusseur est tenu principalement, dès que le débiteur principal ne satisfait pas à son obligation. Le fidéjusseur, lorsque le débiteur principal refuse de payer, soutient l'action à sa place, est exposé à la peine moratoire, et, légalement d'abord, plus tard par contrat, à la saisie extrajudiciaire par le créancier[1].

[1] Voy. Girtanner, *Die Bürgschaft*, p. 223, Platner, *Die Bürgschaft* 100 note 1. Le capitulaire a. 744, dans Baluze I, 151-156 cité par ces auteurs et par Walter II, 25-28 et dont le chapitre 17 porte : si quis contempto fidejussore debitorem suum tenere maluerit, fidejussor et heres ejus — liberantur, est apocryphe. Comp. Pertz Legg. II, 2, p. 18.

APPENDICE II.

LES *SACEBARONES*[1].

La seule indication qu'on ait sur les sacebarons et la nature de leur fonction se trouve dans le titre 54 de la Lex Salica.

Le § 1 fixe pour les comtes un wergeld triple, le § 2 contient une disposition analogue pour les sacebarons :

> Si quis sacebarone (aut obgrafionem[2]) occiderit qui puer regis fuit — solidos 300 culp. jud. Si quis sacebarone qui ingenuus est[3] occiderit, — solidos 600 culp. jud.

Il est clair et on admet généralement que, d'après ce titre, les sacebarons sont des fonctionnaires royaux, comme les comtes. Le triple wergeld qui leur est attribué et aussi le « puer regis » qui, tout d'abord, semble indiquer leur qualité ordinaire, le prouvent surabondamment[4]. Les premiers mots du § 3 nous permettent de faire un pas de plus :

> Sacebaronis vero in singulis mallobergis[5] plus quam tres non debent esse.

[1] Voyez l'*avant-propos* du traducteur.

[2] Aut obgrafionem dans Merkel cod. 1, manque dans cod. 2, 3. Dans cod. 4 : et graffionem. De même le texte IV (et aussi le manuscrit de Varsovie, Romuald Hubé Loi Sal. Varsovie 1867, p. 40) : aut grafionem. Herold id. Cette addition manque dans le texte III et dans l'Emendata.

[3] Le cod. 2 de Merkel a l'addition : et saceborone ; le cod. 3 : et se saceborone posuit. Pardessus texte III : et si sacibaronem posuit, et l'Emendata : et se sagibaronem posuit; le texte IV a : et alio sagybarronem posuit (de même le manuscrit de Varsovie : et alium sagibaronem posuit, Hubé p. 40). Herold donne : et se vel alium sacebaronem posuerit. Comp. Merkel Sal. nov. 141. 252. — Sur la source commune que ces différentes additions paraissent avoir dans le texte D voy. p. 41 et suiv. Sohm *Die fränkische Reichs und Gerichtsverfassung*.

[4] L'addition : et si sacebaronem posuit à : sacebarone qui ingenuus est paraît également indiquer le cas où le sacebaro est *libre* comme exceptionnel.

[5] Le texte IV a : in singulis mallis ; le manuscrit de Varsovie : per singulos mallos, Hubé ib. L'Emendata : in singulis mallobergiis, id est plebs quae ad unum mallum convenire solet (Merkel nov. 334).

« A chaque endroit où se tient le tribunal *(Gerichtsstätte)* il ne doit pas y avoir plus de trois sacebarons. » Remarquons tout d'abord qu'il y a : in singulis mallobergis et non pas : in singulis mallis. Ces derniers mots se rencontrent pour la première fois dans les textes d'une époque qui donne à mallus le sens de malloberg [1]. Le passage dit donc des sacebarons qu'ils sont, non pas « dans chaque assemblée judiciaire » mais — puisqu'on ne peut pas traduire « *dans* les endroits où se tient le tribunal » — *à* chaque endroit où se tient le tribunal. Le dernier mot *esse* a aussi son importance. Il n'est pas question d'un *adesse*, être présent, mais d'un *être*, d'un état *permanent*. Comme nos renseignements en cette matière se bornent à quelques mots, il faut peser chaque expression avec soin. Il ressort de ceci, contrairement à l'opinion générale [2], que les termes de ce titre ne permettent d'établir aucune relation entre les sacebarons, d'une part, et des actes judiciaires d'une nature quelconque, de l'autre. Les sacebarons sont désignés comme étant « établis à chaque endroit où se tient le tribunal *(Gerichstätte.)* » Dans quel but, voilà ce qu'au premier abord on n'aperçoit pas. Les trois mots : in *singulis* mallobergis indiquent la répartition locale régulière des sacebarons entre les lieux de justice ; à chaque malloberg un *sacebaro*, au plus trois. Cet : in singulis n'aurait pas eu de sens si on avait voulu dire « à chaque endroit où se tient le tribunal » dans le sens de : à chaque jour d'assise, dans chaque assemblée judiciaire. Il y aurait simplement : in mallobergis (avec le sens de : in mallis) et mieux encore : in mallobergo (in mallo). — L'autre sens : dans plusieurs (se suivant l'une l'autre) assemblées judiciaires il ne peut y avoir en tout plus de trois sacebarons, est inadmissible. *In singulis* exprime nécessairement une *juxtaposition* non pas des assemblées judiciaires — puisque le hasard seul peut faire que les assemblées judiciaires se tiennent précisément au même moment — mais des endroits où se tiennent les tribunaux au point de vue de la position qu'ils occupent dans

[1] Voy. la note préc. — Comp. Sohm *Die fränk. R. u G. v.* p. 65 n. 26.

[2] Par exemple Waitz, *Das alte Recht* p. 142 : « Toujours est-il que, à côté du thunginus élu par le peuple il y avait, outre le comte royal, d'autres personnes nommées par le roi dont les attributions — plus encore que celles du comte — s'exerçaient dans le domaine judiciaire. Lorsque le comte est absent du tribunal les sacebarons le président régulièrement et y représentent le roi. » Voyez encore Waitz *Verfassungsgeschichte* II (2e éd.) p. 40. Von Bethmann-Hollweg p. 431. 432 traduit purement et simplement : « il ne doit pas y avoir plus de trois (sacebarons) présents dans chaque assemblée judiciaire. »

l'espace. Les malbergs sont nommés non pas pour désigner les placita qui s'y tiennent mais les *circonscriptions* judiciaires qu'ils distinguent. « Chaque circonscription judiciaire ne doit pas avoir plus de trois sacebarons. » C'est seulement le territoire dans les limites duquel ils exercent leur activité, et non pas telle institution d'ordre public dont ils auraient été les organes, qui est indiquée par le malberg auquel les sacebarons appartiennent. Plus haut, dans le titre 50 § 2, la Lex Salica nomme le comte simplement comte du district, pagus. Quant aux sacebarons, ce n'est pas pour un pagus, c'est seulement pour « chaque malberg » qu'ils sont constitués. L'expression in singulis pagis est évitée pour désigner avec précision, par in singulis mallobergis, une autre circonscription. L'opposition entre : in singulis mallobergis d'un côté et : in pago de l'autre se dégage nettement de la suite du § 3 qui oppose *un* comte (au singulier) *aux* saacebarons. C'est ainsi que la Lex Salica témoigne de l'existence de la *division en centaines* dans la constitution franque. Elle indique par la circonlocution : in singulis mallobergis la sous-division du district, c'est-à-dire la *centaine.* L'endroit où se tient le tribunal et l'endroit où la *centaine* tient ses assises sont identiques. « Dans chaque centaine il ne peut pas y avoir plus de trois sacebarons. » Rapprochés du comte, c'est-à-dire le *fonctionnaire royal du district*, les sacebarons sont les *fonctionnaires royaux de la centaine*, d'après la Lex Salica.

La deuxième phrase du § 3 s'occupe des *fonctions* des sacebarons :

> Et [1] de causa [2] aliquid de quod eis solvitur [3] factum dixerint, hoc ad graphionem non requiratur [4] unde illi securitatem fecerunt [5].

[1] Merkel cod. 3. 4 ajoute si. De même le texte IV.
[2] Merkel cod. 1 : de causas.
[3] D'après la leçon de Waitz. Le texte de Merkel : id est quod eis solvitur se trouve seulement dans son cod. 3, tandis que le meilleur manuscrit cod. 1 lit : de quod eis solvuntur (le pluriel correspond ici a causas qui précède ; cod. 4 : de quod ei solvetur ; cod. 2 qui omet souvent des mots a seulement : de quod. — Le texte III a : unde eis aliquid solvitur ; le texte IV et l'Emendata modifient tout le passage.
[4] Merkel cod. 1. 3 — les cod. 2. 4 et les textes postérieurs donnent la leçon removeatur ou bien la supposent.
[5] Merkel cod. 2. 4 ainsi que le texte III (cependant ce dernier, au lieu de fecerunt, a fecerint). — Les cod. 1, 3 donnent la leçon I unde ille securitatem fecerit. — Les textes postérieurs ont modifié la dernière phrase en l'accommodant aux besoins nouveaux. Déjà le cod. 2 a au lieu de factum : fortasse ; le texte III au lieu de factum : sanum ; le texte IV au

Ces mots ont, dans la grammaire de la Lex Salica, absolument le même sens que s'il y avait : et si causam quae eis solvitur factam dixerint, haec a grafione non requiratur etc. Waitz, qui est le seul à avoir cherché à rendre littéralement ce passage, traduit [1] : « s'ils disent que, alors qu'on doit les payer, quelque chose leur a été donné (quelque chose est arrivé), cela ne doit pas être exigé par le comte. » — Or Waitz n'a pas pris garde que *de causa aliquid* ne veut pas dire « *de* » ou « *dans* » une causa « quelque chose, » mais simplement « *une* » causa. *D* dans la langue du temps joue à chaque instant le rôle de l'article partitif de l'époque postérieure [2], et de — aliquid a le même sens. Lorsqu'on lit dans Sal. 34, 4 : Si quis per malo ingenio in curte alterius — aliquid de furtum (cod. 1 : furto) miserit, il ne faut pas traduire « quelque chose d'une chose volée » mais « une chose volée. » De même ici. Le même article partitif revient dans : de quod eis solvitur [3]. Il ne faut donc pas traduire « où il leur est payé » ; quod, « qui — et mieux encore quae se rapporte au mot principal causa au lieu de se rapporter à aliquid. De même au lieu de hoc il faut voir haec. De ce rapprochement de mots résulte le sens de causa. La causa est « payée à eux » aux sacebarons et « perçue » par le comte. Causa peut signifier *chose* et aussi procès, chose litigieuse [4], et enfin peine, composition, amende pénale.

contraire : et si de causa aliqua ante illus aliquid factum fuerit, penitus (pour : penes) grafionem remonire non possit ; dans sa forme plus récente (manuscrit de Varsovie Hubé p. 40) : et si causa aliqua ante illos legibus fuerit diffinita, ante grafionem eam removere non licet. Cette dernière leçon a passé presque exactement dans l'Emendata (Merkel Sal. nov. 335).

[1] *Das alte Recht* p. 200.

[2] Voy. Pott dans *Höfer's Zeitschr. f. Wiss. der Sprache* III. (1851) p. 133. — Sal. 50, 2 : dicat de causa et de quantum ei fidem facit — quod ei fidem fecisti — de quo solvere debeas. Sal. 58 : plus de facultate non habeat. Sal. 77, 7 : de legem inter 40 noctes solvat. Sal. 50, 3 : de vita culpabilis. 51, 2 : de vita conponat. 58 : de sua vita conponat. Alam. Hloth. 1. 2 : de ipsas res — Abstrahere voluerit. Baj. 1, 2 : de rebus ecclesiae abstrahere voluerit, sive ille qui dedit, vel de heredes ejus. Lex Rom. Cur. C. Th. X, 9 : de fisco aut aliquo alium debito debere. XII, 1, 6 : de ejus facultatem aliquid de mobilia habuerint. Paul. Sent. III, 8 : dare ei potest — de nobilem rem, hoc est de auro et argento, etc. Comp. Sohm dans *Dove's und Friedbergs Zeitschr. f. Kirchenrecht* IX, p. 225.

[3] Comp. Sal. 50, 2 : de quo solvere debeas adpreciare debeant et hoc quod debes secundum justum precium satisfaciatis (pour : satisfacias). Sal. 58 : ut eum redimat de quod non persolvit.

[4] D'où il suit que le causaticus est identique au gasacius, casahho partie adverse (voy. Sohm *Die fränk. R. u G. V.* p. 66 note 28.) — Comp. Lex Rom. Burg. 34, 1 : Qui res proprias agnoscit nec — aliquid causaticus opponat.

Dans ce dernier sens, causa se rencontre souvent dans la Lex Salica [1].

Il est certain que la causa qui est payée et exigée, n'est ni un objet matériel ni un procès mais la composition, l'amende pénale. Les sacebarons disent qu'une composition qui leur est payée est *facta*. Le sens de compositionem facere est indiqué par les expressions semblables, fidem facere, c'est-à-dire faire une promesse (la promesse formelle) [2], directum ou justitiam facere, c'est-à-dire faire ce qui est dû par droit [3], mundium facere, metam facere c'est-à-dire le prix de tutelle (*Muntschatz*), la meta [4]. Compositionem facere est, comme l'indique encore la langue habituelle du Liber Papiensis [5] et compositionem reddere (solvere) ont le même sens.

« Si les sacebarons disent qu'une amende qui leur a été acquittée, est payée, cette amende ne doit pas être perçue par le comte. » Cette explication et en particulier le sens de « amende pénale payée » et non de « chose arrivée » donné à causa facta est encore confirmée par la proposition finale : unde illi securitatem fecerunt, qui reproduit en substance la proposition

[1] Sal. 13, 2 : precium et causa superius conprehensa convenit observare. 44 : in fisco reipus ipse vel causa quae inde orta fuerit colligatur. 50, 2 : fretus de ipsa causa. 53 : fretus de causa illa — fretus de leude. 48, 2 : excepto capitale et dilatura atque causa. 77, 7 : causa super domino magis non ascendat nisi quantum de servo lex est. 101 : se de damno causae liberat (c'est ainsi que je lis au lieu de causa eliberat dans Pardessus et Merkel; il est dit que le défendeur par son serment avec cojurateurs échappe au danger de payer la *peine*). nov. 20 : conposicio aut hereditas ad fisco perveniat, comp. nov. 172b : ad suos parentes non pertineat causa nec hereditas ejus.

[2] Comp. encore les expressions fidem dare (par ex. de Roz. 475 : juramento praemisso et fide data), fidem dicere (Epitome du manuscrit de Wolfenbüttel, Lex Rom. Wis. Pauli Sent. I, 9, 5. 6), fidem accipere (Chart. de Charles le Ch. pour Trèves a. 772, Sickel K. 9 : ubi fidem ipsi agentes — accipiebant). — Comp. Cap. Aquisgran. a. 817 c. 6 (Pertz I, p. 211); fidemjussionem faciat. Neugart cod. dipl. Alem. I nr. 747 (a. 963) : cum firmitate facta rectos testes fuisse promiserunt.

[3] Par ex. Edit. Chilp. c. 7 : lege directum facere (comp. *Proc. de la Lex Sal. trad.* p. 137). Chart. de Charles le Ch. pour Trèves note 17 : ubicuique — directum facere. Baj. 13, 2 : non dignavit justitiam facere ei cui debuit. Edit. Roth. justitiam faciens et debitum reddens, etc. — La contre-partie est justitiam, directum consequi, comp. par ex. Form. de Roz. 417. 420. 426. 427. 431.

[4] Edict. Roth. 165. 184. 187. 188. 190. 191. 216. Liutpr. 114. 117. 126. 127. — Le sens exact de cette expression a déjà été fixé par Schröder, *Geschichte des ehelichen Güterrechts in Deutschland* I (1863) p. 41 note 4. — Bluhme dans son glossaire s. v. mundius. (Pertz IV, p. 674) conserve encore l'ancienne explication « délier les liens du mundium. »

[5] Lib. Pap. Loth. 27 (Pertz IV, p. 544) : compositionem plenam facere; dans l'original (Pertz I, p. 252 c. 7) : compositionem plenam reddere.

précédente. Securitas est plus tard encore l'expression technique pour désigner qu'on se déclare satisfait, et surtout qu'on déclare ne vouloir plus rien exiger à l'avenir [1]. Le passage signifie qu'en ce qui concerne la causa en question les sacebarons reconnaissent (plus tard par écrit, alors devant des témoins qui étaient appelés à chaque acte de paiement) [2] avoir déjà reçu le paiement. La causa est donc désormais non pas « arrivée » mais « payée. »

Le passage en question peut maintenant nous éclairer sur la nature des fonctions des sacebarons. Ils sont institués dans chaque centaine pour recouvrer les paiements et avant tout les amendes qui doivent être payées au roi (*fiscus*). Deux circonstances nous permettent d'affirmer ce dernier point ; la première c'est que les sacebarons sont des fonctionnaires royaux (habituellement des *hommes* du roi), la seconde c'est que le comte concourt ici avec les sacebarons. Je pensais auparavant que : ad grafione (c'est-à-dire a grafione) non requiratur ne pouvait vouloir dire que « ne doit pas être demandé au comte. » Or on rencontre, avec requiri, le sujet de la demande exprimé par a avec l'ablatif [3]. Cette explication est inacceptable parce que le *hoc* ad grafionem non requiratur, comme nous l'avons démontré, se rapporte au de causa aliquid qui précède. Le même paiement est perçu par les sacebarons et « requis » par le comte. D'autre part, d'après la Lex Salica comme du reste d'après la législation postérieure, le comte doit recouvrer les sommes qui sont dues au roi en vertu du droit public (de Roz. 7 : quicquid de ipsa actione in fisci ditionibus speratur), et en particulier le *Friedensgeld*, c'est-à-dire la portion de l'amende qui échoit au roi [4]. Le comte et le sacebaro sont *tous les deux* collecteurs d'amendes au nom du roi.

Il est permis d'affirmer que le droit du roi au fredus passant avant celui de l'individu à la compositio (*faidus*), pouvait être poursuivi par voie d'exécution extrajudiciaire. Sal. 50, 2 indique comme possible le cas où le fretus jam ante de ipsa causa fuerit solutus, c'est-à-dire le cas où le *Friedensgeld* était déjà perçu avant l'introduction de la procédure d'exécution

[1] Form. de Roz. 42. 383. 466. 469. 470. 503-511. Comp. l'Evacuatoria de Roz. 378 : ductus et securus resedeas. 379 : ductus et absolutus resedeas.

[2] Comp. Sal. 50, 1. Greg. de T. VII, 23. Rib. 89.

[3] Comp. Edict. Roth. 32 : (le wergeld) a parentibus non requiratur. Comp. Chart. de Charles le Ch. a. 877 (Guérard, Polyptyque II, p. 346) : neque ullum munusculum eis (feminis) requiratur ab ipsis (militibus).

[4] Sal. 50, 2. 53.

judiciaire. On voit de même par Sal. 53 que le cours de la procédure judiciaire entre deux parties, tant qu'une collusion n'intervient pas ou n'est pas présumable, suppose la prétention du comte au fredus. Les fonctionnaires royaux n'ont d'ailleurs pas d'action spéciale pour arriver au paiement du *Friedensgeld*. Aussi, comme le fredus est perçu sans aucune espèce de procédure judiciaire, la perception avant l'élévation de l'action privée peut paraître d'une dureté inique[1]. La perception des amendes dues au roi se poursuit par voie administrative. Nous voyons que, plus tard, la perception de l'heerban sur l'ordre du roi se fait par les agents par voie d'autorité et non pas en vertu du pouvoir judiciaire[2]. On semble donc autorisé à conclure que, de même que le comte, les sacebarons avaient non-seulement à recevoir, mais aussi à faire rentrer d'office les amendes qui devaient « leur être payées » en leur qualité de fonctionnaires royaux. Voilà pourquoi le roi a intérêt nonseulement pour le district mais encore pour les centaines à nommer des *fonctionnaires* qui veillent à ses intérêts. Voilà pourquoi la résistance qu'oppose au pouvoir royal l'ancien régime démocratique se manifeste dans cette réserve; « dans chaque centaine il ne doit pas y avoir plus de trois sacebarons. »

Les sacebarons sont les fonctionnaires du roi ayant dans chaque centaine, — dans la mesure qu'exige l'intérêt du roi — absolument les mêmes devoirs que le comte dans chaque district. D'où cette conséquence que le sacebaro est devenu plus tard un subalterne du comte. Il semble que le cod. 1 de la Lex Salica ait voulu exprimer cette idée quand il ajoute à sacebaronem : aut obgrafionem [3]. Les sacebarons du droit postérieur sont par le fait « sous-comtes. »

Le nom technique de leur fonction indique encore une attribution d'une autre nature. Grimm R. A. p. 783 prenant pour point de départ la forme sagibaro a traduit « l'homme disant (la loi). » Toutefois les témoignages écrits désignent sacebaro comme étant la forme primitive[4]. Sace (saca) a même sens que « sache » causa [5]

[1] Rib. 89 : Nec nullus judex fiscalis de quacumquelibet causa freda non exigat priusquam facinus componatur. Si quis autem per cupiditatem ista transgressus fuerit, legibus componatur.

[2] Comp. *Die fränk. R. u. G. v.* p. 146 et suiv.

[3] Kern, *Glossen* p. 30. 75 tient pour vraisemblable que obgrafio est une forme allemande normale pour « untergraf (sous-comte), voy. encore *Die fränkische R. u g. v.* p. 213 et suiv.

[4] Comp. Müllenhof Waitz. *Das alte Recht* p. 292.

[5] Comp. ci-dessus p. 153 note 4.

Baro est pris par Grimm dans le sens d'« homme ; » Müllenhof a émis des doutes tout en se rangeant à cette opinion. Ce qui le fait hésiter c'est que baro « homme » ne se rencontre pas en allemand. Sacebaro ne peut d'ailleurs s'expliquer comme provenant pour moitié de l'allemand et pour moitié du latin vulgaire. Kern, *Glossen* p. 81, 82 qui n'a pas compris le texte ci-dessus, fait dériver baro de barian « exposer, découvrir, publier, » ce qui convient très bien à notre explication. Pour lui, sacebaro (de : sacabario) est un « publicateur de la chose ; » or les explications qui précèdent nous autorisent à voir dans la « chose » une chose *pénale*, une amende, dans le « publier » un dicere, dire à, inviter à. On ne peut donc pas mieux traduire sacebaro en latin que par le mot qu'on trouve plus tard, *causidicus*. Dans causidicus, dicere ne signifie pas « faire connaître » mais exiger, demander avec autorité, causa ne désigne pas un objet corporel, mais une amende (amende due, *Schuld* [1]). En résumé, sacebaro est littéralement *Schultheiss*.

La fonction du schultheiss remonte donc à la loi salique. Le schultheiss est dans la centaine le fonctionnaire royal comme le thunginus en est le fonctionnaire populaire. Sa fonction est indiquée par son nom. Ce n'est pas un juge, mais un percepteur d'amendes dues, un agent d'exécution. L'histoire de la constitution intérieure de la centaine repose sur l'opposition dans la centaine entre les fonctionnaires royaux et les fonctionnaires populaires [2].

Nous voici arrivé à un résultat qui s'écarte entièrement de l'opinion généralement admise. Les voix les plus autorisées se sont jusqu'ici déclarées en faveur de la fonction de juge des sacebarons dans les tribunaux populaires ; soit que, voyant dans ces derniers des *prudents* constitués, comparables au *lögsögumadr* du nord, à l'*asega* frison, au *judex* bavarois et alaman, elles en aient induit que, formant le conseil de la commune, ils l'assistaient dans ses jugements en lui indiquant le droit dans les cas difficiles [3], soit que, les prenant pour de simples trouveurs de jugement sans pour cela être des rachimbourgs, on y vît des jugeurs aux assises extraordinaires avec Eichhorn, ou bien

[1] Comp. les glosses de Weingarten, Graff, *Diutiska* II, p. 45 : causa, schulda.

[2] Voy. *Die fränk. R. u G. v.* p. 213 et suiv.

[3] Ainsi v. Savigny, Grimm, Maurer, Unger, Waitz, Walter etc. Thomas *Der Oberhof zu Frankfurt* (Frankfurt 1841) p. 14, bref la plupart des historiens.

aux tribunaux présidés par le centenier avec Weiske, ou enfin au tribunal royal avec Mlle Lézardière. Cette dernière opinion est déjà exprimée dans une ancienne glosse donnée par Pithou : [sacebarone] dicuntur quasi senatores [1]. Or senatores désigne les trouveurs de jugement, les échevins [2]; pour d'autres écrivains enfin, les sacebarons ne sont pas des trouveurs de jugements mais des juges-arbitres ou d'équité [3] — ou bien encore des juges publics qui président le tribunal en l'absence du comte [4]. Il vient d'être démontré qu'aucune de ces opinions ne se concilie avec le texte de la Lex Salica.

La fonction des sacebarons ainsi délimitée, on aperçoit nettement les différences qui la distinguent de celle des centeniers élus par le peuple. Les sacebarons, absolument comme le comte, sont en dehors du mallus, c'est-à-dire qu'ils n'ont pas de place *organique* dans l'assemblée judiciaire qui se réunit au mallberg. Waitz [5] pense que les sacebarons sont précisément institués pour

[1] Merkel Lex Sal. p. 102.

[2] Comp. la glosse du ms. Vatican. 1048 (xe siècle en France) sur la Lex Rom. Wis. Paul. Sent. IV, 7 (Haenel p. 461) : Senatores dici possunt consiliatores, et senatus dicitur concilium vel nobilium curia. Curia signifie cour judiciaire, et par suite senator, consiliator le jugeur. De même plus tard au moyen âge échevin et senator sont identiques, voy. par ex. Ennen, *Quellen zur Geschichte der Stadt Köln* I, p. 223 : in his autem legalibus placitis 12 senatores — jura dicent et dijudicabunt, p. 224 : senatorum, scilicet duodecim scabinorum. Déjà Grégoire de Tours *Hist. Franc.* VI, 9 établit entre les senatores et les judices (à Avignon) une distinction qui peut être utile ici à connaître. Habituellement, à l'époque franque, senator, senatus n'est qu'un titre honorifique donné aux conseillers du roi (et du duc). Comp. Waitz V. G. II, p. 449 note 3. III, p. 442 note 2. p. 485 note 2. p. 488 note 2, IV, p. 277 note 1.

[3] Voy. Wiarda, *Geschichte und Auslegung des salischen Gesetzes* (1808) p. 191 et suiv. Herm. Müller, *Der Lex Salica und der Lex Angliorum et Werinorum Alter und Heimath* (1840) p. 222. Endemann *De scabinis atque eorum demonstrationibus* —(Marburgi 1840) p. 8. Beucker Andreae, *Specimen de origine juris frisici* (1840) p. 417 note 2, Wilda, Gengler, Siegel etc. Les « segsmannen » hollandais, c'est-à-dire « juges arbitres ou hommes qui ont, à côté des trouveurs de jugement, une fonction consistant à fixer le montant de la composition » dont Beucker Andreae et Siegel rapprochent les sacebarons (« il n'est pas jusqu'au nom qui ne soit identique ») ne peuvent fournir ici aucun éclaircissement à cause de la différence dans l'organisation judiciaire chez les Franks et chez les Frisons.

[4] V. Savigny dans la 1re édition, I, p. 221. Rogge, Luden *Deutsche Geschichte* III, p. 755. Wirth, *Deutsche Geschichte* I, p. 338. Pardessus *passim*. Laferrière *Hist. du droit civil de Rome et du droit français*, III (1852) p. 416. Gfrörer I, p. 13. Quant à l'opinion de v. Daniels que les sacebarons sont des chefs militaires, des compagnons d'armes et celle de Sachsse, *Historische Grundlagen* p. 287, qui confond les sacebarons avec le saksoknar du nord, elles méritent à peine d'être mentionnées.

[5] *Das alte Recht* p. 142.

représenter le roi au tribunal « en dehors duquel » était le comte. C'est pour cela, ajoute-t-il, « qu'ils disparaissent lorsque plus tard le comte préside l'assemblée judiciaire. » Je ne crois pas qu'il fût interdit au comte d'être présent au mallus. Le titre Sal. 53, avec sa proposition qui revient régulièrement : si plus ad manum redemendum dederit, fretus grafione solvatur quantum de causa illa si convictus fuisset redditurus erit, suppose que le comte peut prendre connaissance des actes judiciaires, au moins dans la mesure nécessaire pour assurer le respect des droits royaux. Tout aussi bien que le comte, le sacebaro pouvait sans doute venir au mallus et, régulièrement, la puissance royale devait s'exercer au malberg par les sacebarons qui étaient institués in singulis mallobergis. Toutefois le comte pas plus que le sacebaron n'a de fonction judiciaire ; ni l'un ni l'autre n'est essentiel au mallus.

Ainsi le sacebaron n'a point de place dans l'organisme judiciaire, c'est-à-dire dans l'organisme de la centaine. Ce qui le distingue du thunginus aut centenarius, c'est qu'il *n'est pas* le président de la centaine.

Les institutions administratives royales ont embrassé dans leur système à la fois le district et la centaine. Mais elles ne s'adaptent qu'en apparence à la division par centaines. De même qu'il ne faut pas conclure de ce que le *domesticus* de la monarchie franque est institué pour la circonscription du district qu'il soit un fonctionnaire du district[1], de même le sacebaro, bien qu'institué pour la circonscription judiciaire n'est pas un fonctionnaire de l'ordre judiciaire. L'administration royale s'est *adaptée* à la division en centaines, sans cependant être *une* administration spéciale à la centaine. Le roi, considéré comme pièce du mécanisme judiciaire, est complétement en dehors de la centaine. Le *peuple* (*theod*) de la centaine n'a rien à faire avec le sacebaro. Les rectores et proceres populi ne sont pas les serviteurs du roi, mais les hommes investis des droits souverains du peuple, les thungini aut centenarii. L'existence du sacebaro n'empêche pas les pouvoirs de la centaine d'être démocratiques et le thunginus d'être le seul *juge*, dans la constitution politique de la Lex Salica.

[1] Voy. *Das fränk. R. u. G. v.* p. 9 et suiv.

APPENDICE III.

LA GLOSSE MALBERGIQUE.

Grimm [1] voit dans les glosses malbergiques de la Lex Salica « des *formules* dont se servait le juge pour désigner *exactement* la composition à laquelle il concluait. » Walter [2] pense que la phrase qui termine les dispositions pénales de la Lex Salica et qui commence par la glosse malbergique contient sur la sanction pénale « l'arrêt du malberg » tel qu'il a été fixé, sur la proposition des rédacteurs de la loi. Waitz qui, sous l'influence de Léo, avait séparé tout d'abord du texte de la Lex Salica la glosse malbergique comme étant d'origine celtique [3], voit maintenant dans la glosse malbergique « des débris d'anciennes formules ou d'expressions, désignant tel crime et telle peine et que l'on se transmettait oralement [4]. » Holtzmann et Kern ont récemment repris [5] l'opinion ancienne suivant laquelle [6] les glosses malbergiques seraient les restes d'un texte frank primitif qui aurait servi de base au texte latin.

La solution de ce problème se trouve dans un passage resté

[1] Il est souvent question des glosses malbergiques dans le cours de l'ouvrage. Il a donc paru indispensable de présenter ici l'étude qu'a faite M. Sohm sur « la glosse malbergique » dans son dernier ouvrage *Die fränkische Reichs- und Gerichtsverfassung* app. II, p. 558-570. Weimar Böhlau 1871 vol. I de l'ouvrage *Die altdeutsche Reichs — und Gerichtsverfassung*; le second volume n'a pas encore paru. (*Note du trad.*)

[2] Préface à la Lex Salica de Merkel p. LXIV. — De même Stobbe, *Rechtsquellen* I, p. 52 — v. Bethmann-Hollweg p. 448. Au contraire Siegel p. 156 note 8.

[3] Waitz, *Das alte Recht der sal. Franken* (1846) p. 24 et suiv.

[4] *V. g.* I, p. 419 note 1. II (2e édit.) p. 38 (1865. 1870).

[5] Holtzmann, *Ueber das Verhältniss der malberger Glosse zum Text der Lex Salica*. *Heidelberg* 1852. Kern, *Glosse*, p. 150. 185.

[6] Comp. Stobbe, *Rechtsquellen* I, p. 54 note 102.

inaperçu jusqu'ici et dans lequel la Lex Salica donne elle-même l'explication du mot « malb. » si énigmatique en apparence.

Sal. 46 : ante regem aut in mallo publico legitimo, *hoc est in mallobergo :* ante teoda aut thunginum, furtunam — fistucam in laiso jactasset.

Les mots « ante teoda aut thunginum » constituent propre-la glosse malbergique ; ceci est confirmé par ce fait que la plupart des manuscrits présentent seulement la leçon « hoc (quod) est : ante teoda aut thunginum [1]. » Jusqu'ici l'on a rapporté « in mallobergo » à ce qui suit et l'on a traduit : « à l'endroit où se tient le tribunal en présence du peuple et du thunginus [2]. »

Or « in mallobergo » est intimement lié à « hoc est » et « hoc est in mallobergo » exprime la même idée que « malb. » et que « hoc est ».

Cette opinion se confirme à l'examen d'un autre passage :

Sal. 35, 5 : vassum ad ministerium, *quod est* horogauo.

Dans le texte A de Merkel (Pardessus texte III), le passage correspondant est

Nov. 106 (Merkel) : Si quis puerum aut puellam de ministerium furaverit, *malb.* horogaut orogania.

L'addition que contient la glosse dans la novelle correspond exactement au texte tatin : puerum *aut puellam* [3]. Ce qui nous intéresse, c'est que le « quod est » du premier texte soit rendu par « malb. » dans le second.

Il faut donc voir dans le « malb. » qui se rencontre à chaque instant dans la Lex Salica, « hoc (quod) est, » c'est-à-dire « hoc est in mallobergo (malbergo) [4] » et traduire en conséquence : « ceci s'appelle, plus exactement : ceci s'appelle à l'endroit où se tient le tribunal, et plus exactement encore : « ceci s'appelle à l'endroit où se tient le tribunal du peuple [5], » c'est-à-dire :

[1] Comp. Merkel, Lex Sal. p. 26 note 3.
[2] Comp. par ex. Waitz, *Das alte Recht* p. 143, p. 148 note 3.
[3] Comp. Grimm ouv. cit. p. XXXII.
[4] « Malbergus » se trouve au lieu de « mallobergus » par ex. dans Sal. 54, 3 (Merkel p. 31 note 4).
[5] Comp. *Die fränkische R. u. G. v.* p. 64.

« ceci s'appelle dans la langue judiciaire » (dans la langue qui se parle à l'endroit où se tient le tribunal).

Il est évident que la langue judiciaire du tribunal populaire frank est la langue franque. « Hoc est in mallobergo, » ou « malb. » signifie littéralement : « ceci s'appelle en frank. » A lui seul déjà, ce « malb. » suffirait à prouver, si cela était nécessaire, que la glosse malbergique n'est pas une glosse celtique.

Le « malb. » de la Lex Salica exprime, ainsi que plusieurs [1] auteurs l'ont fait remarquer, la même idée que le « quod nos dicimus » (Rib. 19, 1), ou le « quod Alamanni dicunt, quod Baiuvarii dicunt » que présentent d'autres lois barbares. La glosse malbergique commente et précise à la fois le texte latin. Afin de rendre exactement l'idée des rédacteurs de la Lex Salica qui pensent en frank, à côté de la langue latine, lourde et pénible dans la bouche d'un barbare, on se sert de la langue franque qui ajoute au texte latin « malb », « ceci signifie en allemand. » La Lex Salica a, comme chacun sait, lorsque le latin n'avait pas de mot correspondant, intercalé purement et simplement le mot frank dans le texte (par ex. « de adfathamire, » « de ando meto, » « nexti canthichio, » « chrenecruda, » « agramire, » « thunginus aut centenarius » etc., comp. Grimm p. VI). La glosse malbergique est pour elle un moyen de s'exprimer *à la fois* en frank et en latin. La glosse malbergique n'est pas plus en dehors du texte qu'elle n'est en contradiction avec le texte latin. Elle fait partie du texte comme ces autres mots franks ; elle est destinée, à côté de la langue latine, la seule langue écrite du temps, à exprimer *d'une autre manière* la pensée de la loi.

De nombreux passages vont mettre en lumière l'utilité de la glosse. Dans Sal. 3, 4 on lit : Si quis bovem furaverit — malb. ohseno [2]. Le mot frank « Ochse » indique une nuance que ne peut pas indiquer le latin « bos. » Ce n'est pas, en effet, le vol d'un *bœuf* mais bien le vol d'un *taureau adulte* qu'il faut composer par l'amende légale de 35 solidi [3]. Dans Sal. nov. 28 vacca sine vitulo est suivi de « malb. maia (mala). » La glosse exprime ce que le texte latin ne peut exprimer qu'imparfaitement ; il ne s'agit pas du vol d'une vache *sans* veau mais

[1] Comp. Grimm *ouv. cit.* p. LXIV. Stobbe, *Rechtsq.* I, p. 50.
[2] Merkel p. 5 note 4.
[3] Kern, *Glossen* p. 2. 48. 52. Comp. Grimm p. XX.

du vol d'une vache qui n'a pas encore eu de veau, d'une « génisse » (hollandais « maal »). Sal. 3, 3 ajoute encore la glosse « malb. potero » à vacca cum vitulo : la loi ne pense pas, ce que le texte latin pourrait faire supposer, au vol d'une vache *et* de son veau, mais au vol d'une vache qui a eu un veau [1]. Dans Sal. 3, 5, « taurum qui gregem regit » est suivi de la glosse « malb. chariocito (chereheto). » L'expression technique de la langue franque « le chef, le conducteur (d'armée) » indique nettement quel est le taureau désigné par la loi dans le « taurus qui gregem regit [2]. »

Il en est de même lorsque dans Sal. 28, 1 « caballus qui carrucam trahit » est rendu par « malb. anzacho (changisto), » c'est-à-dire l'étalon [3], ou lorsque l'admissarius dans la glosse est appelé « warannio [4] » mot qu'emploie Sal. nov. 109 *au lieu* du mot latin. Rappelons encore la glosse « ambitania » c'est-à-dire « fille servante (Dienstmagd) » (de ambaht, serviteur) ajoutée à « puella ad ministerium » (Sal. 35, 5 nov. 106) qui désigne plus nettement que la lourde expression latine l'esclave affectée aux travaux domestiques *dans la maison* du maître [5]. Rappelons enfin la glosse qui dans Sal. 26 explique le « ante regem » du texte latin par « ana theatha », l'expression « en présence du « roi 'par cette autre « en présence de l'armée [6]. »

On se tromperait toutefois si on ne voyait dans la glosse malbergique de la Lex Salica qu'une expression répondant au « quod nos dicimus » de nos thèses. On rencontre beaucoup plus souvent dans la Lex Salica la glosse malbergique qu'on ne rencontre, dans les autres lois barbares, de mots allemands servant de commentaire au texte latin. La glosse malbergique, à peu d'exceptions près [7], accompagne *d'ordinaire* les dispositions *pénales* de la Lex Salica. Il s'ensuit que l'inhabileté du latin à donner l'expression correspondante ne suffit pas à expliquer l'emploi de la glosse. Remarquons encore avec Walter — ce qui est plus important — que sauf dans quelques cas fort rares [8], elle accompagne constamment les tarifs d'amendes.

[1] Kern p. 50
[2] Kern p. 43. — Grimm p. XXI traduit : « conducteur du troupeau. »
[3] Kern p. 52; dans un autre sens, Grimm. p. XXVIII.
[4] Grimm p. XXVIII.
[5] Grimm. p. XXXIII. Kern p. 41.
[6] Voyez p. 49. 50. *Die fränk. R. u. G. v.*
[7] Par ex. Sal. 33, 1. 57, 2.
[8] Par ex. la glosse malbergique dont il a été question, dans Sal. 46 : hoc est in mallobergo ante teoda aut thunginum qui sert seulement à préciser la substance de la déposition des témoins.

Dans les chapitres de la Lex Salica qui ne fixent point d'amendes nous voyons cette Lex se servir — bien que souvent d'une façon prolixe — de la langue latine, sans employer de glosse malbergique, alors qu'en raison de la difficulté d'exposition elle aurait pu appeler à son aide un mot frank pour rendre le mot latin plus clair [1]. Ajoutons que, dans une série de cas, la glosse malbergique ne sert pas à développer les circonstances du fait délictueux, le texte latin en un mot, mais à désigner techniquement l'amende, c'est-à-dire le *petitum* du demandeur ; or cette amende était suffisamment désignée déjà par le nombre de deniers et de solidi. On en voit des exemples dans les glosses si fréquentes « seolandewa, » désignation technique de l'amende de 62 sol. 1/2 pour la tentative de meurtre [2], dans « leudardi », glosse qui revient à chaque instant pour désigner l'amende de

[1] Ainsi Sal. 1, 1 fixe une amende et contient une glosse; Sal, 1, 2 qui indique les formes et les conditions de la *mannitio* n'en a pas. Sal. 37 expose sans glosse la procédure de la « *poursuite à la trace* (*Spurfolge*). » Il n'y a de glosse qu'à la fin, avec la fixation de l'amende. Sal. 40 : procédure *ex delicto* d'un *servus*, sans glosse. Sal. 44, 2 : Droit au *reipus*, pas de glosse tandis que dans le § 1 la fixation de l'amende à payer lorsqu'on n'acquitte pas ce *reipus* est accompagnée d'une glosse. Sal. 45 : procédure contre l'*homo migrans* sans glosse; il y en a une à la fin qui fixe de même l'amende. Sal. 46 : procédure de l'*adfatimus* sans glosse : on n'en trouve une qu'à la fin et cette fin indique la substance de la déposition des témoins (comp. ci-dessus p. 163 note 8). Sal. 47 : procédure de vindication mobilière sans glosse. Sal. 50 : procédure d'exécution, glosse au commencement où se trouve fixée l'amende. Sal. 52 : procédure d'exécution, glosse à la fin (fixation de l'amende). Sal. 53 : procédure de preuves, sans glosse. Sal. 56 : procédure de contumace sans glosse; à la fin (fixation de l'amende), il y en a une. Sal. 58 : procédure d'exécution, sans glosse. De même Sal. 59 : Droit des successions, 60 : de parentilla tollere.

[2] On la rencontre dans Sal. 16, 1; 17, 1, 2; 18; 19, 2; 28, 2. Elle est altérée (au milieu de plusieurs autres) dans Sal. 17, 6; 43, 1. L'identité du fait délictueux dans ces divers cas pour lesquels l'amende de 62 sol. 1/2 est désignée techniquement par « seolandewa » a échappé à Grimm p. LVII et à Kern p. 2 et suiv. Il a déjà établi ailleurs (*Zeitsch. f. R. g.* V. p. 446, comp. Alam. Hloth. 44, 1) que Sal. 18 le seul passage qui au premier abord ne soit pas clair traite de la tentative de meurtre. Il semble qu'il faille traduire « seolandewa » par « droit de la mer (Seelandsrecht). » (Grimm p. LVIII, voy. au contraire Kern ib.). « Recht » lex (loy) se rencontre souvent avec l'acception d'amende (d'après le droit coutumier comp. p. 104 note 4, *Die fränk. R. u. G. v.*) « *Loy* de la contrée maritime (Seelandsrecht) » est donc « l'amende de la contrée maritime (Seelandsbusse) » et il n'est pas impossible que les Franks saliens, nommant *leur* pays « pays de la mer (Seeland) » et eux-mêmes « habitants du pays de la mer (Seeländer) » par opposition aux Franks ripuaires « les Franks des embouchures des fleuves (Flussuferfranken) » aient appelé l'amende de 62 sol. 1/2 particulière au droit salique par opposition à celle du droit ripuaire : « amende du pays maritime (Seelandsbusse) » c'est-à-dire « amende salique. »

15 solidi[1]; ajoutons encore des glosses comme « walaleudi, » c'est-à-dire « wergeld d'un welche, d'un romain, » « morthleode, » wergeld pour le meurtre, l'homicide clandestin [2], « leude sacce muther, » wergeld d'un sacebaro. Les exigences de la rédaction ne justifient donc pas *suffisamment* l'existence de la glosse malbergique [3].

Le but *pratique* que se propose en outre la glosse malbergique est indiqué à n'en pas douter par son nom même. Ce n'est pas sans raison que la Lex Salica commence par le titre « de mannire. » La Lex Salica est une *ordre judiciaire* qui fixe les amendes à prononcer et à requérir et qui règle en même temps la procédure judiciaire.

Ce n'est pas un accident que, dans cette loi, le mot frank soit accompagné de « malb. » et que la glosse franque se présente comme glosse « malbergique, » c'est-à-dire glosse de la *langue judiciaire*. Lorsque la loi ripuaire introduit un mot frank, elle met simplement : « quod *nos* dicimus ; » dans la loi des Alamans on lit seulement : « quod *Alamanni* dicunt. » Il importe de savoir pourquoi la Lex Salica, alors qu'elle n'avait affaire qu'à un mot frank, a préféré l'énigmatique « malb » à l'expression plus claire et plus à sa portée « quod nos dicimus » ou quod Franci dicunt. » La loi, par le mot « malb » qui revient à chaque instant, indique qu'elle emploie l'expression franque en sa qualité d'expression propre à la langue en usage « à l'endroit où se tient le tribunal populaire ; » elle annonce qu'elle emploie la langue franque en qualité de *langue judiciaire*. C'est précisément pour cette raison qu'elle ajoute une glosse malbergique à chaque disposition pénale. La Lex Salica est un code des amendes à prononcer judiciairement ; elle est encore un code des actes judiciaires, elle est enfin un *formulaire* de la *langue judiciaire*.

Il est facile de voir dans quel but la langue judiciaire a été ainsi codifiée dans la Lex Salica. Grimm trouve dans la glosse malbergique un *secours* apporté à la mémoire du *juge ;* elle lui aurait fourni le mot qui « venant à son aide lui indiquait immédiatement et *exactement* la composition qu'il devait prononcer, » ou avec lequel le juge, alors qu'il avait à prononcer l'amende

[1] Comp. Kern. p. 60 et suiv. qui traduit « leudardi » par « valeur des hommes (Leutwerth) » en sorte qu'il faudrait comprendre « amende d'homme. » Comp. Walter R. g. § 151 note 6. Comp. Grimm p. LX et suiv.

[2] Sal. 41. Comp. Grimm p. X.

[3] Sal. 54, 2. De même Walter. Waitz *V. G.* I, p. 218 note 4.

« précisait *exactement* la composition à payer. » Pour réfuter cette opinion, il suffit de se rappeler les glosses « taureau (Ochse) », « étalon (Hengst), » « agneau (Lamm) » etc., ou encore le « en présence du peuple et du thunginus. » La glosse malbergique impose au contraire une *nécessité* à la *partie*, en particulier au demandeur : elle fournit le mot qu'il faut employer « au tribunal, à l'endroit où il se tient, » lorsqu'on élève l'action prétendant à l'amende et appuyée sur les paragraphes de la Lex Salica dont il convient de faire l'application [1].

L'exactitude de cette dernière opinion ressort de la Lex elle-même. Dans Sal. nov., 5, à la glosse malbergique, s'ajoutent les mots suivants : « *hoc dicunt malb.* leodecal, » ce qui, d'après ce qui précède, doit être traduit ainsi « hoc dicunt in mallobergo, » ce que l'on appelle au tribunal : leodecal. »

Le passage suivant :

> Sal. nov. 189 (texte B) : unusquisque ipsis mallare eum debent [per] *malb. seolandoueua,* sunt — sol. 62 1/2

rapproché de

> Sal nov. 44 (texte A) : Et quanti intus fuerint, *mallare debent de seolandeua,* et contra unumquemque sol. 62 1/2 componat.

est encore plus clair.

La glosse malbergique « seolandewa » exprime, comme l'indique le second passage, que dans ce cas *l'action* (née d'une tentative de meurtre) doit prétendre au « droit des contrées maritimes » c'est-à-dire à « l'amende des contrées maritimes [2]. » On peut d'ailleurs arriver au même résultat par une autre voie ; les glosses de nombre qui, d'après Grimm [3], devaient être les plus importantes ne se rencontrent que rarement et de plus toutes ont été ajoutées postérieurement [4]. La glosse de nombre *n'*atteint

[1] Dans les cas dont il est question ci-dessus p. 163 note 8, la glosse malbergique indique en quoi doit consister le serment prêté par les témoins.

[2] Comp. ci-dessus p. 164 note 2.

[3] Stobbe *ouv. cit.* p. 52 qui est de l'avis de Grimm dit : « Beaucoup de glosses malbergiques indiquent des nombres, c'est-à-dire la composition fixée pour chaque crime et décomptée en deniers : la formule était plus commode pour le juge que le taux exprimé en chiffres numériques. » Voy. Grimm. p. LXIV.

[4] On ne rencontre de glosses de nombre que dans Sal. nov. 23. 25. 32 et ici encore, comme dans Sal. 2, 15 dans un seul manuscrit (à côté de

pas le but de la glosse malbergique parce que son office n'est pas de fournir au juge le mot qu'il emploiera dans son jugement, mais d'indiquer au demandeur le mot qu'il devra insérer dans son action dont le *petitum*, comme on va le voir, doit être formulé en employant une expression créée d'avance et *non pas à l'aide d'un nombre*.

On sait que ce qui caractérise l'ancienne procédure germanique et aussi l'ancienne procédure romaine, c'est leur formalisme [1]. On sait encore que le défendeur ne peut pas répondre comme il lui plaît ; obéissant au *tangano*, il *doit* conformer sa réponse aux expressions employées par le demandeur [2]. On sait enfin que le droit postérieur exige, dans plusieurs cas, que l'action soit introduite, non pas dans une forme quelconque, mais seulement dans la forme prescrite [3]. La glosse malbergique indique, ce qu'on pourrait conclure déjà de l'emploi du tangano dans l'ancienne loi franque, que, s'il fallait répondre dans les formes, il fallait agir de même.

Nous retrouvons dans les glosses malbergiques l'écho affaibli de l'ancienne langue judiciaire. Lorsqu'un taurus qui gregem regit avait été volé, c'était d'un « *conducteur d'armée* » qu'il s'agissait dans l'action, au tribunal, et non pas d'un taureau [4]. La chèvre n'était pas judiciairement pour le demandeur « la chèvre » mais « *la brouteuse de poireau* » ou « *la brouteuse de roseaux* [5]; » le chien était « *l'habitué à la chaîne* [6], » le cerf apprivoisé ; « *le porteur de signes* [7], » le bateau « *l'animal couvert d'écume* [8], » le doigt indicateur de la main droite « *le décocheur de flèches* » le doigt du milieu « *le guérisseur* [9] » etc. D'un autre côté, le *petitum* de l'action, l'amende ne devait pas s'indiquer au moyen d'un nom de nombre abstrait, mais au moyen d'une expression solennelle, consacrée

beaucoup d'autres glosses). On trouve de plus dans deux manuscrits, sous un titre final « incipiunt chunnas » (Merkel p. 95) les dispositions d'amendes en chiffres, mais seules; ce ne sont donc pas des glosses.

[1] Siegel, *Die Erholung und Wandelung im gerichtlichen Verfahren* (*Stzngsb. der Wien. Akad.* 1863). — Ibid. *Die Gefahr vor Gericht und im Rechtsgang* (ib. 1866). Brunner *Wort. Form im a. f. P.* (ib. 1868).

[2] Comp. *Die fränk.* p. 139.

[3] Comp. Brunner, W. u. F. p. 700 et suiv.

[4] Comp. ci-dessus p. 165 note 2.

[5] Comp. Grimm p. XXII.

[6] Comp. Grimm p. XXIII.

[7] Comp. Grimm p. XXVII.

[8] Comp. Grimm p. L.

[9] Comp. Grimm p. XL. XLI.

par la tradition. Qui prétend à l'amende de 15 sol. ne doit pas demander « 15 sol. » mais « *l'amende d'homme* [1], » l'amende de 62 sol. 1/2 est devenue « *l'amende des contrées maritimes* [2] » celle de 200 ou 100 sol., « *l'argent de l'homme* » (leudis) ou « *argent du welche* (wergeld du Roman) [3], etc. La même tendance à éviter la forme non solennelle et abstraite du chiffre s'accuse dans la manière de désigner le vol de troupeaux : 50 porcs, ou 25 bœufs, ou 40 moutons ou 13 chevaux (12 juments avec leur admissarius) s'appellent dans la demande : « sonista (sonesti), » un « *troupeau* [4]. »

La rigueur de l'ancienne procédure est une conséquence de son formalisme. Le demandeur ne doit pas donner seulement au délit dont il poursuit la réparation un nom technique — on rencontre par exemple les glosses « texaca » pour désigner le vol, « charsenna, » le pillage, « via lacina » les embûches [5] — ; il doit faire de même à l'égard de l'amende à laquelle il prétend, à l'égard de chaque élément du fait qui sert de base à l'action. Si la forme n'est pas respectée, *l'action est perdue.* Dans l'ancienne procédure germanique, comme dans l'ancienne procédure romaine, existe le principe que l'acte non accompli dans les formes n'en constitue pas moins l'exercice de l'action, en d'autres termes, le droit d'agir s'éteint même par la commission d'un acte contraire aux formes [6]. Les glosses malbergiques contiennent les *dispositions légales* indiquant dans quels termes, « à l'endroit où se tient le tribunal », le demandeur doit exposer le *petitum,* le fait. Le demandeur *perd* son procès quand au lieu de « texaga » il emploie un autre mot, fût-il équivalent, quand il dit « 50 porcs, etc » au lieu de « *troupeau,* » quand il fixe le montant de l'amende par solidi et deniers, quand il expose une partie de son action autrement que dans « la langue judiciaire. » Le demandeur est tenu, contre l'homo migrans qui n'a pas obéi à l'injonction de vider les lieux, d'agir à raison du chef « de *résistance* » (widrisittolo) [7] ; il est *tenu* de poursuivre les 15 sol. comme « *amende d'homme,* » les 62 sol. 1/2 comme « *amende du pays maritime.* » Le demandeur est

[1] Comp. ci-dessus p. 164 note 3.
[2] Comp. ci-dessus p. 164 note 2.
[3] Comp. ci-dessus p. 164 note 4 et p. 165 note 1.
[4] Sal. 2, 17 ; 3, 8 ; 4, 5 ; 38, 3. (Rib. 18). Comp. Grimm p. IX.
[5] Comp. Grimm. p. VIII. XXV. XLVI. Walter § 151 note 7.
[6] C'est ce qu'exprimera plus tard le proverbe : « *fautes valent exploits* » Brunner *W. u. F.* 670.
[7] Sal. 45. Comp. Poc. de la loi sal. trad. p. 10 et suiv.

tenu de nommer dans son action « *conducteur d'armée* » le taurus qui gregem regit ; de nommer le chien, « *l'habitué à la chaîne,* » le bateau « *l'animal écumant*, » la chèvre « *la brouteuse d'ail* , » le doigt indicateur « *le décocheur de flèches*, » les 50 porcs, « *le troupeau*, » etc. Le demandeur est *tenu,* lorsque son esclave a été affranchi par un tiers ante regem d'articuler, non pas que l'affranchissement a eu lieu « devant le roi », mais « *devant l'armée.* » La glosse malbergique nous permet de suivre le formalisme de l'ancienne procédure jusque dans ses dernières conséquences. Dans Sal. 5, 1 on trouve pour le vol de trois chèvres la glosse « lauxmada » c'est-à-dire « brouteuse d'ail » puis dans 5, 2 pour le vol de plus de trois chèvres la glosse « roscimada, » c'est-à-dire « brouteuse de roseaux. » Le demandeur est *tenu* de nommer la chèvre là « *brouteuse d'ail* » ici « *brouteuse de roseaux* » pour indiquer que là il appuie son action sur Sal. 5, 1 et ici sur Sal. 5, 2. Il *perd* son procès non seulement quand il appelle la chèvre « chèvre » mais encore lorsqu'il l'appelle dans le premier cas « *roscimada* » ou dans le second « *lauxmada* » où il s'agit d'un vol de plus de trois chèvres.

Cette série de conséquences découle de ce fait que la langue des glosses malbergiques est « la langue judiciaire » franque, ce qu'on peut exprimer ainsi : comme le serment, l'action de l'ancien droit frank est un acte procédural avec « verborum contemplatio » un acte procédural *dangereux* [1].

Le meilleur commentaire de ce travail est le célèbre passage de Gajus sur la plus ancienne forme de procédure romaine que l'on connaisse.

Gaj. Inst. IV, 11 : Actiones, quas in usu veteres habuerunt, legis actiones appellabantur — vel ideo quia ipsarum *legum verbis accomodatae erant, et ideo immutabiles*

[1] Comp. Rib. 67, 5. Comp. *Die fränk. R. u. G. V.* p. 138 et suiv.— Le mot *dangereux* est loin de rendre le sens technique du mot *Gefahr* employé dans le texte allemand. D'ailleurs un historien du droit allemand lui-même doit, ce me semble, pour comprendre exactement l'idée exprimée par ce mot, avoir lu les travaux de von Siegel, *Die Erholung und Wandelung im gerichtlichen Verfahren* (Sitzungsber. der Wiener Akad. der Wiss. Phil. Hist. classe. Bd. 47, 1863) — *Die Gefahr vor Gericht und im Rechtsgang.* (Ibid. Bd. 51, 1866.) — Voyez encore Brunner, *Wort und Form im altfranzösischen Process* (Ib. Bd. 57, 1868) et Sohm *Die Verf. des fränkischen Reichs* p. 138 et suiv. — (*Note du traducteur.*)

proinde atque leges observabantur. Unde eum, qui de vitibus succisis ita egisset, ut in actione vites nominaret, responsum, eum rem perdidisse, est, quia debuisset arbores nominare, eo quod Lex XII Tabularum, ex qua de vitibus succisis actio competeret, generaliter de arboribus succisis loqueretur.

C'est ainsi que l'ancienne procédure germanique a son analogue dans l'ancienne legis actio romaine.

APPENDICE IV.

BARBARUS QUI LEGEM SALICAM VIVIT.

Sal. 41.

On sait que l'expression « barbarus qui legem Salicam vivit » joue un grand rôle dans la théorie de la *personnalité des lois*.

Voici le texte en entier :

Sal. 41, 1 : Si quis ingenuo Franco *aut barbarum qui legem Salicam vivit* occiderit, cui fuerit adprobatum — sol. 200 culp. jud.

Dès longtemps, on a attribué à ce passage les sens les plus divers [1]. Suivant Mably [2], il indiquerait la participation des populations provinciales gauloises au droit, et par suite au wergeld salique; suivant Eichhorn, Rogge etc. [3], barbarus désignerait une certaine catégorie de Germains, peut-être des prisonniers de guerre affranchis; Pardessus [4] voit dans ce « barbarum qui legem Salicam vivit » des Germains établis en Gaule, à côté des Franks soumis par Chlodwig. De nos jours, on s'est généralement rangé à l'opinion de von Savigny [5], suivant laquelle le titre 41 confère le droit (et le wergeld) salique à ceux des Germains qui, reconnaissant la domination des Franks, participaient à leur vie juridique [6].

[1] Voyez Waitz, *Das alte Recht* p. 97. 98.

[2] *Observations sur l'Histoire de France* (Kehl 1788) I, p. 249.

[3] Eichhorn *R. G.* I. p. 266. Rogge, *Gerichtswesen* p. 54. 55. De même Feuerbach, *Die Lex Salica und ihre verschiedenen Recensionen* (Erlangen 1831) p. 28. — C'est l'opinion la plus ancienne; on la trouve exprimée dans la gl. Est. de la Lex Salica, Merkel p. 102 : barbarum, id est quos Franci ex alia patria in suam adduxerint et ipsos captos Salicha lege vivere volunt.

[4] *Loi Salique* p. 438.

[5] *Röm. Recht im. M. A.* p. 120 et suiv.

[6] Comp. Waitz, *Das alte Recht.* p. 98. 99. *V. G.* II (2e éd.) p. 87 note 1. v. Bethmann-Hollweg p. 396. 459.

On peut interpréter tout autrement le passage qui nous occupe.

L'ancienne langue juridique franque abuse des tautologies. Ainsi, nous trouvons dans la Lex Salica et aussi dans les appendices : thunginus aut centenarius (Sal. 44. 46), comes aut grafio 71. 73), respondere aut convenire (Sal. 96, 1) ; dans les autres sources franques les exemples abondent : patris vel genitoris nostri, leusoverpisse vel condonasse, prosequere vel admallare, mundeburde vel defensione, tuitionem vel defensionem, dici aut nominari, pactionem seu convenientiam, etc. [1]. Rappelons enfin les « vicarii aut centenarii » des capitulaires et documents juridiques carolingiens [2]. Ces exemples montrent que la particule *aut* sert à rapprocher des expressions de *même* sens et non pas de sens *contraire* ou seulement *différent*.

On sait encore que le mot « barbarus », dans les sources de cette période, désigne le Germain par opposition au Romain ; dans les sources burgondes il désigne le Burgonde [3], de même dans les sources franques il désigne spécialement le Frank [4], et cela sans aucune idée accessoire, en sorte que l'expression « barbari » peut indiquer même les Germains. La Lex Salica est d'accord sur ce point avec la Lex Burgundionum [5]. Dans Sal. 14, 2 on lit :

Si vero Romanus *barbaro Salico* [6] expoliaverit,

texte qui a exactement le même sens que cet autre que d'autres d'autres manuscrits présentent :

Si vero Romanus *Franco Salico* expoliaverit [7].

Il suit évidemment de là que le passage en question, Sal. 41, 1, non-seulement peut, mais *doit* se traduire ainsi :

« Si quelqu'un a tué un Frank libre *c'est-à-dire* un Frank qui vit d'après le droit salique, qu'il paie — .»

[1] Voyez Roth *B. W.* p. 284 note 31.
[2] Voyez Sohm *Die Fr. V.* p. 214 et suiv.
[3] Voy. note 5.
[4] Voyez Löbell, *Gregor von Tours* p. 100. Roth, *B. W.* p. 102, Waitz *V. G.* II (2e éd.) p. 80 note 1.
[5] Comp. Burg. 8, 1 ; 10 ; 17, 5 ; 22 ; 44, 1 ; 47, 1 etc.
[6] D'après l'édition de Waitz. De même (sauf le mot « Salico) », d'après le texte IV (Merkel nov. 187) sous sa dernière forme, tit. 15, 2 (Hubé p. 13). La leçon de Merkel : « Franco Salico » ne se rencontre que dans le manuscrit de Wolfenbüttel (Merkel nov. 2), (sauf « Salico) » dans le texte III (Merkel nov. 42) et dans l'Emendata.
[7] Comp. note précéd.

Ailleurs aussi les textes de la Lex Salica désignent le Frank salique par la circonlocution, « celui qui vit d'après le droit salique [1]. » Ces deux expressions « barbarus qui legem Salicam vivit » et « ingenuus Francus » sont *identiques;* le titre qui nous occupe ajoute la deuxième, parce qu'il veut désigner nettement non pas le Frank en général, mais seulement le Frank *salique* [2]. Il n'y a donc, contrairement à l'opinion dominante, rien à tirer de « barbarus qui legem Salicam vivit » pour la théorie de la personnalité des lois.

[1] Comp. Sal. 63, 1 : Si quis hominem in genuum in oste occiserit [quia lege Salica vivit et in truste dominica non fuit ille qui occisus est] — sol. 600 culp. jud. — Texte IV (Merkel nov. 271) : Si quis hominem ingenuum qui lege Salica vivit dum in hoste est occiserit — sol. 200 culp. jud.; et dans sa forme dernière tit. 71 (Hubé p. 31) : Si quis hominem ingenuum lege Salica viventem in hoste occiserit, sol. 200 culp. jud.

[2] Comp. Rib. 7 : Si quis ingenuus hominem ingenuum *Ripuarium* interfecerit, 200 sol. culp. jud.

APPENDICE V.

L'ADMISSION PARMI LES GUERRIERS.

(*REMISE DES ARMES.*)

Tacit. Germ., c. 13.

La meilleure manière de commenter le célèbre passage de la *Germania* de Tacite sur la *remise des armes*, comme au reste beaucoup d'autres passages des œuvres de cet historien, est encore de présenter l'histoire de cette institution.

Stobbe a prouvé que l'affranchissement de la puissance paternelle existait dans l'ancien droit germanique. La majorité accomplie du fils de famille n'était pas suffisante, en tant que majorité, pour rompre les liens de la puissance paternelle; l'émancipation par l'interruption de la vie commune en famille, encore bien qu'amenée d'ordinaire par la majorité, était nécessaire pour cela [1].

L'acte qui manifeste cette interruption, conformément au caractère de l'ancien droit, est un acte solennel; c'est ce que nous verrons par la suite. Notons tout d'abord, au point de vue juridique, que l'acte de séparation peut être accompli non-seulement par le père, mais encore par toute personne, à l'instigation de ce dernier. L'émancipation du fils de famille par un étranger est précédée d'un acte particulier (commendare, tradere) accompli par le père [2]; elle exige de la part de ce dernier, outre l'intention d'émanciper, l'intention de faire tradition. Les effets de l'émancipation par un étranger ne sont pas seulement effets de l'émancipation, mais de plus effets de la tradition. Ce qui distingue cette sorte d'émancipation, c'est qu'elle n'a pas pour conséquence immédiate et unique, comme l'émancipation par le père, de dissoudre la puissance paternelle; elle donne en même temps naissance à un

[1] Voyez Sohm, *Die Verfassung des fränkischen Reichs* p. 342 et suiv.
[2] Comp. ci-dessous p. 177 note 5. p. 179 note 4, p. 181 note 1.

rapport personnel spécial entre l'affranchissant et le fils de famille affranchi [1]. La nature de ce nouveau rapport personnel est d'ailleurs définie par la teneur du contrat de tradition intervenu, avant cette émancipation, entre le père et l'affranchissant. Si l'on a voulu, par exemple, créer un rapport de paternité, l'affranchissant, par l'accomplissement de l'acte, devient le père de l'émancipé [2].

Dans l'ancien droit germanique, outre l'émancipation, existe encore l'adoption; toutefois elle se distingue de l'adoption romaine en ce qu'elle est une adoption réalisée au moyen d'un *affranchissement* de la puissance paternelle. L'adoption germanique fait naître *la parenté* (l'état de fils) et les droits qui en découlent, par exemple le droit de succession réciproque [3], mais point la *puissance* paternelle [4].

L'intention peut encore avoir été de créer un rapport de subordination entre le fils de famille et l'alius patronus. C'est ainsi que la tradition de ce fils au roi est le moyen employé d'ordinaire pour faire naître les liens qui unissent les membres de la *suite*. Le roi émancipe en recevant dans sa suite le fils de famille qui échappe du même coup à la puissance paternelle [5]. Ou bien la fille de

[1] Comp. Stobbe, *Beitr.* p. 6 et suiv.

[2] Voyez ci-dessous p. 179 note 4. p. 180 note 4.

[3] Comp. Cassiodor. *Var.* VIII, 9 : Gensimund, adopté par un roi des Ostgoths de la famille des Amales (solum armis filius factus), est élu roi par les Ostgoths; il suffit de son refus pour faire passer la couronne sur la tète des fils mineurs du dernier roi (comp. Köpke, *Deutsche Forschungen* p. 141. 142). L'adoption avait donc *juridiquement* fait de Gensimund un membre de la famille des Amales; en conséquence, il était admis à l'hérédité (comp. Sohm, *ouv. cit.* p. 34 et suiv.). Voyez Grimm *R. A.* p. 464. 465 contre Heineccius.

[4] C'est pour cela que malgré le : ei pater effectus est, l'adoption est suivie de l'*abandon* de la maison du père adoptif (voyez ci-dessous p. 179 note 4). — Stobbe *ouv. cit.* p. 8.

[5] Lex Rom. Cur. Gaj. 6 : filii mancipantur — si pater eorum eos per manum dat ad alium seniorem et eos ei commendaverit. — Paul. I, 4, 5 : De filios familie, hoc est si filius sine uxorem fuerit aut si ad regem vel ad alterum patronum commendatum non fuerit, nisi ad hoc in solam potestatem patris permanserit (nisi signifie ici « mais » comme l'a déjà fait remarquer Stobbe p. 5, comp. Lex Rom. Cur. C. Th. IV, 13, de Roz. 667. Decr. Tass. c. 6. Edict. Liutpr. 67). — De même Paul. I, 4, 7. II, 8, 1 (Stobbe p. 5). — Voy. encore Sohm *ouv. cit.* p. 342 note 21. On peut encore citer Greg. Tur. *Vitae Patr.* 9, 1 : Patroclus (mort en 576) Biturigi territorii incola, Aetherio patre progenitus (un romain) *cum decem esset annorum*, pastor ovium destinatur, fratre Antonio tradito ad studia literarum. Erant enim non quidem nobilitate sublimes, ingenui tamen, cumque quodam meridie hic ab scholis, ille a grege commisso ad capiendum cibum paterno in hospitio (les deux fils ne se sont pas encore séparés) convenissent, Antonius, le plus instruit des deux, s'élève

famille est livrée au mari dans la maison duquel elle doit entrer, afin de pouvoir procéder à l'acte d'affranchissement. L'acte d'émancipation par le mari, dont la cause est la traditio puellæ, est la forme dans laquelle se détruit la puissance paternelle (tutélaire) et du même coup se fonde la puissance maritale [1]. Il y a plus : rien ne s'oppose à ce que le fils soit livré puis émancipé dans l'intention qu'il soit réduit en servage dans la maison de l'affranchissant. Un seul acte, l'acte d'émancipation par l'extraneus suffit ici pour détruire la puissance paternelle et pour fonder la puissance dominicale [2].

Il suit de là que la forme de l'affranchissement est aussi la forme de la tradition, et qu'en conséquence la forme de l'affranchissement est une forme dans laquelle on adopte, on reçoit dans sa suite, on contracte mariage, on transfère la propriété. L'émancipation par l'extraneus est une émancipation qui, du même coup, détruit et fait naître une puissance; par elle, on peut devenir père, seigneur, mari, maître [3].

Couper les cheveux est une des formes de l'affranchissement chez les Franks et chez les Lombards [4]. Le puer crinitus est donc, sans tenir compte de la majorité, l'enfant soumis à la puissance paternelle [5]. Le fait de couper les cheveux d'un enfant

contre son frère, un rusticus (discede longius, o rustice) — nobiliorem me ipsius officii cura facit, cum te hujus custodiae servitus vilem reddat. Quod ille audiens — reliquit oves — et scholas puerorum — expetivit, traditisque elementis ac deinceps quae puerili studio necessaria erant ita — imbutus est, ut fratrem — anteiret. Dehinc Nunnioni qui quondam cum Childeberto rege magnus habebatur ad exercendum *commendatus est*, a quo cum summa amoris diligentia *nutriretur*, ita se humilem atque subjectum omnibus praebebat, ut omnes eum tanquam proprium parentem — diligerent. Regressusque ad domum patre defuncto —. Ce passage intéressant à plus d'un titre, contient une nouvelle preuve qu'au terme de la majorité *fixé par le droit germanique*, il y avait des Romains qui émancipaient dans la forme *germanique*.

[1] Voyez ci-dessous p. 181 note 1.

[2] Voyez ci-dessous p. 180 note 1.

[3] L'affranchissement de l'esclave correspond à l'affranchissement du fils de famille non-seulement au point de vue de la forme et des effets généraux, mais encore au point de vue où nous nous plaçons ici. L'affranchissement dans l'église, qui est un affranchissement par l'église, fait passer l'homo tabularius ou ecclesiasticus dans le mundeburdis ecclesiae, Rib. 58. Ici aussi l'acte d'affranchissement est la conclusion d'un acte de tradition : in manu episcopi servum cum tabulis *tradat*, et episcopus archidiaconum jubeat, ut ei tabulas secundum legem Romanam — scribere faciat (Rib. 58, 1). L'affranchissement par le denier, qui est un affranchissement par le roi, fait naître, comme l'on sait, au profit du roi, le droit de succession contre l'affranchi.

[4] Sal. 102. Stobbe p. 7 et suiv.

[5] Sal. 24, 1, 2. Stobbe p. 10. 11.

sans le consentement du père (tuteur), constitue une atteinte à la puissance paternelle et entraîne l'amende, tout comme l'enlèvement d'une fille sans qu'il y ait eu traditio puellae [1]. La tradition de l'enfant pour qu'on lui coupe les cheveux est la forme dans laquelle se fait l'adoption [2], la tradition en servage [3],

[1] Sal. 68 : Si quis puerum crinitum extra consilium parentum tundere praesumpserit — sol. 45 (nov. 60. 199 : sol. 62 1/2) culp. jud. Si vero puella tunderit, hoc est extra consilio parentum — sol. 100 (nov. 8. 61 : sol. 45, nov. 294 : sol. 62 1/2) culp. jud. L'amende de 62 1/2 sol. que les novelles ont encore conservée est l'amende de tutelle du droit salique, voy. Schröder *ehel. Güterrecht* I p. 16. Les 100 solidi, qui, d'après Sal. 68, atteignent ceux qui commettent le crime de tondere puellam, indiquent la période postérieure dans laquelle les amendes de tutelle furent remplacées par des amendes de wergeld (ici le demi-wergeld). Schröder p. 18. *Zeitschr. f. R. G.* V. p. 398. Comp. Cap. Aquisgran. a. 817 legib. add. c. 21 (Pertz I, p. 213) : Si quis puerum invitis parentibus totonderit (il s'agit ici de la tonsure ecclésiastique) aut puellam velaverit, *legem suam* (« son propre wergeld ») in triplo conponat aut ipsi puero vel puellae, si jam suae potestatis sunt, aut illi in cujus potestate fuerint. Illi vero potestatem habeant capitis sui, ut in tali habitu (ecclesiastique ou laïque) permaneant qualis eis complacuerit.

[2] Paulus Diac. VI, 53 : Karolus (Charles Martel) princeps Francorum Pipinum suum filium ad Liutprandum direxit, ut ejus *juxta morem* capillum susciperet. Qui *ejus caesariem incidens ei pater effectus est*, multisque eum ditatum regiis muneribus genitori dimisit. — Greg. Tur. X, 8 : le comte Eulalius de Clermont prie l'évêque Innocent de Rhodez de s'interposer, ut res (des biens-fonds situés sur le territoire de Rhodez) — recipere posset. Sed Innocentius ait : *Si de filiis tuis unum accipio, quem* clericum factum *in solatio meo retineam*, faciam quae precaris. At ille transmisit puerum, Johannem nomine, recepitque res suas. Susceptoque Innocentius episcopus puero, *totondit comam capitis ejus* deditque eum archidiacono ecclesiae suae (l'archidiacre est le président de la schola ecclesiae dont il est souvent question dans Grégoire, comp. Greg. Tur. X, 261). La tonsure ne fait pas seulement un clericus de Jean, mais encore, conformément à l'intention des parties, un fils adoptif de l'évêque qui lui coupe les cheveux. Ici aussi des Romains appliquent le droit *frank*, comp. p. 177 note 5. — Paul. Diac : IV, 40 : promittens Tasoni, ut *ei barbam sicut moris est incideret, eumque sibi filium faceret.* — De même, les sources franques postérieures parlent d'une adoption de Chlodwig par le roi des Goths Alarich, ut in *tondenda barba Clodovei* (ou : barbam Clodovei *tangens* (toucher la barbe est le symbole qui remplace l'emploi des ciseaux) *patrinus ejus efficeretur.* — Grimm *R. A.* p. 146. — Nous voyons par ce qui précède que la forme de l'adoption du fils livré par son père convient aussi à l'adoption de celui qui fait tradition de sa propre personne. Dans les deux cas, c'est l'*acte d'affranchissement* par le tiers — là en vertu de la volonté du père, ici en vertu de la volonté de l'adopté — qui fait naître l'adoption.

[3] De Roz. 464 (Bign. 26) : Un homme, condamné à une amende ne peut pas la payer et se donne en servage temporaire pour dettes : sic mihi aptificavit, ut *brachium in collum posui, et per comam capitis mei* coram praesentibus hominibus *tradere feci.* Il semble qu'ici aussi (voy. note précéd.), la tonte des cheveux soit remplacée par un simple attouchement. Le débiteur fait l'acte brachium in collum ponere pour que le créancier pose la main sur ses cheveux. La tradition qui consiste dans le bra-

s'acceptent les liens de subordination créés par le droit public [1].

La forme vraiment *germanique*, également consacrée par le droit chez les Franks et les Langobards consistait dans la saisie d'une arme, symbole de l'indépendance [2]. La dation (traditio) de l'arme faite à un extraneus est donc une forme de l'adoption [3], du passage en la puissance maritale [4] ; c'est encore une forme

chium in collum ponere est faite par celui qui en doit être l'objet, c'est-à-dire qu'ici aussi, la même forme d'affranchissement, qui sert à dissoudre la puissance paternelle en créant un rapport personnel nouveau, peut se proposer seulement de créer une puissance d'une certaine nature sur l'homo sui juris, comme dans les espèces citées dans la note précéd. Du fait que l'affranchissement par un extraneus fonde effectivement une puissance nouvelle, résulte, par voie de conséquence, que la forme de l'*affranchissement* sert à créer les liens du *servage*.

[1] Aimoin III, c. 4 modifie comme il suit le passage cité ci-dessous p. 181 note 2 : Chrodinus *brachium ejus* (Gogonis) *collo superponens suo* signum futurae dominationis dedit. On voit qu'Aimoin n'a pas compris ce sens primitif de la tradition qui lui est parvenue ; la variante qu'il introduit n'accuse pas simplement son sens philologique ; elle fait surtout connaître le droit frank de son temps. Brachium collo superponere est (voy. note précéd.), la forme dans laquelle se fait la tradition à celui qui doit toucher les cheveux (au lieu de les couper). Cette forme qui sert à l'adoption. à la soumission à l'esclavage est aussi celle dans laquelle s'accomplit l'hommage du droit public.— Comp. aussi le passage cité par Stobbe p 7 note 5 extrait de la Vita Germerii : accessit (Chlodovaeus) et *commendavit se capillo capitis sui S. Germerio*, et similiter omnes fecere.

[2] Le témoignage de Tacite *Germ. c.* 13 trouve sa confirmation dans les formes de l'admission parmi les guerriers de l'époque postérieure (ci-dessous p. 183 note 3) et aussi dans celles de l'affranchissement d'un esclave. Le droit langobard affranchit par la flèche, Paul. Diac. I, 13 : plures a servili jugo ad libertatis statum perducunt — *more solito per sagittam*, immurmurantes — quaedam patria verba. La flèche est indiquée dans le mot wadia (gaida), Edict. Roth. 224 (il s'agit ici de l'affranchissement procurant l'entière liberté, ainsi que l'a montré Wach, *Arrestprocess* I, p. 3 notre 4), tandis que Bluhme (Pertz IV, p. 671) tient encore pour l'explication : gaida = ga-aida, aide, malgré les passages qu'il cite lui-même.— On rencontre aussi dans le droit saxon postérieur la flèche comme symbole de l'affranchissement, comp. Gaupp. *Sachsen* p. 196. — Le droit normanno-frank présente l'affranchissement par la lance et l'épée, Carta reg. Willelmi c. 15 (Schmid p. 356) : Si qui vero velit servum suum liberum facere, tradat eum vicecomiti per manum dexteram in pleno comitatu, quietum illum clamare debet a jugo servitutis suae — et ostendat ei liberas vias et portas, et *tradat illi libera arma, scilicet lanceam et gladium* ; deinde liber homo efficitur.

[3] Cassiodor. *Var.* IV, 2 : le roi des Ostgoths Théodorich adopte le roi des Hérules : *per arma fieri posse filium*, grande inter gentes constat esse praeconium — et ideo *more gentium* et conditione virili filium se praesenti munere procreamus — *damus tibi equos, enses, clypeos.* — Comp. Grimm *R. A.* p. 166. Stobbe p. 8 note 5, ci-dessus p. 177 note 3.

[4] Le mari reçoit la femme à lui livée par son père (tuteur) avec l'épée (manteau et gant) ; la tradition de l'épée délivre la femme de la puissance à laquelle elle était jusqu'ici soumise pour la faire passer du même coup dans celle de son mari. C'est ce qu'indique très-net-

dans laquelle on accepte une situation (créée par le droit public) subalterne, comme par exemple celle qui résulte de l'entrée dans la suite de quelqu'un [1].

tement une formule de notaire langobarde du XIe siècle pour le droit frank, Cart. Nr. 16 (Pertz IV, p. 599) : Qualiter vidua Salicha desponsetur. Fabius, le mari, a constitué en dot à sa future un tiers de sa fortune (comp. Schröder I, p. 89 et suiv.). Quo wadibus firmato, tunc gladius cum clamide et cirotheca tenebitur a Seneca (le tuteur de la veuve), et orator dicat : per illum gladium et clamidem sponsa Fabio Semproniam tuam repariam, que est ex genere Francorum. Quod cum Seneca firmaverit, tunc orator dicat ad Fabium accipientem eumdem gladium cum clamide dicat et : o Fabio, tu *per eumdem gladium et clamidem commenda eam sibi*, donec fuit inter te et illum conventio. Cette formule ne fait pas seulement connaître la forme de l'affranchissement dont il s'agit, elle en indique encore la nature juridique primitive ; c'est un affranchissement de la puissance tutélaire (commenda eam sibi), opéré pour faire naître la puissance maritale. En présentant ainsi l'acte comme encore imparfait, en faisant succéder à la solennité décrite ci-dessus un second sub mundio mittere (il est clair, d'après l'édition nouvelle qu'il ne faut pas voir dans la fin de la formule une *seconde* formule à côté de la première), la formule veut simplement indiquer que l'acte s'accomplit d'abord dans la forme juridique franque (per gladium et clamidem), et ensuite dans la forme juridique langobarde (tradition de la femme per crosnam). Comp. Schröder *ouv. cit.* p. 57 note 9. — D'après la formule souabe que l'on connaît, le mari reçoit la femme des mains du tuteur par le gant, l'*épée*, l'anneau, le pfennig, le manteau et le chapeau, comp. Friedberg, *Recht der Eheschliessung* p. 26.27. — Le morgengabe westgothique des classes supérieures comprenait habituellement 20 esclaves, 20 chevaux scellés et bridés, inter caetera et *arma*, ordinis ut Getici est et morgingeba vetusti, Form. Wis. 20 (Biedenweg p. 45). Voy. la charte westgothique citée par Schröder I p. 108.— D'après Tacit. Germ. c. 18 la femme, au moment du mariage, reçoit du mari boves et frenatum equum et *scutum cum framea gladioque*. Ce sont là à peu près les objets dont la tradition à la femme s'est conservée dans le morgengabe westgothique. Dans la dation de ces munera à la femme, il faut donc voir un acte jadis *nécessaire* lors de la *tradition* de la femme ; cette dation, d'ailleurs, ne servait pas à acquitter le prix de tutelle (lequel est payé au tuteur de la femme), mais à conclure le mariage (hoc maximum vinculum) ; c'était l'acte de tradition lui-même qui s'accomplissait dans la forme d'un acte d'affranchissement de la puissance paternelle (tutélaire), c'est-à-dire dans la forme de l'affranchissement *per arma*. Comme on le voit, et contrairement à ce qu'on a cru jusqu'ici, les faits mentionnés par Tacite (sans tenir compte des réflexions qu'il a pu y ajouter) se trouvent pour cette fois encore pleinement confirmés. — Comp. aussi Grimm *R. A.* p. 167, 168.

[1] C'est ce qu'indique le passage de Frédégaire, *Hist. epit.* c. 59 : Chrodini consilio — Gogonem majorem domus eligunt. In crastino primus ad ejus mansionem perrexit Chrodinus ad ministerium, *bracile Gogoni in collo tenens*. Quod reliqui cernentes ejusdem sequuntur exemplum. « Bracile Gogoni » c'est le « ceinturon de Gogon » (comp. Schöne *majores domus*, p. 32). L'investiture avec le ceinturon et l'investiture avec l'épée sont identiques (comp. Ann. Bertin, a. 838, Pertz Script. I, p. 432 : Carolo tunc *cingulo insignito* pars Niustriae ad praesens data est ; voyez encore Astronomus c. 56, Pertz Script. II, p. 643 : d. imperator filium suum Karolum *armis virilibus, id est ense cinxit* — partemque regni — id est Niustriam

Si maintenant nous désignons cet acte par l'expression, remise des armes *(Werhaftmachung)*, qu'on emploie d'ordinaire, bien qu'elle ne convienne pas à tous les cas [1], nous pouvons dire qu'en droit germanique, l'admission aux armes est un *acte d'émancipation*. Du principe que la forme de l'affranchissement est en même temps la forme dans laquelle se fait la tradition, il résulte que l'admission aux armes était la forme dans laquelle on adoptait, on établissait le rapport de subordination tel qu'il existait dans la suite, on fondait la puissance maritale.

Ceci posé, le passage de Tacite s'explique de lui-même.

Germ. c. 13 : Nihil autem neque publicae neque privatae rei nisi armati agunt. Sed arma sumere non ante cuiquam moris quam civitas suffecturum probaverit. Tum in ipso concilio *vel principum aliquis vel pater vel propinqui scuto frameaque juvenem ornant*. Haec apud illos toga, hic primus juventae honos ; ante hoc domus pars videntur, mox reipublicae.

La remise des armes n'a pas pour objet de produire la majorité juridique [2]. Chez les Germains, elle sert à émanciper,

attribuit). Déposer le ceinturon, c'est déposer l'épée (comp. Episc. relatio a. 833 i. f. Pertz I, p. 368 : *cingulum militiae* deposuit (Louis le Pieux) et super altare collocavit, et habitu saeculi se exuens, habitum poenitentis — suscepit ; voy. encore Agob. *cart.*, p. 369 : deposita *arma* manu propria et ad crepidinem altaris projecta. Le bracile est le cingulum militiae, ou cingulum militare, c'est-à-dire le sabre et son fourniment (dans un autre sens, Waitz *V. G.* IV, p. 457 note 4). La forme qui sert à affranchir le jeune homme de la puissance paternelle, l'esclave de la puissance dominicale sert aussi à faire passer dans la puissance d'autrui, ici dans la puissance de droit public du major domus. Chrodin fait hommage à Gogon en se faisant passer par lui sur les épaules le fourniment (et l'épée) de ce dernier. — D'après de Roz. 8 (Marc. I, 18) le fidelis, qui veut se soumettre au roi en qualité d'homme de sa suite, se présente una cum *arma sua*. De même que le tuteur de la femme présente les armes au mari (p. 181 note 1), de même le fidelis les présente au roi pour pouvoir, en les recevant de la main du roi, s'engager à faire partie de sa suite.— C'est ce qu'il est peut-être permis de voir déjà dans Tacit. *Germ. c.* 14 : Exigunt enim (comites) principis sui liberalitate illum bellatorem equum illam cruentam victricemque *frameam*.

[1] C'est ainsi par exemple que la remise de l'épée par le mari à la femme est très-improprement appelée admission aux armes.

[2] L'opinion dominante voit dans l'admission aux armes de Tacite le point de départ de la majorité et conclut des mots : non ante — quam civitas suffecturum probaverit, qu'il n'y avait pas d'âge légal et que le développement physique de l'individu était décisif en matière de majorité. Comp. Kraut, *Vormundsch.* I, p. 110. Eichhorn *R. G.* I, p. 323. Walter *R. G.*

c'est-à-dire à soustraire à la puissance paternelle le fils de famille [1] déjà majeur par son âge [2]. En conséquence, l'habilité qui, jusque-là, en sa qualité de fils de famille, était représenté par son père à l'armée et au tribunal [3], participe maintenant aux droits et aux devoirs définis par le droit public [4] : ante hoc domus, mox reipublicae pars videntur. Aussi lui remet-on l'arme dans le concilium, c'est-à-dire dans l'assemblée des guerriers indiquée par Tacite [5]. L'admission du fils de famille dans le concilium correspond à l'affranchissement de l'esclave « devant l'armée [6]. » Le jugement de l'assemblée souveraine du peuple est indispensable à l'admission du fils, comme à l'affranchissement du serf, parce que, ici comme là, il s'agit d'une *libération*, d'une *admission* du libéré de la puissance paternelle ou dominicale dans l'assemblée guerrière, c'est-à-dire dans la communauté politique.

Ou bien c'est le père qui accomplit l'acte d'admission ; dans ce cas cette dernière tire ses effets juridiques du fait même de la libération de la puissance paternelle ; ou bien c'est un parent (propinquus) : l'habilitation est alors précédée d'une tradition au parent ; dans le doute, elle fait naître (ce que nous sommes autorisé à admettre par ce qui précède) un rapport de paternité entre l'émancipant et le fils habilité à porter les armes, c'est une datio in adoptionem ; ou bien enfin c'est principum aliquis : l'habilitation exige ici encore la tradition antérieure (commen-

§ 513. Zoepfl *R. G.* p. 582 note 8, p. 617. Voyez les doutes émis par Rive, *Vormundsch.* I, p. 54. 212. Waitz *V. G.* I, p. 31.

[1] Voy. Sohm *ouv. cit.* p. 342 et suiv.

[2] Elle a encore cette fonction à l'époque karolingienne. Louis le Pieux admit aux armes (armis virilibus, id est ense, cinxit) en 838 son fils Charles le Chauve alors âgé de quinze ans, c'est-à-dire majeur (voy. Divisio a. 817 c. 16, Pertz, I, p. 200. Rib. 81), et lui mit alors seulement la couronne sur la tête (corona regali caput insignivit), bien que Charles eût déjà gouverné une partie de l'empire de son père, pour indiquer que désormais, dégagé de la puissance paternelle, il était un roi comme son père, Waitz *V. G.* IV, p. 573. Voy. ci-dessus p. 181 note 2.

[3] Voy. Sohm *ouv. cit.* p. 352. Citons encore Gregor Tur. VIII, 43 : Antestius chargé, en qualité de missus du roi Guntram de faire une enquête sur le meurtre de Domnola, Nannetas accessit ac lacessere Nonnichium episcopum coepit dicens : quia filius tuus in hoc facinore est admixtus, ut dignas pro commissis suis poenas luat, meritum exigit. Le fils prend la fuite, Antestius vero acceptis fidejussoribus ab episcopo, ut in praesentia regis adesset, Santones venit. —— Adfuit (devant le roi) et Nonnichius episcopus, qui datis muneribus multis abscessit. Le père doit représenter son fils comme le seigneur son serf.

[4] Comp. Sohm *ouv. cit.* p. 343 et suiv. p. 353.

[5] Voy. Sohm *ouv. cit.* p. 4. 5. p. 38 et suiv.

[6] Voy. Sohm *ouv. cit.* p. 47. 48.

datio) par le père ; dans le doute, elle fait naître (ce que nous sommes également autorisé à admettre par ce qui précède) la subalternité du fils ; il devient membre de la suite sous l'autorité du princeps. Voyons maintenant dans Tacite le passage qui se rattache immédiatement à cette étude :

> Insignis nobilitas aut magna patrum merita principis dignationem etiam adolescentulis assignant. Ceteris robustioribus ac jam pridem probatis aggregantur, *nec rubor inter comites aspici*. Gradus quin etiam comitatus habet.

Les développements qui précèdent donnent une autorité nouvelle à la seule explication logiquement et linguistiquement admissible de *dignatio* avec le sens *transitif* [1].

Il faut traduire : « La haute noblesse ou les éclatants services des parents confèrent même à des jeunes gens à peine adultes cette distinction [2] de prince (juge). Ils sont associés aux autres (princes), hommes faits éprouvés déjà depuis longtemps, et pour eux ce n'est certainement pas déchoir que d'entrer ainsi dans les rangs d'une suite. Il existe, du reste, une hiérarchie dans cette suite. »

Le lien, inaperçu jusqu'ici, qui unit entre eux ces divers passages de Tacite, se voit à présent. Les mots : insignis nobilitas, etc., complètent en le confirmant le témoignage de la Germania, suivant lequel principum aliquis remet lui-même l'arme dans le concilium. La haute « distinction » dont il s'agit, est l'admission des adolescentuli dans les rangs de la suite, alors que ces rangs ne s'ouvrent d'ordinaire qu'aux hommes d'une bravoure éprouvée. La majorité avec l'arrivée de laquelle coïncide habituellement l'émancipation, était atteinte chez les Franks saliques à douze, chez les Franks ripuaires à quinze ans, de très-bonne heure, comme l'on voit [3]. La « distinction » se mani-

[1] C'est ce qu'ont démontré jusqu'à l'évidence Roth *B. W.* p. 12 et suiv. Waitz *V. G.* I. p. 264 et suiv. (comp. Waitz dans les *Forschungen z. deutsch. Geschichte* II, 1862, p. 392 et suiv.). — L'opinion contraire, soutenue dans ces derniers temps par la grande majorité des philologues (comp. Halm dans les *Sitzunsberichte der bair. Akademie der Wiss.* 4 juin 1864. v. Jan, *Eos* I, 1864, p. 79. *Philologus* XXVI, 1867, p. 573. Ribbeck, *Rhein. Museum f. Philologie, neue Folge*, XXII, 1867 p. 158. Schlenger, *Philologus* XXVI, p. 361. Richter, *Rhein. Museum* XXIV, 1869, p. 229), s'écarte nécessairement du texte ou lui fait violence.

[2] Ce mot a un double sens comme l'allemand « *Auszeichnung* » et le latin « dignatio. »

[3] Ce qui réfute l'opinion de Waitz *V. G.* I, p. 278, *Forsch. z. deutsch. Gesch.* II, p. 392. 396, suivant laquelle les adolescentuli, opposés aux ro-

feste formellement dans la tradition du fils de famille par le père au princeps afin de l'affranchir de sa puissance et de le faire entrer dans la suite. Les motifs de la « distinction » se voient d'ailleurs très-facilement. C'est tout d'abord la haute noblesse ou les éclatants services du père [1] que veut honorer le princeps en consentant à la tradition. Déjà par sa forme, la « distinction » est une distinction à la fois pour le père et pour le fils.

En résumé, voici le principe de droit germanique qui donne la clef du passage de Tacitus : La remise des armes est une forme d'émancipation, laquelle s'opère par la tradition. La remise des armes par le *princeps* [2] n'est autre chose que l'admission du jeune germain dans les rangs de la suite.

bustiores, étaient des jeunes gens *non encore* admis à porter les armes, en sorte que la distinction des adolescentuli aurait consisté dans leur admission dans les rangs de la suite avant même l'habilitation à porter les armes, c'est-à-dire avant la douze ou la quinzième, ou même (comme chez les Anglo-Saxons) avant la dixième année. On voit également, contrairement à l'avis de Richter *ouv. cit.* p. 236, que les adolescentuli admis aux armes sont de « tout jeunes gens » des enfants à peine adultes.

[1] Il va sans dire que dans les magna *patrum* merita, les merita patris sont sous-entendus.

[2] Voyez dans un sens différent Waitz *V. G.* I, p. 268.

FIN.

Poitiers. — Imprimerie de A. Dupré.

www.ingramcontent.com/pod-product-compliance
Ingram Content Group UK Ltd.
Pitfield, Milton Keynes, MK11 3LW, UK
UKHW022055190726
13855UKWH00002B/501